讲“文化”的时代

潮白新闻时评精选

田东江◎著

南方日報出版社
NANFANG DAILY PRESS

图书在版编目（CIP）数据

讲“文化”的时代：潮白新闻时评精选 / 田东江著. —广州：南方日报出版社，2008.8

ISBN 978-7-80652-774-0

Ⅰ.讲…　Ⅱ.田…　Ⅲ.文化—研究—中国　Ⅳ.G122

中国版本图书馆 CIP 数据核字（2008）第 109020 号

讲“文化”的时代——潮白新闻时评精选

著　　者：田东江
出版发行：南方日报出版社
地　　址：广州市广州大道中 289 号
电　　话：（020）87373998-8502
经　　销：全国新华书店
印　　刷：广东信源彩色印务有限公司
开　　本：889mm×1194mm　1/32
印　　张：10
字　　数：280 千字
版　　次：2008 年 8 月第 1 版
印　　次：2008 年 8 月第 1 次印刷
定　　价：20.00 元

投稿热线：（020）87373998-8503　读者热线：（020）87373998-8502

网址：http://www.nanfangdaily.com.cn/press　http://www.southcn.com/ebook

目　录

第一部分　透视“骡子文化”

第二部分 咀嚼广东“细节”

第三部分 “把脉”传统节日

第四部分　品读文化百态

第一部分

透视“骡子文化”

杨贵妃的袜子

洪昇《长生殿》里有一出戏叫做“看袜”，说的是杨贵妃在马嵬坡被缢死之后，当地一个开酒铺的王嬷嬷在那棵梨树底下捡到一只贵妃的袜子，从此把它当成了摇钱树，“远近人家，闻得有锦袜的，都来铺中饮酒，兼求看袜”。于是她“酒钱之外，另有看钱，生意十分热闹”。这些看客爱屋及乌，明明是一只臭袜子，居然得出“果然好香”的感叹。以至道姑想把它带到“金陵女贞观中，供养仙真”；小生则“愿出重价买去”。独有一位路过的老农愤然曰：“我想天宝皇帝，只为宠爱了贵妃娘娘，朝欢暮乐，弄坏朝纲，致使干戈四起，生灵涂炭……今日见了这锦袜，好不痛恨也。”并且他一针见血：“这样遗臭之物，要它何用。”

这出戏十分精彩。杨贵妃的袜子，尽管“锦文缜致，制度精工”，但究竟是只袜子而已，原本值不得大惊小怪，且主人还有“乐极惹非灾，万民遭害”的前科，正如农夫说的，纯粹是个遗臭之物，但就是有人趋之若鹜，而且能够找出各种乐此不疲的理由。

1995 年以来的影坛，有人形象地概述为，90 年代的中国观众穿着六七十年代的外国服装坐在电影院里看三四十年代的旧中国。因为比较卖座的影片上映时，影院里差不多就是如此情形。其实，自 90 年代以来，旧中国妇女在各种大院、作坊里偷情的题材已然不绝如缕，今年更甚而已。

中国的历史，这几年让影视糟蹋得够呛，那些曾经脍炙人口的民间传说如梁祝、白娘子的“新编”可堪提起？单就洋洋五千年文明也差不多成了红粉佳人的外传野史。有报道说，一个 11 岁的小姑娘第一次到北京逛故宫，一到午门就叫起来：“斩首的地方。”又指着华表东面的一排房子说：“九公主练剑的地方。”走进乾清门，更叫她兴奋不已，原来她看到了“五哥刺杀乾隆爷的地方”。呜呼！

孩子是无辜的，应该汗颜的是那些所谓的艺术家，是他们“独到”的眼光直接地导致了这样的恶果。然而，更可悲的是，《长生殿》里的王嬷嬷用来招财进宝的那只锦袜，毕竟还是如假包换的真家伙，现在有的从事所谓文化事业的人已经连真假也顾不上了，他们不知从何处弄来一些五彩杂线，也不知从何处雇来了一些拙劣的女红，缝制出锦袜不是锦袜、手套不是手套之类的古怪东西，竟也高声叫嚷是从马嵬坡拾来的正宗货色，在开始招财进宝了。这种对历史、对文化的粗暴凌辱，真叫人欲哭无泪！

（1995 年 5 月 24 日）

讲“文化”的时代

这是一个大讲“文化”的时代。

原本一些司空见惯或耳熟能详的事情，摇身一变成了“文化”的一种，顿时高雅起来。比如吃，成了食文化；喝，成了酒文化；妖魔判官，成了鬼文化；甚至青楼风流，也成了情妓文化……

西方文化人类学史上现在也还有近两百个关于“文化”的定义，专家们都有些眼花缭乱。到了咱们中国，一切简单明了起来，犹如西装引进之时，先省去了麻烦的领带，然后索性也可以配之以布鞋、凉鞋。“文化”也变得简单了，成了修饰性的词根。

与此同时，祖宗们一个个被发掘出来，叫做弘扬传统文化。于是广告上有了能使皇帝壮阳的丹丸，能使武则天或慈禧美颜常驻的花粉。进入 90 年代中期的中国长篇小说再一次步入了辉煌，辉煌的标志却是“帝王将相粉墨登场，风尘女子频频亮相”，一部又一部热销走俏的“大部头”对准了乱世风云、历史人物的恋情野史。以乱世枭雄的传记为例，几乎从先秦到民国的无一遗漏，有的还不止一部。历史名人的籍贯更成了各地争抢的热门。湖北随州引经据典，说人文始祖炎帝神农出生于斯，“原产地”陕西宝鸡索性软件硬件一起上，出书、建祠、修陵；原本屈原故里的湖北秭归也遇到了麻烦，当年做过楚国都城的江陵声称他们那里才是“正宗”；至于诸葛亮“出庐”前的躬耕之地卧龙岗，竟因了襄樊、南阳论争的难分伯仲，导致相关的邮票小型张的终止发行。

但是，这些“文化”的发掘与“弘扬”是并不讲究内涵的，充其量是一种利用而已。几乎所有“文化节”的举办者也都毫不讳言地声称“文化搭台，经济唱戏”。目的就是如此，此间本不存在天机。换言之，争名即为的是图利，时髦的名称叫做“新经济牌”。所以抬出李太白、苏东坡，是为酒张扬、为猪肘子畅销增添砝码。建造什么四大名著游乐宫、鬼城之类的“文化”事业当然还要做下去，不过，争得一处名人的户籍，即使是他的第二故乡、第三故乡也罢，就等于“盘活”了一笔隐形的资产，那些名人户籍无法撼动的就更不用说了。

文化既然纯粹为经济服务，那么文化一旦与经济抵触，前者让位于后者也成为必然。

今年上半年，安徽合肥为了把市区内的淮河路改造成华东一流的商业街，决定拆毁位于该路的李鸿章故居。对这座普通的清末民初时期的宅院，拆与不拆，就看你以怎样的角度来审视。用经济的眼光，它当然是几间摇摇欲坠的危房，在合肥的高楼大厦间有如前清的遗老，的确没有存在的必要；但你若把它看作是文化的象征，那就完全是另外一个视野。李鸿章对中国近代史正面意义上的影响为越来越多的人所逐步认识和接受也是毋庸讳言的。那么这几幢旧房子存在的意义已经超出了其物质形态本身，拆还是不拆，实际上是对文物——文化的珍惜与否问题。后来听说他们准备异地而建。毁掉真文物，建个假古董，在合肥已有包拯墓园的从郊县请至市区，在全国就更不胜枚举。

文化与经济是如此的对立，这样看来，在这个大讲“文化”的时代，其“文化”是极具功利色彩的，其实是个许多人不讲文化的时代。

（1995 年 10 月 29 日）

“骡子文化”

近来游览了几处人造的世界景观，有微缩的，有与实物原大的。原以为没出国门而“周游世界”，是一件心理上惬意、经济上划算的美事，其实却不然。艺术的生命在于创造而不在于模仿，始其信然。譬如那埃菲尔铁塔、凯旋门之类，制作得再逼真——姑且这样认为，或许除了一句“挺像”的赞叹之外，不会再有什么称奇之处了。至于夜幕降临之后那些所谓“激动人心”的表演，却使愚顽的笔者生出另外的感慨：花车上搔首弄姿、怪异服饰的粉墨登场，间或穿插几个真正的“老外”在内的游行，尽管形式上浩浩荡荡，却代表不了世界民族风情的展示，斯杀与搏斗也并非古希腊或古罗马文化的精髓。

忽然想起杜撰一个名词，叫做“骡子文化”。

马和驴交配生出骡子。这类高大威猛的品种虽然有雌雄之分，但却存在致命的缺陷——不能繁衍新的生命，新的骡子生命个体永远要依赖马和驴。

在我的眼里，“骡子文化”就是那种非驴非马的“文化”事业，遍及全国的移植景观、名著游乐宫、仿古建筑乃至鬼城等等。它们无不打着吸收西方文化精华或弘扬传统文化的招牌，然而我们能否真的从中悟出文化的底蕴？有人可能要说文化人活得真累，什么东西都要寻求其意义。但是我们总不能愚民，让善良的百姓以为这些货色就是中外文明的囊括。

近来报载，极负盛名的无锡太湖已被国务院列为重点解决污染的目标之一。那句“美不美，太湖水”已成明日黄花，大量的旅游垃圾吞噬了沿岸的几千亩芦苇荡已是不争的事实。今天太湖用以招徕游客的是唐城、三国城、欧洲城等等，昔时的美景不免沦为臭沟、恶水、枯石、荒湾。由此可知，“骡子文化”的破坏作用不仅在于对人们的误导，而且能够活生生地灭绝真正的文化。

人头攒动、熙熙攘攘、营业额若干，“骡子文化”也有其高大威猛的表象。然而这终究是一种急功近利的繁荣，对文化的畸形理解的繁荣，是不能产生新生命的繁荣。有一天，当我们幡然醒悟的时候，触目所及，是否还能找到可堪自豪的民族文化？面对子孙，我们该怎样解释遗留给他们的这些面目皆非的东西？“骡子文化”的始作俑者、推波助澜者不妨认真地思考一下。

（1996 年 5 月 17 日）

不会取名

日前在母校中山大学观看了一台晚会。主持人宣布下一个节目是“毛毛虫”组合演唱。毛毛虫！令人产生一种本能的心悸。然而大幕拉开，出现在观众面前的却是 6 个身着黑白衣裙（并非绿色）、静静地端坐（并非蠕动）的年轻姑娘。这是一曲她们自己创作的校园歌曲，词曲唱都很不错，赢得了阵阵掌声。但“毛毛虫”一名，始终让人感到别扭。

现代人渐渐地不会取名了。某部获奖的严肃文学作品，作者鬼使神差地把书名冠以“乳”、“臀”字样，尽管作者后来写了篇数万字的解释文章，在公众眼里仍然免不了挑逗的嫌疑。再看那些遍布全国的店铺招牌、商标，除了“洋”味十足，便是居高临下的“贵族风范”。什么奥、芭、妮、莎，什么总督总统、帝王天子豪门，仿佛偌大中国一下变成了万里洋场，人人贵不待言。这些还只是“身外”之名，“回头一笑”、“中原一点红”、“东北风五到六级”，谁敢相信是所谓的作者笔名？就是人的大号，也因重复率渐趋频繁而引起了专家的注意。人们不仅大量地使用单名，而且仅仅盯住为数不多的几个字眼，我们看到，在运动员里，光是出了名的“王涛”就有好几个了——足球队里两个、乒乓球队里一个。

名字是一种代号，取什么，怎样取，原本值不得非议，但所取之名折射出的却是文化素养，某类名字的风行一时，代表了这个时代的大众文化素质和价值取向。超英、援朝、鸣放、跃进，一望而知产生的时代，“时尚”使然，政治气候及其词汇强烈地介入了人们的生活。古代也不例外，尚佛的年代，比如北齐，字取“菩萨”、“舍利”的就有不少。问题是除了这些，还有文化素养的因素在内。《围城》里的方老太爷，从长孙的样貌想到了“非相”，以此为准又为其他孙辈预取了“非攻”、“非熊”、“非烟”，既优雅别致，又都颇有讲究，这就是他文化素养的体现。就说单名吧，三国时代的单名够多的了，刘备孙权曹操，蒋干周瑜黄盖，但大体都别有趣致，这期间，贩枣子出身的关云长也能做到秉烛而诵《春秋》，社会剧烈动荡之际仍然诞生了辉煌的建安文学，是很能说明问题的。

现代人的文化素养究竟怎样，没有个明确的结论。一方面，读书人重新陷于尴尬，大学里的许多年轻教师为生计而奔忙；另一方面，学士硕士的头衔待价而沽，驾着小车骑着摩托的人们蜂拥而至，你简直会丧失对形势的判断能力。但不管怎样，现代人喜欢挂“洋”头，摒弃“中国”的、“平民”的，喜欢以贱名、怪名来哗众取宠，起码反映了现代人价值取向的品位不高，寻求媚俗的迎合的趋势愈演愈烈。取名之外，我们一样可以看到不胜枚举的他例。武汉有家娱乐城因为“福尔摩沙”的招牌玩出了火，被勒令拆除，由此全国上下开始了整顿清理。这些表面问题的解决当然是容易办到的，但如果仅仅着眼于此，终究还是一种治标的行为。

（1996 年 8 月 29 日）

何谓“电影事业家”?

昨天晚上如常胡乱转换电视频道，偶然发现央视三套在转播第23届中国电影金鸡奖的颁奖典礼。恕我无知，候选的、得奖的影片除了张艺谋的《英雄》，我几乎都没有看过，半数以上的甚至连片名也没有听到过。中国电影的境况一如主持人李咏所说，走进影院的人越来越少（大意）；可能，正与我这样的没有尽到“走进”责任的观众有关吧。

但从这台晚会中还是得到了意外的收获，学到了一个新名词：电影事业家。

这是在介绍评委身份的时候说的，名词太新，起初我还真有点听不清，但转播者替咱考虑到了，出了字幕。于是，所有评委一律有“家”的衔头：演过几部片子的，叫“表演艺术家”；导过几部片子的，叫“导演艺术家”；写过几篇评论的，叫“影视评论家”；大约与这几样都不相干的，就叫做“电影事业家”了。我得承认，真亏得有人能想到这么令人叫绝的称谓。好么，咱们的电影拍得不怎么样，倒弄出不少“家”来，就好像足球踢得不怎么样，却培养出不少腰缠万贯的大款来一样。

何谓“电影事业家”？没人跟我解释，那就自己瞎琢磨吧。冠以“电影事业家”的评委，除了打头的王晓棠，其他那几位还真不知是何方神圣（这又要怪我不关心中国电影了），那么“电影事业家”应该是从事与电影事业相关的人士吧。果真如此的话，问题又来了。记者写稿、编辑编版，是不是从此可以叫“媒体事业家”？清洁工人，是不是从此可以叫“环卫事业家”？农民种田，是不是从此可以叫“耕作事业家”？大家都是“家”，一砖头拍过去砸到不少，不知道算不算亵渎“家”，但至少可以说，这种“家”遭到了贬值，用通俗的话讲，就叫一点儿也不值钱。

几天前，在香港访问的航天员杨利伟与成龙共同高歌了一曲《男儿当自强》，我注意到，向来喜欢封“家”的内地，对成龙的身份却仍然名之以“香港著名艺人”。“艺人”和“家”，本质区别在哪里，愚笨的我同样说不清。但是面对成龙这个正宗的“国际影星”，我们那些演了个角色、得了个小奖就对“著名表演艺术家”欣然受用的人，那些动辄无偿奉送高帽子的人，不感到脸红吗？

中国电影怎样赢得观众，赢得市场，我没有注意；但我知道，夜郎自大，坐井观天，是没有指望的。

（2003 年 11 月 6 日）

猴年染猴

还有两天，农历甲申年也就是猴年就到了。猴年说猴，十二生肖中轮到哪个说哪个，一向是国人的传统。但是猴年染猴，恐怕是今年的首创。在沈阳森林野生动物园，猴岛上的猴子被人进行了“创意”，全都换了“新装”，原本棕黄色的皮毛，变得花里胡哨起来，有金红色的，有金黄色的，有浅红色的……不用问，这些颜色是人硬给猴子染上去的——也只有人才干得了这种事，才干得出这种事。

清楚地记得前几年兔年来到的时候，东北有个地方搞了个“捉活兔”乐园。就是游人可以在一个不大的范围内追逐兔子取乐，美其名曰“沐祥浴瑞”。你不是身子灵巧吗？不是能跑吗？看你往哪儿跑。兔子吓得乱窜，游人哈哈大笑，倘若捉到了，更觉得满足，因此以为这一年会“比较吉祥”。猴年轮到折腾猴了，猴子比兔子身子更灵，即使缩小范围，追恐怕也是没办法追上的，况且追急了它不会像兔子那么温顺任人宰割，可能就会出“手”伤人。追不成了，就染你的毛。你不是能窜吗？蹦蹦跳跳不停吗？那么我就造成到处跳动“彩球”的效果，节日气氛该有多浓？总之，人要想折腾不会说话的动物，总能发掘出阴招、损招。

我赞成这种观点：猴子也有自己的“猴格”。前两年，世界保护动物组织就有一种提法，叫做“让动物有尊严地活着”。其基本原则包括，让动物享受不受痛苦伤害的自由、生活无恐惧感和悲伤感的自由。拿这原则来衡量我们一些地方的做法，真让人羞愧难言。兔子们的恐惧感是不消说了，被染了毛的猴子们相互而视，一定会觉得同类猴不像猴，鬼不像鬼，却又无可奈何，能不生出悲伤感？况且，据一位从事化学工作的工程师说，通常情况下，染料对动物皮肤都有不同程度的伤害，猴的皮肤也不例外。

哪一年由哪一种生肖司职，完全是人为的规定，没必要就在那种动物的实体上动歪脑筋。今年的猴年是甲申年，更不同于寻常的猴年。往上追溯整整 360 年——公元 1644 年，正是那一个甲申年，李自成的大军攻入了北京。明朝灭了，“大顺”来了，农民起义领袖自己也过过皇帝瘾。王朝的更迭在两千多年的封建历史中屡见不鲜，然而独有这一次格外受到今人重视。1944 年，郭沫若写的《甲申三百年祭》得到毛泽东的高度评价，“把它当作整风文件看待”。盖因为郭文重点总结了李自成从胜利走向失败的历史教训，揭示了骄傲会导致失败、腐败会导致覆灭的历史规律。如今又是 60 年过去了，《甲申三百年祭》是不是值得重读呢？是不是从中能够开掘出新的内涵呢？至少仍然有一定的警示作用吧。

据工作人员介绍，猴年染猴，是公园为了增添节日气氛而采取的一个新措施，而彩色猴，既增添了猴岛本身的生气，又能增加门票收入。说过来道过去，公园为什么要通过染猴来哗众取宠？借着猴年的机会发一点猴财，这才是真正的目的。据说，身着“新外套”的猴子们把整个猴岛的颜色都装扮得亮丽了许多，但看那张寒风中四个彩猴缩在一起的照片，只让我觉得失去了原本面目的它们实在可怜。

今年是猴年，就把猴子的毛给染了，明年是鸡年，该怎么琢磨鸡呢？会不会有人在新旧交替之际，来个“杀鸡儆猴”，果真当着猴面，血淋淋地杀鸡呢？我暗暗觉得，国人对动物的畸形观念不改变，态度就不会改变，保不准哪一天就会干出这种蠢事来。

（2004 年 1 月 20 日）

对“状元碑”的诧异

前天，中国人民大学人文奥运研究中心和北京安定门街道签订共建协议，启动了国学文化社区建设项目，内容之一是在孔庙内竖立高考状元碑：把恢复高考以来省级状元的名字都刻在那儿，以“开展状元文化的学术研究”。

消息令我感到诧异。去年在采访全国两会间隙，曾经拜访过北京孔庙，印象之中，那是个全国重点文物保护单位。因其这种身份，该不该立状元碑乃是一个其次的问题，能不能立在孔庙则是值得关注的重要问题。套用人们常常质疑的一句话：北京孔庙是安定门街道的孔庙，还是全国的孔庙？这里面的潜台词实际上是：北京孔庙不过属于安定门街道的辖区而已，他们有没有权力在里面随意添加什么。

北京孔庙始建于元代，是元、明、清三代祭祀孔子的地方。院内的进士题名碑已有 198 座，另外还有康熙年间江苏金坛贡生蒋衡历时 12 年手书的、共 63 万字达 189 块十三经碑，以及康熙御书的大学碑。在国学文化社区建设者看来，他们要立的碑至少与那些进士碑是一脉相承的，也就是说，科举状元与高考状元在本质上并没什么两样。这个观点如何且不去非议它，但如果要“挖掘和弘扬”状元文化的话，原碑上的 5 万多名进士够忙活的了，干吗要扯上今天的学子呢？倒是人大孔子研究院的一位彭姓教授说得坦白：“相对于雍和宫来说，国子监孔庙平时的客流量很少，而且有相当一部分游客是外国人。有人提出要竖立当代高考状元碑，是想以状元文化来吸引游客，是一种经济运作方式。”

明白了，谁都明白了。说到底，是他们觉得那里对现代“游客”的吸引力不足了。立一块今天的状元碑，不仅使孔庙“古为今用”，而且就此变成“风水宝地”，使之成为每年高考前考生必到的所在也说不定。去年我在孔庙就奇怪地发现，其中的大殿里居然有中学或小学生在上课，而那一天是双休日。问工作人员，说是学生在补课。显然，孔庙在那时已经在被开发和利用了。

由此想到了广州的中山大学北门广场。那是入了去年评定的“海珠十景”的，叫做“学府风韵”。天天早晚都路过那里的我，只有在早上没人的时候，才能领略到那种风韵；在每晚人头涌涌的时候，则形同集市。不仅如此，被市政府明令禁止的放风筝，被《道路交通法》明令取缔的“多人自行车”，在那里却是大行其道。去年中秋，炒田螺的摊子居然也一档一档地热火朝天，石板地上留下的油污至今仍历历在目。看起来，如何真正认识文化场所，对管理者来说还是一个新课题。

（2004 年 9 月 14 日）

《Q版语文》，对经典的亵渎

一本叫做《Q版语文》的书出版了。这本书的“特色”在于它的“别开生面”，拿人们耳熟能详的经典课文“开涮”，比如孔乙己不是“窃书”而是“窃光盘”，蔺相如的特长之一是腌制咸菜，在赵国各地巡回演讲《咸菜是怎样炼成的》等，由此衍生出来的所谓“课后习题”当然也十分滑稽搞笑。

什么叫Q版？我还搞不太懂，这要请教“新新人类”。对“酱紫”、“恐龙”、“青蛙”之类的网络用语，陈四益先生主张“且自由他”，我是深表赞同的，更赞同他说的“如果有必要用到这些词语，至少要加一点注释”。前不久看了一部根据真实传记故事改编的日本电影《导盲犬小Q》，小Q是影片主角——导盲犬的名字，看了片子知道，小Q的全名为Quill，就是羽毛的意思，因为小Q的身上有一块类似羽毛的斑纹，十分显眼。取这名字的匠心之处，还在于“羽毛”恰如其分地寓意了小Q的一生：它的生命可能“轻于鸿毛”，但对盲人的奉献却有“重于泰山”的意味。本来鸿毛、泰山这些话，是司马迁在两千多年前说给人的，而导盲犬小Q的一生却毫不比人过得逊色。

不管Q版的Q涵义如何，在我看来所谓Q版语文都是对原作者的不尊重，甚至是对原著的一种亵渎，它能带给人们的，无非是浅薄一笑而已。对这一笑，始作俑者说“有利于白领读者减压”，姑且算它有这个功效吧；白领们的压减了，那些正在成长中、思维逻辑尚在形成、不大善于辨别良莠的中小学生呢？始作俑者说“只有认真读过原著的人才能体会到其中的乐趣所在，对孩子们的影响有限”，事实上，这本书在广州上市以来，颇受青少年青睐，仅广州购书中心就销售了300多本，“读者主要是白领和学生”。而且，该书封面上也不打自招地标有“全国重点幼稚园小班优秀教材”的字样。这些孩子看Q版语文，都是先读了原著的吗？至于他说Q版语文不仅无害，“反而在某种程度上可促进传统文化的传播”，看起来他倒是在做一件好事了。按他的逻辑，人们是不是因为喜欢Q版“经典”才去喜欢正宗经典呢？

Q版语文的出现是值得重视的，同样需要重视的，还有它的同类——批量翻拍影视红色经典。在我看来，二者没有什么本质区别，不过前者嘻嘻哈哈，后者一脸貌似严肃的面孔而已。《林海雪原》、《小兵张嘎》、《烈火金刚》……这两天又看到《铁道游击队》等正在拍摄之中的消息。无论是Q版语文，还是翻拍影视，无非都是借助原有经典的声名，借助那些已在人们心目中留下深刻印象的人物和事件，添加佐料，无中生有，制造噱头。这种成了普遍做法的现象，首先反映出的是创作领域里投机取巧之风的盛行，拿现成的经典说事，“得来全不费功夫”；而这背后，则折射出文艺领域创作思维上的黔驴技穷，急于捞钱的家伙，除了佛头着粪，根本没有别的本领。

我不大赞同Q版语文对经典的调侃使用“颠覆”一词。尽管是肆意窜改，也还称不上“颠覆”。经典是颠覆不了的，能够颠覆的，不一定称得上是经典。社会中的什么被颠覆了，倒是值得我们反思。在经典面前，试图“颠覆”的货色很有点小丑的意味。就《Q版语文》来说，人们在一笑之余，难道体会不到吗？

（2004年12月10日）

从禁止瓜车进城看文明城市评选

从6月20日开始，南京市对拖拉机和三轮机动车实行全天候禁行。然而，大量以之为运输载体的瓜农在被交警拦下来之后才得知这一规定。于是乎，数百辆属于禁止之列的运瓜车堵住了南京长江大桥浦珠路入桥口，绵延数公里。进退不得、万般无奈的瓜农处境，令南京市民为之动容。一位女教师说，真想把“支持瓜农”四个字写在衣服上面。

南京市为什么有此规定？原来是“为了服从创建文明城市的需要”。我们都知道，拖拉机、三轮机动车都属于那种车况较差的低档运输工具：外观不美；行驶起来没那么迅捷，在城里可能要阻碍“宝马”、“奔驰”；东倒西歪，还可能存在安全隐患。倘若它们夜里运货进城——基本上肯定如此，噪声也容易扰了城里人的清梦。摆摆事实，与“文明”似乎真的存在距离。但我们也知道，中国多数农民的生存状况大抵就是如此，他们选择拖拉机、三轮机动车作为运输工具，绝不是有意要和城里人过不去，而是受生活水平的局限。拿被拦住的安徽瓜农李全财来说，孩子的学费、家里平日开销都“眼巴巴地看着地里5亩西瓜”，他有可能去考虑改善运输工具吗？

我们更知道，生活水平高低与文明程度也没有必然的关联，如同罗伯特·洛威在《文明与野蛮》中谈到的那个著名观点：所谓文明人有时很野蛮，而所谓野蛮人有时倒很文明。在这里，完全可以套用一下。

今年是全国首届文明城市评选。揭晓结果，好像是在 9 月份。为了争夺这块最有价值的品牌，不少城市都使出了浑身解数。正是因此，也让我们看到了许多怪现象的“轮回”。前两个月，在所谓各地自我测评的那些天，有的地方搞“坚壁清野”，一般的饮食摊档不准开门营业，为了表示有一个干净卫生的环境；有的地方开始“执法如山”，对乱穿马路的行人罚款毫不手软，为了表示市民遵章守纪已形成风尚；还有的地方专门出台了系列“工程”，为了能“加速提升市民文明素质”……这些工作都应该做，但问题是为什么而做，单纯地为了奔那块牌子，还是真正为了自己城市文明程度的提高？评选文明城市，是为了使之成为各地推动精神文明建设的一个重要抓手，围绕它的一切工作至少都不能背离“文明”。重要的是，它不可能一蹴而就，那些靠“运动”搞出来的“文明”，充其量是浮浅的文明，是装装样子的文明，甚至是为了“政绩工程”的文明。倘若对一种称号的追求导致了这样的结果，那么不要说文明城市，但凡此类评选都不如取消之。

毫无疑问，文明城市是一顶耀眼的桂冠。但一个城市真正文明与否、文明程度如何，却并不完全取决于这顶桂冠，更取决于生活在这个城市之中的人们、跟这个城市打过交道的人们，他们的心里最清楚不过。其实，那些痴迷于荣誉称号的官员，心里也清楚得很。

（2005 年 6 月 23 日）

弘扬满汉全席并非急所

沈阳日前在搞"满汉全席"公开展演。报道说，这次展演以1754年乾隆第二次东巡为背景，共展出冷热荤素196道菜品，动用了140多人，其中包括演员80余人、高级厨师30余人，前后耗费资金20余万元。为了能给参观者以色香味俱全的真实感受，展演几乎全部使用真材实料；可惜，展厅内尽管开着冷气，酒店也采取了一些保管措施，"满汉全席"还是在展演中不断散出阵阵馊味，3天之后只有倒进垃圾桶。

满汉全席这几年频频进入国人的视野，很遗憾，消息基本上都是带来负面效应的。比如在2002年，西安一家饭庄推出价值36.6万元的天价宴席，由满汉全席的第八代传人亲自下厨，完全按照"皇帝"的标准制作。因为就餐者是个人行为，对那12位客人还是客气的，该饭庄则备受抨击。又比如在2003年，长沙一家酒店同样推出满汉全席，尽管价位没有那么高，从49880元到3880元一席不等，还是让长沙市民感到"咋舌"。多数人对满汉全席口诛笔伐的鲜明态度，表明了今人对这一奢华行为的普遍极度反感。因此，满汉全席的复兴或曰振兴，为时尚早，起码在现在，我们的国情与满汉全席的"内涵"反差太大，国人并不具备接受它"还魂"的心理基础。

有人考证，最早的一份满汉全席食单，记载于乾隆时李斗所著的《扬州画舫录》之中。这部书是李斗身居扬州期间，根据自己"目之所见，耳之所闻"写成的，在卷四《新城北录中》确有满汉全席菜肴为何的细节文字，"第一份，头号五簋碗十件"，包括"燕窝鸡丝汤、海参烩猪筋、鲜蛏萝卜丝羹、海带猪肚丝羹"等等；"第二份，二号五簋碗十件……；第三份，细白羹碗十件……第四份，毛血盘二十件……第五份，洋碟二十件，热吃劝酒二十味，小菜碟二十件，枯果十彻桌，鲜果十彻桌”；林林总总在一起，“所谓满汉席也”。从制作满汉全席时，“上买卖街（扬州街名）前后寺观，皆为大厨房”中不难推断，在当时，它就是奢华的代名词；从“以备六司百官食次”中更不难推断，满汉全席最早当出现在官场应酬中，属于不计成本的公款消费。

满汉全席身上固然罩着传统文化、民族特色的外衣，但弘扬之，并非急所，它的所谓“取材广泛、用料精细、山珍海味无所不包”，更突出于排场和炫耀。或者不妨说，它完全可以成为一个历史名词，仅仅停留在过往的文字描述中，停留在美食家们、一掷千金的豪客们为之神往的口水吞咽中。它并非活灵活现于现实，没有什么可遗憾的，对传统文化本身也不会构成损失；相反，满汉全席一旦“声名狼藉”，对传统文化就谈不上是弘扬而是糟蹋了，说句不好听的话，满汉全席在如今正有丧家之犬的味道。有人还为沈阳的满汉全席算了一笔细账：20 万元约相当于该地区 30 位农民一年的收入。就这么白白扔掉了，与造孽相差多远呢？

新近的满汉全席展演，是作为第四届中国沈阳国际美食节配套活动进行的。从国务院出台条例禁止公款追星以来，我就一直在想是不是该再来个约束公款办节的条例。显然，没有这样的条例，任建设节约型社会怎样提倡，各地文化节的奢靡现象还会五花八门、层出不穷。

（2005 年 8 月 15 日）

对政府公祭的一点担心

昨天，湖南宁远九嶷山举行了公祭舜帝大典。红网在进行现场直播报道时说，这是新中国成立以来最高规格的祭舜活动。鸣炮、鸣金、击鼓，读祭文、焚祭文，敬香，乐舞告祭，献花篮……热热闹闹。

大家都知道，舜帝是咱们上古时代的三皇五帝之一。三皇五帝虽然是传说中的帝王，到目前为止，还没有为中外历史学界和考古学界所证明确有其人，很可能是后人根据先民的传说和崇拜塑造出来的，但不妨碍称他们为中华民族的人文始祖。朱熹说：“天不生仲尼，万古如黑夜。”而天若不生三皇五帝，连孔夫子的生存恐怕都不可能，可见对他们尊崇的必要了。但三皇五帝究竟是谁，大概是因为年代隔得太久——不仅跟我们今天隔得太久，跟两千多年前记载他们的司马迁也同样隔得太久的缘故吧，众说纷纭。比如三皇就有 6 种说法，五帝有 3 种说法。如果取“通常”比较一致的意见，三皇是伏羲、燧人、神农，五帝则是黄帝、颛顼、帝喾、唐尧、虞舜。

既然三皇五帝普遍被认为是人文始祖，公祭之，诚乃顺理成章之事。公祭，既可以体现今人对先祖的怀念，也可以表达出一种文化与情感。许多地方也早就这么做了。举今年来说，4 月 5 日清明节，陕西公祭了黄帝；4 月 26 日，河南公祭了颛顼、帝喾；7 月 3 日，甘肃公祭了伏羲。在不同的时段，公祭炎帝神农的就更多了，陕西、山西、湖南等等，这可能是因为炎帝的诞生地、辞世地等等都已被“考证”出来了的缘故。现在看来，只有燧人、唐尧公祭似还无人问津，相信假以时日，会有地方主动乃至争着抢着去填补空白。

但究竟怎样公祭始祖，恐怕还值得探讨。如果说古人有古人的表达方式，今人就应当有今人的表达方式。不记得是哪个地方了，前两年公祭孔子，一律穿得怪模怪样，至于服装专家也弄不清楚那是哪个朝代的。这次祭舜帝，从细节层面说，我得承认，即使面对摆在眼前的那篇祭文反复琢磨，我也有太多的地方不明所以，只能猜一个大概；当然，这是我的文化水平所限，怨不得人家。但是我想，如骈体之类的文字，固然对仗齐整、声韵和谐，但不是我们今天的表达方式。事实上，五四新文化运动提倡以白话文取代文言文，正是因为后者表达起来“手口不一”，至少流传至今的宋元话本已经表明，那时的人讲起话来也不是满口之乎者也。

从宏观层面，面对诸多公祭，不由得生出一种担心，担心公祭就是公款办祭，进而成为公款办节的变体，变成“公祭搭台，经济唱戏”，或者为了挖掘旅游资源。现在，公祭历史人物在全国各地俨然已有成为风气的趋势，级别越来越高，规模越来越大，摇身一变为政府工作的一个组成部分。不是吗？黄帝公祭已经升格为国家级；伏羲公祭今年由市级升格为省级；8 月 24 日，陕西公祭“史圣”司马迁，也是“司马迁诞辰几千年以来首次省级公祭仪式”。政府主持公祭，是不是职能的错位，不该管的也在管，要请教政治学方面的专家才行。给我的感觉是不太对，而且，我们还有太多需要政府花钱的地方。

有趣的是，参加舜帝公祭的人员构成中，有一种叫做“舜裔宗亲”。传说中的人物怎的有了实体的后人，我不大理解，也不知道是怎么确定的。但愿那不是为了一定要有“古装”队伍表演一样，增加一个看点。

（2005 年 9 月 16 日）

让幼儿远离选美

9 月 19 日，第二届沈阳清文化旅游节“格格大赛”总决赛落幕。进入决赛的 40 位选手在幼儿组、少儿组、青年组三个组别中分别角逐出了金、银、铜奖。

这个评选，是作为整个清文化旅游节中的重头戏进行的。尽管冠以“格格”的名目，应当说还是一次不折不扣的幼儿选美比赛。点破了，主办单位可能并不爱听，可是，从他们事前的“报名条件”中我们知道，“凡年龄 5－12 周岁，品貌端庄的女孩儿均可”参加幼儿组；从他们的“比赛内容”还可知，评委要“对选手的形象、气质、才艺、心理素质等进行综合评定”。这么一看，就跟寻常的选美条件、内容在性质上没什么两样了。这种羞羞答答的做法，倒衬托了青岛“糖球公主”大赛的直率，那里就径称选美，不过，他们的幼儿组年龄标准定得比“格格”还低：4－6周岁。

对于选美，荧屏上早已“乱哄哄你方唱罢我登场”，无论打着什么旗号，大抵都是一个路数，泳装展示、才艺展示等等。央视二套现在每天晚上都在用大量的黄金时段直播一个选美，不知道是关于什么的，已经好多天了，笔者奇怪怎么一直老是那么多人在台上走来走去，前两天便瞄了一眼，原来是在进行“第四组”的“22进16”。好家伙，真不知道一共有多少组、多少人。主办者即使自己不觉得单调，难道观众也不乏味吗？权且作为本人的一个疑问。而所谓“格格大赛”之类值得我们关注并忧虑的，还是幼儿参与选美。

《中华人民共和国未成年人保护法》明确规定：“学校和幼儿园安排未成年学生和儿童参加集会、文化娱乐、社会实践活动，应当有利于未成年人的健康成长。”勉强归类的话，幼儿选美可能算是“文化娱乐”活动，但这项活动是否有利于她们的健康成长呢？未必。看着她们一脸的稚嫩，学着成人的模样搔首弄姿，袒露出不应有的“成熟”，分明感受到这行为举止并非基于她们童心的荡漾，而有受人摆布的道具意味。因此我想，今后任何主办选美的单位或团体，如果还有一点保护未成年人的意识的话，应当对选美活动严格限制报名年龄，让身心尚未健全的幼儿从选美一线走开，越远越好。

格格乃满族对公主和皇族女儿的称呼，“格格大赛”显然是一个借指，谁叫这是清文化旅游节呢，得跟满族建立的清朝搭上个边。其实，沈阳作为清朝最早定都的所在，清文化俯拾皆是，不至于一定要打着格格旗号增添“小女孩穿三点式参赛”之类的“看点”。由此想到各地层出不穷的文化节的内涵问题，不该办而硬要办的，难免制造噱头，而且，好多当事者显然不明白，不是什么货色都可以缀以“文化”二字的。

（2005年9月21日）

看祭孔，权当看晚会

中国曲阜国际孔子文化节昨天举行了祭祀孔子大典。今年的祭孔不同往年，不光是自己热闹，而且是“2005 全球联合祭孔”，据说，从曲阜到上海，从香港到台北，从汉城到旧金山，全球共有 30 多家孔庙在同时举行。曲阜作为孔子的诞生地，理所应当成为聚集全球祭孔的中心和焦点。

为什么要搞全球祭孔？中华孔子学会副会长、北京师范大学教授周桂钿的说法当有一定的代表性：现在世界不太平，主要是霸权主义和恐怖主义；世界和平就需要治疗这种现代世界病。而孔子提出的“和而不同”可以作为治理的一剂良药。这恐怕是全球祭孔的战略意义了。还没踏进 21 世纪门槛的时候，曾有一种观点自豪地也是单方面地宣布：这是我们中国人的世纪。或许，全球祭孔正是对这种观点脚踏实地的推行。也或许，号召把孔教或曰儒教弄成国教的人们，要借此张大声势。

但曲阜祭孔，终究只是其文化节中的一出戏而已，比较“重头”。这个节，除了“孔子”二字，与全国各地其他的、形形色色的、此起彼伏的文化节不会有什么本质区别。因此我想，我们不妨把这当成一台大型晚会来看。其实主办者自己也说了，孔庙祭孔，“已成为备受海内外人士关注的文化旅游节庆活动内容之一”。什么叫节庆活动？说白了还不就是晚会嘛。那么，在这样的晚会上，固然可以表现出“对先人的怀念，对孔子的崇敬与赞叹”；至于“对儒家文化的感悟，对现代人历史责任与使命的追问，对实现中华民族伟大历史复兴的拳拳之心”，似乎就显得稍过了一点。

无缘到现场观看的我们，不妨从曲阜网站的“实录”中先“睹”为快。整个过程，也的确很像一台晚会。瞧，明故城开城仪式，孔庙开庙仪式，孔颜曾孟后裔、社会各界、有可能提供了赞助的企业领导献花篮，唱诗班随录音吟唱《诗经·周颂》，再诵读《论语》章句，以及“在悠扬古远的音乐声中，演员身穿明朝服装表演祭孔舞，表演八义舞（肯定是八佾舞，那才是古代天子用的一种乐舞，纵横八人排成行列，共64人，佾即行列)”，如此等等，跟我们寻常所见的晚会有什么不同呢？如果一定要找出不同，那就是主要参与者同时也是表演者，形成了台上台下的互动或曰联动。这样一些内容的构成，使祭孔即便不是晚会，也让人不由得当成晚会。

今年是孔子诞辰2556年，并不符合咱们中国逢“整数年”进行纪念的习惯。以此来推测，以后每年9月28日孔子生日这一天，可能都要搞这样的祭祀活动，成为广东人说的“例牌”。年年只是强调孔子思想的重要性显然是不够的，不过，即使当成晚会来搞，也并不那么容易办好，老是朗诵“学而时习之”也不行，尽管“诵读声朗朗悦耳，此起彼伏，一阵接着一阵，渐渐消失在遥远的天际”。百姓新鲜劲一过，就会说难听的话。央视春节晚会还老是提前半年就表示如何创新呢，结果每年的都不大被买账。因此，如果年年祭孔的话，怎么样保持住今年的态势，还真是件难事。

（2005年9月29日）

风水作为官员信仰很可怕

昨日《国际先驱导报》有一篇关于风水的报道，讲的是风水师逐渐成为中国“精英阶层”的座上客，许多人抱着宁信其有的心态形成了依赖。其中的引号是笔者加的，笔者以为，尽管举例的当事人“高学历、高收入、高地位”，但是因为风水师的一句话而相信自己的新房可能有“血光之灾”的人，称之为“精英”，真有点亵渎那两个字。而报道中的堪忧之处，在于一些官员和国企老总动用公款为这些堪舆之术埋单。

风水这几年火得很。前一段，还差点儿闹进高等学府。那是 9 月初，中国建筑文化中心与南京大学易学研究所宣布举办“建筑风水文化”培训班，声称这是风水培训首次走进大学讲坛。可惜，随后南京大学正式宣布，该班与南大没有任何关联，参与的南大教授只能代表其个人。于是，原本信誓旦旦要在 10 月 1 日开班的这个培训班，只有宣布延期，地点挪到了北京，名目也改为易经文化研讨会，原本承诺发给学员的培训证书也无疾而终。这真要感谢南大的理智态度，否则，在本该传授科学知识的神圣学府，兜售号称科学的风水，不啻于嘲讽。

但如我们所见，风水闹进官场，则往往没有什么能约束得了。风水业界人士说，现在不少政府部门和国有企业每换一次领导就要更改一次办公室的布局，甚至对整个部门的建筑大动干戈，已经成为“公开的秘密”，只有闹大了的，才成为众矢之的。比如前些年山西省交口县主要负责人因为升不上官，便按照风水先生的意见在县委大院里埋了不少“镇物”。最典型的还是山东省泰安市原市委书记胡建学，“大师”预测他的前途还缺一座“桥”，他竟然让一条国道改线，强行越过一个水库，硬是修出一座大桥。众所周知，胡某人最终没有逃脱因为贪污而被判处死缓的“命运”，但其中所造成的经济损失，是永远追不回来了。这也可见，风水作为一种民间信仰，可能还谈不上有多大的危害；而作为一种官员信仰，且利用职权，把它强行拖入公共生活领域，就是很可怕的了。

对风水，广东一个教授给出的“客观评价”是：它在客观上强调了“人与环境和谐”的概念。这个帽子戴得恐怕有一点大；而且，有借用“和谐社会”的“和谐”说事的嫌疑。风水对中国古代建筑产生了巨大影响是无可否认的。国庆黄金周期间本人去了位于河北省遵化县境内的清东陵——清朝的帝王陵墓群，离北京那么老远，100 多公里，选定那里当然就是因为风水极好，“四周群山环绕，中间坦荡开阔。山高而不穷，峰青岭翠；水阔而不恶，波碧流缓”。问题是，风水里面的那点科学成分，早已为现代学科所包容、所替代，用不着它风光再现；更何况，今天讲的风水连那一点可称科学的成分也没有了，完全异化成了仕途、财路的辅助"工具"。

因此，今天认识风水，首先应当认识其所以卷土重来的背景因素。这样，就尤其需要提防一些自己笃信风水的官员乃至"科研人员"，以所谓科学的一面为名，使之冠冕堂皇地沉渣泛起。

（2005 年 10 月 11 日）

大明宫不如不修复

西安大明宫遗址将进行修复。本来，对这一据说列入了国家规划的重点项目不应该说三道四，但是从另一个角度看，既然已经列入了，发一点"杂音"也就无妨，反正也不影响什么——其实，即使没列入而人家要修复，也什么都影响不了。我要发的"杂音"是：大明宫遗址不如不修复，至少是现在。

看报道可知，所谓遗址修复，是把原有的宫殿遗址悉数发掘出来。当然也有重建的成分，比如，"仅含元殿殿前御道"，西安市政府已经一次性投入 2 亿元资金。干什么花这么多钱呢？要"重现大唐皇家御道的恢弘气势"。届时，"将建造宽 200 米、石材铺砌的御道，御道两边各留 100 米将建造与历史风格相协调的传统建筑"。西安市文物局局长郑育林先生认为，修复后的大明宫，"占地规模、历史地位及欣赏价值与圆明园相当"。可惜，在笔者看来，占地规模方面可以类比，舍此之外则根本没有可比性。凭吊圆明园能够切身感受到近代中华民族所遭受的凌辱，而大明宫不过是"唐朝皇帝大多在这里朝寝，为唐王朝 200 余年间的统治中心"，到时候，与其说是凭吊，不如说是满足好奇心，跟多数人去北京故宫差不多，看皇上住的房子是什么样子。实际上，这修复的所谓御道是要在真遗址上建假古董！

因此，在尚未领略大唐气势之时，我们首先领略的是大手笔花钱的气势——整个遗址修复预计资金投入为13亿至15亿元。对于连农民挖土建房也能发现珍贵文物的陕西来说，这笔投入可能并非急所，将其用于提升文保力量，或许更有意义。笔者看过这样一篇报道，陕西早已成了盗墓分子的首选之地，盗墓贼不但配有压挤式定向爆破器材，而且配备有精密的红外线望远镜、红外线探测仪、防毒面罩、装有全球定位系统的移动电话等等，而与之斗争的装备却相形见绌，甚至可以用“原始”二字来形容。

由此引申开来，在我们这个讲“文化”的时代，见诸生活中的许多行为是不那么讲文化的。因此不少地方才会放着许多真的、岌岌可危的文物置之不理，对异地重建、复建乐此不疲。去年，北京因为奥林匹克公园位于城市中轴线北延长线的顶端，缺中轴线的南端点，乃在原址修复即重建永定门，现在不知道竣工了没有。众所周知，以永定门等为代表的老北京城门，不是毁于天灾，也不是毁于战火，而是毁于长官意志。重建之，我以为是一个很不好的示范：对文物，毁不毁没关系，哪一天想恢复了，照样可以“恢复”起来。挥之即去，召之即来，这就完全是儿戏态度。

不久前，肇庆自梳女曾经聚集而居的古建筑观音堂，已被纳入了高级住宅区规划。那是证明“中国历史上最后一群自梳女”历史存在的唯一实物证据。拆还是不拆，其实是个无须讨论的问题；而其所以成为问题，正折射了时下一些决策人物对待文物的真实态度。

（2005年10月26日）

“现代私塾”，公司的一项业务

苏州的一家“现代私塾”10月29日开课了。严格地说，那不叫“私塾”。主办者自己也承认，因为它不是学校也不是培训机构，相当于家教性质，"所以，我们只好先成立一个文化传播公司，取得合法资质"，这"私塾"充其量只能算是他们公司的一项业务。

从照片上看，色彩"古旧"的孔子像，"私塾先生"身着对襟束带长袍——所谓明朝汉服，学童面前只有1尺高的黑色小条桌，形式都弄得有模有样。而且，连计时都"古代"了，一炷香点完，算是一节课结束。据说，主办者一直想找个古建筑作"私塾"，但没找着，"只好租了这个仿古现代小楼，看上去还算优雅"。形式化的目的，是为了营造气氛，"在这么一个环境里，孩子们比较容易融入、吸收"。然而，百密必有一疏，既如此，孩子们翻的书就不该是"现代"的模样。这种氛围同等重要，比如对其他形式毫不讲究的本人，除非一时找不到"繁体直排"的版本，否则是不读"简体横排"的古籍的。

毋庸讳言，今天的教育模式从小学（也可能从幼儿园）到大学，都存在一定的问题，需要改进甚至革命。但即便真私塾死而复生，是否就能够担当起这一使命呢？怕不尽然。我们知道，人们其实是想借助"私塾"的平台弘扬国学。说到国学，记起钱穆先生曾被誉为"中国最后一位国学大师"；启功先生逝世后，也被称为"最后一位国学大师"；前一段，在世的季羡林先生被称为"最后一位国学大师"，还引起了不少争议。现在看来，这些称呼都不够准确，昨天《南方都市报》报道，番禺一家伙来了50多名"国学大师、学者"，何谈"最后"？可惜，这些大师的国学，不过是现场"齐声朗诵儒学经典《弟子规》"而已。

晚生如我辈，不知道旧时的私塾生活究竟如何，但不妨碍从前辈的文字中领略一二。比如，鲁迅先生当年就读"三味书屋"，就是很不高兴的，"我不知道为什么家里的人要将我送进书塾里去了"。他猜测，"也许是因为拔何首乌毁了泥墙罢，也许是因为将砖头抛到间壁的梁家去了罢，也许是因为站在石井栏上跳了下来罢"，百思不得其解。总之在他看来，家里把他送进私塾是一种惩罚，全不如他在百草园中乐趣多多。于是，只有在"先生读书入神的时候"，才能尽显被压抑了的儿童本性。"有几个便用纸糊的盔甲套在指甲上做戏。我是画画儿，用一种叫做‘荆川纸’的，蒙在小说的绣像上一个个描下来，像习字时候的影写一样”。这样的结果是：“书没有读成，画的成绩却不少了。”今天照片上端坐“私塾”的孩童，是自己愿意来，还是像小鲁迅那样无可奈何，有心人也不妨探究一下。

现代人越来越喜欢复古，撇着真文物不管，到处建假古董；到处兜售风水，一会儿南京一会儿北京，要钻或已钻进大学讲堂；吵嚷着要把儒学变为儒教……这种现象值得深思。虽然大家都在声称为了弘扬传统文化，但那“皮袍下藏着的小”终究不难“榨”出来。

（2005 年 11 月 1 日）

为什么南极没有熊？

为什么南极没有熊？鳄鱼遇到食物掉眼泪是怎么回事？英国二战时为何停止天气预报？……这些稀奇古怪的问题不是香港陈启泰原来主持《百万富翁》时的发问，也不是央视王小丫现在主持《开心辞典》时的刁难，而是 11 月 26 日国家机关公务员考试中行政职业能力方面的试题。

据说，这样类似脑筋急转弯以赢取大奖的考题一共有 130 道，考的是“考生是否具有作为公务员所具有的潜质”。因为必须在 120 分钟内答完，平均每道题花的时间还不到一分钟，所以，一位大四学生说自己“用从来没有过的速度来答题，结果到交卷时还有 20 道题空着”。其实，他大可不必沮丧，因为好多考生都是如此。专家分析了，“对常人来说，根本不可能在两个小时从容做完这些题”。我知道这些题并非考试的全部，还有一个环节考“申论”，似乎那才是考准公务员们的“看家本领”，但想来这么多的“急转弯”，在整个卷面上也占了相当的比重。面对这些考题，有一种怪怪的感觉，肯定不是游戏，却有游戏的味道。因而沿用“为什么南极没有熊”的语式来发问一句：为什么考题这么怪？

南极为什么没有熊？的确是一个有趣的问题。南极和北极都是地球纬度最高的地方，寒冷得很，但北极有看上去挺笨而破冰捉起海豹来异常灵敏与凶猛的熊，而南极却只有温顺的、走起路来一摇一摆的企鹅，是挺奇怪。这样的问题，由陈启泰或王小丫的嘴里问出来，非常正常；答对了，还能赢取一定数量的金钱或奖品。问题是报考公务员的考生答出来了又怎样？考查公务员行政职业能力的高低，并不以知道这些为凭；如果日后一定需要他知道，他可以翻阅有关书籍，因而是否懂得检索才是他必备的素质。有专家打圆场说，大题量“考查的就是一个考生如何取舍、顾全大局的问题”，因为“精明的考生应该有决断能力，果断放弃难以处理的题目，以便在规定的时间内答完会做的题目，抢更多的分”。不才如我真是不可救药，因为我不知道在“为什么南极没有熊”与“英国二战时为何停止天气预报”的取舍之间，能够考查出考生的什么决断能力。

各地公务员的报考人数都在逐年增多，11 月 26 日走进考场角逐中央国家机关职位的即有 36.5 万人，比上年增长了 47%，平均录取比例为 35∶1，个别职位甚至超过了 2000∶1。至于为了杜绝报考者的“盲目”，不少单位自行规定的限制性条件——诸如户籍、专业、年龄等，越来越引发受排斥者的争议。显然，公务员报考人数增多的一个直接结果，是录取比率的降低，使之成为“中国最难考的考试”。那天好多走出考场的人不是都在感叹考题太难了吗？但是无论怎么增加难度，都不能为了考试而考试，都别忘了考试的根本目的是在选拔国家公务员。那么，这种考试就应该不是遴选百科全书式的通才，而是考查考生如何有效地服务社会的意识和潜质，不能舍本逐末。

考试终归不是游戏。尤其是选拔国家机关公务员这样非常严肃的考试。考试一旦形同游戏，就说明它已经走了偏门，需要矫正。

（2005 年 11 月 30 日）

腐败可以和文化“有染”吗?

新华社杭州昨日电，正在杭州举行的高层廉政文化论坛提出了遏制腐败的新思路，“要依靠我国历史积累的优秀传统向腐败文化宣战”。论坛通过的《杭州宣言》，号召“在全社会倡导和践行廉政文化建设，挤压腐败文化的生存空间”。

印象之中，今年的《宣言》已经通过不少。在一个地方开完会，前面缀上那个开会地点的地名，就发表了个《××宣言》。具体有多少恐怕要由有心人去统计了。对《××宣言》，我没有非议之处，不过觉得《宣言》太多，成为时尚，也难免眼花缭乱。但本人关注《杭州宣言》，主要在于它把“腐败”与“文化”拢在了一起，构成一个叫做“腐败文化”的词语，让人如鲠在喉。腐败也是文化吗？腐败可以和文化“有染”吗？恐怕不能。

什么是文化？文化人类学上的定义有将近200个，但能够为不同学派的学者所普遍接受的，还是英国人类学家泰勒（E. B. Tylor）的定义：“文化，就其在民族志中的广义而论，是个复合的整体，它包括知识、信仰、艺术、道德、法律、习俗和个人作为社会成员所必需的其他能力及习惯。”如果说，这个定义的学术意味太重，那么，我们也不妨看看权威辞书的通俗解释，手边正有两部，检索起来并不难。《辞源》释义“文化”，乃“文治和教化”；在今天，“指人类社会历史发展过程中所创造的全部物质财富和精神财富”。《汉语大词典》条目分得更细，但除了学术用语，主要的还是这两个义项。由这些义项我们不难明了，文化是一种社会成员学习并传承的财富，而腐败，作为古今中外一切正直的人所痛恨的贬义词，充其量只能称作现象，不能称作文化。换言之，文化不是一个可以任意搬来搬去的后缀。

我对《杭州宣言》同时感到不解的是，我们的历史积累是否具备向腐败宣战的能量以及由此产生的能力。此说由何而起？我胡乱猜测，是不是影视中戏说的那些完美无比的“汉武大帝”、“殚精竭虑”的雍正王朝、动辄“微服私访”的康熙之类，不仅迷惑了我们的百姓，而且也给我们的“国内知名学者”造成了错觉？吴晗先生有“一部《二十四史》就是一部贪污史”的说法，我一向不能苟同。《二十四史》是一部百科全书，从经济的视角看它是一部经济史，从社会的视角看它又是一部社会史；但不论用怎样的视角，说它是一部廉政史，恐怕没有人会同意，尽管里面记载了不少今天看来仍然值得推崇的廉洁之士。离开了这部在一定程度上无可替代的官修正史，古代中国社会“积淀的丰富廉政文化资源”从何而来？从稗官野史，还是从民间传说？我还不大明白的是，“医托”、“学托”的纷纷出现，是否可以作为“腐败文化正在渗透到社会的各个角落”的标志？但是我想，当我们的制度建设还远远没有达到可称完善的地步之时，急急忙忙地开辟“第二战场”，不仅缘木求鱼，且有舍本逐末之嫌。

也许，在有些人看来，既然我们在大力建设“廉政文化”，对应的就应该是“腐败文化”吧。真乃想当然耳！

（2005 年 12 月 12 日）

新百家姓，要它干吗

新百家姓排名顺序新鲜出炉了。那是一项历时两年的大规模调查项目，涉及了全国 1110 个县和市，共获得了 2.96 亿人口的数据和 4100 个姓氏。结果显示，虽然占总人口的比例有所下降，但是李、王、张继续位列姓氏前三名，合起来占全国总人口的 21.4%。

这项成果的来之不易，从那些数据上亦可窥见一二。但我感到不解的是，这项耗费肯定不菲的新百家姓排名要来何用呢？报道说，“对于研究中国人 Y 染色体多样性、疾病的分布、汉民族源和流以及其他学科领域，都有可能提供新的线索和参考”。恕我直言，这话说得有点玄乎，真的只是“有可能”而已。为什么呢？中国的姓氏早就“乱”了。《说唐》里有个很有名的徐懋功，但在官修的新旧《唐书》目录里找不到这个名字，因为李家父子打下江山之后，赐之姓李，他就改叫了李勣。宋代名相文彦博祖先姓敬，五代时因避后晋儿皇帝石敬瑭的名讳才改姓文。诸如此类，人为的因素很多，导致姓氏的变数也很多。举今例说，曹禺原名万家宝，调查者遇到这种情况，该让他姓曹还是姓万呢？退一步，大人物的身世好考证，寻常人等谁知道祖宗究竟姓什么！

古今百家姓比较起来，真是高下立见。古百家姓同时可以作为一种读物，像《三字经》、《千字文》一样，承担了蒙学教材的功能，“赵钱孙李，周吴郑王，冯陈褚卫，蒋沈韩杨”，读来琅琅上口，兼有识字之效，超越了姓氏排列本身；今百家姓倒是有科学的意味了，却不过是一群干瘪瘪的姓氏堆积，刻薄地说，仅仅方便了谁的姓现在排第几位，到那项成果里自己能数清楚。古百家姓收集了当时我国姓氏400多个，并不拘泥于所谓“一百”；今百家姓则取其成数，非要恰恰弄他100个，虽然占人口比例0.1%以上的姓氏明明有129个，而这129个姓氏的人口约占我国总人口的87%，削足适履，硬给抹去了29个。

说来也巧，昨天还看到了一则“研究”，说“孙悟空是山东人”，《西游记》里的花果山，“原型就是泰山”。这是山东师范大学文学院一个教授昨天上午告诉齐鲁电视台记者的。其实，即使报道不交代研究者的身份，也猜得出是齐鲁人士。笔者早就写过一篇《学者当少一点“本土情结”》，批评的就是这回事，此处不赘。现在倒是很想听听，前两年发现了孙悟空哥哥墓地、论证“孙悟空是福建人”的那位福建学者有什么反应。如果说，新百家姓研究涉及“Y染色体多样性”等等，还有科学的意味，考证或试图考证孙悟空是哪里人的所谓研究则纯粹属于无聊了！

少年时看过中国少儿出版社的《爱迪生》，印象深刻。记得爱迪生在发明议会表决器碰壁之后，立志“发明对大众有用的东西”，乃有留声机、电灯等的问世。想北宋初年，钱塘的那位书生将常见的姓氏编成四字一句的韵文、便于人们诵读和记忆之时，正走在了爱迪生“大众观”的前面。《百家姓》之不朽，不是有其必然因素吗？

（2006 年 1 月 11 日）

把“黄金书”赶出历史舞台

从 5 月 1 日起，国家新闻出版总署明令禁止出版发行“黄金书”，同时也禁止报刊等媒体为之刊登广告。认为“黄金书”的面市，不仅严重背离图书作为精神文化产品的社会功能，助长奢华的不良风气，而且还扰乱图书市场秩序，损害新闻出版业的形象。这个禁令来得虽然稍迟，但是来了，总比此前单纯由民间发出反对声浪要好、要奏效。

古人固然说过：“安居不用架高堂，书中自有黄金屋。”但那是一种比喻，犹如曹孟德行军时鞭梢一指的望梅止渴，而不是现代“黄金书”赤裸裸地由黄金自身披挂上阵。“黄金书”以及同时被“叫停”的“白银书”，都是选用黄金、白银——如果没玩猫腻的话——等贵重材质为载体印制的，有的还加上金银珠宝或名贵天然木材进行豪华包装，这一来，豆腐就盘成了肉价钱，定价则动辄上万。耳闻目睹，市面上的“黄金书”很有一些品种，《毛泽东诗词手迹》、《孙子兵法》等等，一波接着一波，不制止，大有目不暇接之势。它们或打着缅怀和纪念领袖的旗号，或扛着弘扬传统文化的招牌，极力把“出身”装扮高贵。不过谁都知道，那是某些商家借以牟利的幌子，这一点，连“皇帝的新装”都谈不上。

书是用来阅读的。“黄金书”好歹算沾了个“书”字，但它却不是用来阅读的。那它用来干吗？“买的不吃，吃的不买”，从“天价月饼”之类的事件中，不难推测出一二。况且，有的广告词更是毫不隐讳地声称：“黄金书”是“送给政界人士的礼品”。因为，“黄金书”就跟当初作为“炸弹”的烟酒没什么本质区别，只是时代变了，面目高雅了而已。“黄金书”所以耀眼，不在“书”，而在“黄金”，这才是让送书者眼睛发亮、受书者眼睛发绿的关键。正如新闻出版总署所说，有些“黄金书”的出版发行背后，隐藏着变相公款消费、滋生腐败的严重问题！

不久前公布的第四次“全国国民阅读调查”结果显示，六年来我国广义的国民图书阅读率持续走低，2005 年为 42.2%。这个概念是指阅读行为的读者群体在全体国民（包括不识字者）中所占的比例。也就是说，已有半数国人不读书了。怎么解决这个问题是为当务之急。而不是用来“读”的“黄金书”，显然无丝毫裨益可言，把它们赶出历史舞台，越早越好。

（2006 年 5 月 10 日）

孔子家要修族谱了

孔子家要修族谱了。寻根认祖，是人的本能意识。有人考证，我们在先秦时就出现了族谱。何况孔家还有“六十年一大修，三十年一小修”的家规，修谱乃是循例之事。但孔子家族是中国最特殊的一个家族。因此，寻常家族修谱，只是家族内部的事情；孔子家的这次行动，虽然由孔子后人主导，逻辑上看也属于私事，但媒体大篇幅地报道，显然也就介入了公众生活。

在我们的历史上，孔子家族从来都不只是一个家族而已。比如有很长一段时间，曲阜知县都是由孔子后人担任，他人休想染指。而且，历代还都要册封孔子嫡亲为衍圣公。明朝洪武十三年（公元 1380 年），朱元璋册封孔子第 55 代孙孔克坚时，说的话非常有趣：“我看您是个有福快活的人，不委付您勾当，您常常写书与您的孩儿，我看他资质也温厚，是成家的人。您祖宗留下三纲五常垂宪万世的好法度，您家里不读书是不守您祖宗法度，如何中用？您老也常写书教训者，休怠惰了。于我朝代里，您家里再出一个好人呵不好？”在朱元璋眼里，孔夫子不是圣人，而只是个“好人”。但比较起来，这算是相当客气的；《孟子》里因为有“君之视臣如土芥，则臣视君如寇仇”的句子，惹得龙颜大怒，差点要罢掉亚圣的配享。

修谱犹如修史。但这种史具有强烈的自我意识，不仅为本家族隐恶扬善，而且对始迁祖的身份往往会夸大，甚至伪造。我们学人类学的，在田野调查时查阅族谱是一个重点项目。以笔者浏览过的族谱看，无论什么姓氏，祖先都有几个响当当的人物，因而对研究者所谓“族谱中关于祖先的记载多不可靠”深有感触。孔子家这次修谱则正相反，防的是后代鱼目混珠。按照修谱的规则，不是姓孔的就当然地可以入谱，首先得凭以前的支脉族谱说清楚自家来历；说不清楚的呢？那好，如果一定要入谱，就验 DNA。孔子宗族这样做倒不是没缘由，民国总统袁世凯因为姓袁，就想冒认为袁崇焕的后代呢。问题是，既然可以拿以前的族谱作为确系后人的“证据”，那么没有 DNA 可以凭借的时候呢，当时修的那个族谱就是非常可靠的吗？因此我觉得，委实没有必要拿现代的什么来吸引世人眼球，按照“信以传信，疑以传疑”的古训算了。族谱在任何时候都成不了信史。

最后想说，还是让孔子家修族谱成为其宗族的内部事务吧！当然，也许孔子宗族根本没有张扬的意思，是旁的人在自作多情。

（2006 年 6 月 13 日）

丰都要“以鬼教人”？

印象之中，6 月 27 日央视《焦点访谈》播出重庆市丰都县《鬼文化还是鬼把戏》的报道后，各路媒体在次日并没有什么反响；倒是在一个星期后重庆媒体再次报道，大家才蜂拥而至。个中原因既易解又费解，不去详说。昨天，人民网做了一个总结性的专题：鬼城新包装折射“人文景点”庸俗化。

丰都号称“鬼城”，具有相当深厚的历史文化底蕴是无疑的。但丰都之所以形成鬼文化，是经过多少代积淀而成的，尽管它们也是人为制造的产物，但与他们现在斥资2.3亿元对鬼城进行全新规划包装，还是具有本质区别的。为什么？昔时，搞这套东西固然也有功利的目的，但当年的很多人对此具有笃信的色彩。我们把它叫做鬼文化，正因为它是时人世界观、人生观的一种反映；这些关于鬼的东西，反过来又一定程度上左右人们的思维意识。而今天丰都花那么多钱，建什么鬼国神宫和阴司街，盯住的则纯粹是一个“钱”字，掏游人的腰包而已。于是怎么恐怖、怎么刺激，他们就怎么来。尽管他们仍然号称这是“以鬼教人、惩恶扬善的中心”，要起到“动静结合、寓教于乐”的作用，但是这种生编硬造出来的玩意，披着的仅仅是文化的外衣，与文化已经了然无涉。

丰都正在建设的最著名项目也可以说标志性符号，就是世界上最大的阎罗王坐像，照片明白地告诉我们，已经基本成型，曝光之后这个庞然大物怎么收场，我们拭目以待。现在，人们莫不对这些鬼设施如此发问：这究竟是对传统文化的重视，还是一种封建文化的流毒呢？其实，从披露的过程、报道的口吻等任何一个方面来看，答案属于后者都已经不言自明。问题的严重性在于，丰都的做法并非个案，其他许多地方的“文化”开发也莫不有肆意为之之势，只不过不是打着鬼的招牌，而是别的五花八门的什么罢了，从而导致“人文景点”的庸俗化越来越有“共识”的趋向。庸俗的人文景点不可能具有人文的内涵，真正的人文景点也不必以庸俗取胜，但其是否庸俗，要取决于拍板决策的人是否庸俗。越是庸俗的决策者，越是对真正的文化视而不见，热衷于非驴非马的货色。拆了“破烂”的古城，建起崭新的仿古一条街，这几年我们不是都见得多了吗？

我们现在处于大讲“文化”的时代，具有讽刺意味的是，不管举动怎样荒唐，都要冠以文化的旗号，把这个寓意人类文明结晶的词语，简单地当作了一个名词的后缀。丰都的做法只是一个缩影，正因为并非个案，我们评判此类现象，就不能仅仅着眼丰都，该对传统文化的所谓开发行为建立规范了。否则，不知道还有多少真文化要被伪文化所鱼目混珠、所糟蹋！

（2006 年 7 月 7 日）

私塾没可能"彻底代替小学教育"

一所名为"孟母堂"的全日制私塾在上海悄然出现。私塾的出现在这两年算不得新闻了，颇有成为时尚的趋势。但上海这个全日制私塾不同，它"已经不是兴趣班，而是以古老的私塾教育彻底替代小学教育"。他们采用什么手段来完成这一替代呢？"读经典、尊孔孟、颂莎翁、演数理"。

这是正在上海举办的 2006 年"读经教育与学校教育"研讨会上传出的消息，想来不会是假新闻了。但这类号称"具有颠覆性的教育形式"，不免使人生出一些疑问。瞧，报道此事的《东方早报》就代我们追问了："孟母堂"是否合理合法？他们担心的是全日制私塾是否有能力和资质完成对孩子们九年制义务教育的法定义务，以及私塾自称"能覆盖小学和初中"，但孩子们升学时能否被高一级学校认可。这两个问题的确都值得重视。此外，笔者还想明知故问一句，想吃或敢吃这个"螃蟹"的，究竟是家长还是孩子？

所谓"明知"，是因为报道已经告诉我们了，那是"一些志同道合的家长"所为。从逻辑上也不难作此推断，这 12 名被实验的上海孩子，最大的 12 岁，最小的只不过 4 岁，一天到晚集体念、自己背那些不明所以的经典，不可能不是家长的意志在左右。所谓"故问"，是因为笔者其实想说，成年人要玩这种叫做私塾的游戏，相信摇头晃脑地完全死记硬背孔孟——现在又添上了莎翁，才能学到真正的知识，那就自己去玩好了，还是别拿孩子当实验品为好。实验一旦失败呢？诵读《易经》、《弟子规》、《论语》等经典，收看《三国演义》、《大长今》等被认为“对孩子成长有益”的电视剧，外聘教练教授瑜珈和游泳来代替一般小学的体育课等，是我们已知的全日制私塾的大致内涵。现有小学教育体系存在相当多问题是无疑的，但“改良”还是“革命”，首先值得斟酌；即便“革命”，以愚意度之，现有的恐怕也要对这个试图接替的笑掉大牙。毕竟，还没有到要“后退”到那种为适应科举打基础、做准备的教育体系的地步！

从报道上我们还知道，“孟母堂”至少已经存在一年有余了。家长们感到孩子“变化很大”，理由无非是他们能够背出经典中的多少。但是，正像那个学习了一年的 10 岁小女孩宋宣那样，尽管她能够流利地背诵出《仲夏夜之梦》了，当被问到这篇英文名著里面多数单词的意思时，她只是一个劲地摇头：“不知道！”没有人否认，理解孔孟及西方经典，在现代社会对一个人安身立命具有修养意义，倘若以为其力大无边，可以包容一切，就不失为一种幻想。

（2006 年 7 月 11 日）

乾陵发掘与否已成无聊争论

挖还是不挖武则天墓，时下又闹得沸沸扬扬。其实这所谓“争论”，没有丝毫新鲜内容，挖，无非是文物怎样丰富，可以揭开什么千古谜团；不挖，无非是文物保护技术还不过关，诸如此类，完全是炒冷饭。关键是，消息出自“纪念武则天入葬乾陵 1300 周年学术座谈会”，而这根本不是座谈会的主要内容，只是陕西考古界前辈石兴邦先生在谈到乾陵文化研究方向时，提出要继续准备发掘工作。

“长恨人心不如水，等闲平地起波澜。”新一轮关于乾陵的发掘，就这样无端端地引起了媒体的极大关注。现如今的人们不知怎么那样喜欢舍本逐末。先扯开一点，捡近的一件事说吧。杨振宁夫妇日前首次赴台本来有多重目的：参加“中央研究院”院士会议，出席“吴大猷科学普及著作奖”颁奖典礼，为吴大猷书房揭幕等等。杨先生除了担任颁奖人，还以“21 世纪的物理发展”为题进行了演讲。但是，这些信息需要人们自己去细心捕捉，映入眼球的主要是杨氏夫妇如何“十指相扣”。昨天中新网一则援引马来西亚《星洲日报》的电讯更“有趣”了：杨振宁在南洋理工大学以英语进行《我的生平》主题演讲，别的我们一概不知，只是从中知道他“特别提到了 3 个女人”，除了亡妻杜致礼和现任娇妻翁帆，还有一名女子曾在学生时期的杨振宁心中刮起了暴风雨，以至事隔多年，杨先生仍然对她念念不忘……我不相信，杨先生讲述自己的生平，3 个女人才是唯一的“亮点”，显然是报道的人自己进行了裁剪。

笔者清楚地记得，去年 7 月 5 日，西安市市长孙清云在国务院新闻办公室举行的新闻发布会上明确表示，鉴于当前技术条件并不成熟，秦始皇陵、武则天和唐高宗合葬的乾陵这两颗中国历史文化遗产中的明珠，将暂不发掘，留给子孙后代。宣布者的身份以及宣布的场合，都清楚地表明这不是市长个人的态度，而代表了官方的权威声音。刚刚过去一年的事情，报道“争论”的始作俑者就那么健忘吗？乾陵是未知的，里面究竟埋藏着什么，谁也不知道。倘若就是以其中大量的“宝贝”来构成对百姓的诱惑，那首先是一种误导，其次则无异于对考古工作的歪曲。

鲁迅先生说过，吃别人嚼过的馍是没有味道的。发掘乾陵与否这块“馍”，嚼来嚼去还有味道吗？如果每年都要重复这个话题，只能说已经近于无聊了。

（2006 年 7 月 12 日）

西门庆香了，有些东西臭了

山东的阳谷县与临清市在争“西门庆”这个“文化”品牌。前者以《水浒传》为依据，建起了“金瓶梅”文化区；后者以《金瓶梅》为依据，打出了“《金瓶梅》故乡”的旗号，并且请北京大学教授出招，自我定位为以《金瓶梅》休闲文化旅游体验为特色。总之，以淫荡化身而闻名的西门庆，成了双方争抢的香饽饽。

一般来说，对历史文化的要素之争是比较正常的现象，谁不想借助前贤或者本地发生过的著名事件提升自己？甚至没把旅游当作产业的古人已经如此。就说赤壁之战的那个赤壁吧，苏东坡当年到了黄州，大笔一挥，就认定此赤壁即彼赤壁，惹得别的地方很不高兴。宋朝的野史记载：“今江汉间言赤壁者五。”就是说，有 5 个地方认为自己那里才是正宗。今天讲文化产业了，就更不得了，沿长江一带称自己是当年赤壁战地的，已发展到了 9 个。除此之外，还有大量的争抢目标，以笔者所见，有诸葛亮出山前的躬耕之地到底是襄阳还是南阳之争；有南京与钟祥的“莫愁湖”之争；有当阳与荆门的“长坂坡”之争；有江陵与宜城的“楚国郢都”之争；有秭归与江陵的“屈原故里”之争；甚至还有原本避之唯恐不及的“夜郎国”，湖南也在和贵州争，只不知目前论战的结果如何。

争那些青史留名或者没有褒贬之分的，也就罢了。问题是，明摆着属于“遗臭”的货色，因为所谓“名气”，人们也在不遗余力地争，且各自请来专家学者助阵，就是不能不使人忧虑的一种现象了。就《金瓶梅》的招牌来说，“文化区”也好，“故里”也罢，提供给游人的都是些什么货色呢？“西门庆初次幽会潘金莲的蜡像惟妙惟肖”、“西门庆 7 个妻妾画像”；开发“西门庆初会潘金莲”、“武大捉奸”等节目，邀请游客参与表演并拍摄成光碟，“钱多演主角，钱少跑龙套"，交纳一定的钱，就可以出演西门庆……够了！像许多饥不择食的景区一样，表面上进行的是所谓"文化"开发，皮袍下其实藏着个"小"；"西门庆"问题上的"小"，显然是"急于发展旅游业而又无起色"。为了有"起色"，于是，管它是糟粕还是秕糠，管它是俗不可耐还是臭不可闻，"起色"既现，大功告成。以笔者的浅见，中国的"文化"旅游这样走下去，预示着离钻进死胡同已经为期不远了。

西门庆现在被争成了香饽饽，我们很难预测下一个是谁。照这样的态势，有一天轮到秦桧也没人感到意外。即使没有靡费公帑吧——临清计划在五年内还要投资 5600 万元建一座《金瓶梅》文化城，即使争抢双方弄了个"双赢"吧，即使西门庆最后能香出国界吧，香的固然香了，又有什么东西变得臭了呢?!

（2006 年 7 月 20 日）

棺材即"升官发财"?

昨天中新社有这么一则电讯，说广西柳州的棺材正在开辟"活人市场"。我们都知道棺材是装殓死人用的东西，怎么能跟活人挂起钩来呢？原来，是谐音加上寓意，棺材在一些人眼里乃"升官发财"。所以柳州开发的当然不是从前的"庞然大物"那种，而是作为工艺品的棺材，活人拥有一个，就等于寄托了美好的希望；况且，"两厘米的小棺材放在手里小巧精致"，还"让人爱不释手"呢。

"吃在广州，死在柳州。"此乃古人的一种人生追求。所谓死在柳州，实际上是说柳州的木材好，适合做棺材。传说柳宗元先生客死柳州后，柳州人给他最大的褒奖是提供一口上好的棺材。人们奇怪的是，柳的遗体运回西安，历时半年，却仍然完好无损。柳州棺材于是声名大噪。柳宗元别称柳河东，很容易理解，他的祖籍是河东郡——今山西运城一带，以籍贯称人在我国古代是一种普遍用法，韩昌黎

(愈)、王临川（安石）等，莫不如此；而他同时被称为柳柳州，则比较“另类”，因为柳州毕竟只是他的贬谪之地。昌黎先生对潮州有开化之功，“赢得江山俱姓韩”——韩江、韩山，但韩潮州的名字就没有叫响，尽管有贾岛《寄韩潮州愈》等诗文的传世。因而我猜想，柳柳州恐怕就是由柳州人传播开来的。

自古民以食为天，因而“吃在广州”今天得以继续光大，有其必然的一面；而随着火葬的推广，“死在柳州”走向衰退、没落，显然也有其必然的一面。然而柳州人借助棺材赢得的历史声名，进而在谐音上大做文章，满足人们求之不得的憧憬心理，进而弘扬“棺材文化”——借用“名词＋文化（词缀)”的时尚构词法，无疑更强烈地显示了柳州人的精明之处。不过在笔者看来，虽然是工艺品，但棺材这东西总有点儿令人毛骨悚然，反正我是横竖产生不了某些光顾者那种“挂在手机上既别致又有新意”的感觉。而且我还觉得，这种做法充其量“别致”有余而“新意”不足。所以这么说，概因为以“棺”谐“官”，并非今人的发明。魏晋以来，无论在士林还是民间就已经对此达成了普遍的共识，所谓“梦棺得官”。魏晋是什么时候？距现在都差不多两千年了。

如今讲升官发财，早已不像前些年那样当作一种不良意识加以批判，尤其是发财，政策鼓励，“谁发家谁光荣”成了现实。但是既然讲谐音，棺材就是升官发财，那么笔者也想提供一则晋人殷浩的识见仅供热衷于此的人们参考。那是殷浩占梦，人家问：“将莅官而梦棺，将得财而梦粪，何也?”殷浩答：“官本臭腐，故将得官而梦尸。钱本粪土，故将得钱而梦秽。”殷浩的这一番话，属于实指还是寓意，要研究他的人生经历才能作出结论，但“时人以为名言”，说明至少在当时是引起了共鸣的，对于今天而言，也不能说完全丧失了启迪之效。

（2006 年 8 月 10 日）

让“十指相扣”淡出公众视野

中国要评“当代十大经典爱情故事”了。其实所谓中国要评，只是一家报社和一个市政府的联合行为，大抵是一家出面、一家出钱吧，能不能代表得了中国，值得商榷。但时下的许多评选都是这样，架势很大，含金量却很有限，评完了也就评完了，真当回事的只是行将当选者。这个经典爱情故事评选既然冠以“中国”的名义，我们就还是关注一下。

报道说，有位评委——当然是著名人物，日前透出了口风：备受关注的杨振宁、翁帆的忘年恋完全符合条件，很可能当选。那是该人士在近日举办的“婚恋观与和谐社会”研讨会上作出上述表示的。我们不知道这究竟是什么意思，是要引导那些准备用手机短信或网上投票的热心者吗？可能。但同时也给我们这样一种感觉：这一次评选完全是为杨、翁而来，主角在此，别的只是陪衬。细看评选的六条标准，尤其是第一条关于男女主人公国籍的要求，可不就是为杨、翁量身定做的？杨振宁先生是享誉世界的科学家，可惜，其暮年进入我们视野的，似乎除了忘年恋而别无其他。我们相信那不是杨先生生活的唯一，但我们的一些人以之为唯一，别的任何文章都没有兴趣去做，大有揪住这一点不肯放手的架势。

笔者无意对杨振宁、翁帆的忘年恋说三道四，但是以愚意度之，忘年恋再是美满——时尚地说再是和谐，在任何时候也都只能是社会的个案。如果一个社会对此津津乐道乃至大张旗鼓地推崇并颇有提倡嫌疑的话，恕笔者先当一回杞人：这个社会恐有伦常混乱之虞。“我年八十君十八，相隔戊申一花甲。颠之倒之是同庚，好把红颜对白发。”这样的生活图景倘若成为社会的普遍现象，那我们可不就要疑虑今夕何夕？至少，需要对照马克思界定的五种社会形态重新定位才行！我们这个社会得讲一点原则，比如说，不能因为国家篮球队需要某个人，就对其人先前的所作所为一下子“冰释前嫌”，好像有损国格的事情也没有发生过一样。同样，不能因为名人的忘年恋，就没完没了地聒噪不已。

让明星什么时候生孩子、生出的孩子是不是兔唇之类，让表示恩爱异常的“十指相扣”之类，淡出我们的视野吧。对这一类所谓的新闻，我们知道一次就行了，没必要重复来重复去地总是在眼前晃悠个不停。而且，在当事人自己，也未必愿意把属于隐私的东西无止境地公开于公众视野。果真如此的话，只能是为此忙忙碌碌的人们在自作多情了。

（2006 年 8 月 16 日）

弹岳麓山复建赫曦台

长沙市岳麓山上正在复古重建的“赫曦台”被湖南省环保局叫停了。这个建筑预计耗资 8000 万元，按照决策者先前的设想，要使之在 2008 年成为城市的标志性建筑。为什么打破人家的美梦呢？原来，工程动工后对岳麓山造成了超出设计范围的破坏，树木的砍伐移栽未能按照预定方案执行，而且，项目本身还没报批就急急忙忙地开了工。

这样的消息听起来已经多少有些麻木了。也许是“好事不出门，坏事传千里”的缘故吧，在全国不少或以自然风光绚烂，或以历史文化底蕴深厚的所在，浮现我们眼前的、刺痛我们耳膜的，总是些堪悲的消息。那些辖区内的官员，大抵脑袋一热，想干什么就干什么。对他们能起到制约作用的，似乎只有那块叫做“世界遗产”的金字招牌——评上了的或待评的因此才小心翼翼；舆论的呼吁算有些许之功，不知怎的，国家的法律法规，似乎无人顾及和顾忌。

不错，古人也讲复建。清光绪己丑年（公元 1889 年），天坛祈年殿被雷击中，烧起的大火使“数十里内，光同白昼”，而且因为“其楹栋皆以香楠木为之”，还烧得“香气勃发”。现在我们看到的祈年殿，就是后来复建的了。其实，因为火灾，故宫里的诸多殿宇也已经并非明成祖时代的原件。“赫曦台”亦始建于宋，复建于明。然而既曰复建，即使不是像北京永定门那样力求一模一样，终究也不能太离谱。从《南方都市报》的报道来看，“赫曦台”属于离了大谱的复建，用岳麓书院院长朱汉民的话说：“名为恢复历史遗迹，却处处张扬着现代人膨胀的欲望。”

当文化被视为发展竞争的“软实力”之后，以文化面貌出现的各种伪文化就开始乱哄哄闹成一团，你方唱罢我登场。于是，一方面对岌岌可危的真文物视如敝屣，另一方面对“复建”华而不实的仿古建筑趋之若鹜，成了时下一些地方的决策者异常鲜明的“文化”观。岳麓山位于长沙，朱熹老夫子到访过，留下了“赫曦台”遗迹，这是长沙的福分，理应珍惜，而极尽奢华的复建谈不上珍惜，顾此失彼就更是如此。况且，湖南大学建筑学院副院长柳肃说得好，对于长沙这座“山水洲城”来说，最好的保护就是“岳麓山上什么都不建”。对别的地方，目前未尝不如是。

清朝的毕秋帆巡抚陕西，首先重修了马嵬驿——杨贵妃死难的地方，时人即认为这些东西虽然称得上古迹，但属于“民事之不甚急者”。也就是说，还有好多关乎国计民生的事情没干，发哪门子思古幽情呢？复建风是当前各地的一种堪忧现象，必须从根本上加以制止，与其发现了才“急刹车”，不如让它根本“发动”不了。

（2006 年 9 月 1 日）

“思茅”缘何成“普洱”

云南的思茅市从 4 月 8 日零时起正式更名为普洱市了。在我们外地人来说，事情来得有点突兀；但从整个全国来看，又那么自然而然，“又一个”改名的而已。在云南，已有潞南改成石林、中甸改成香格里拉；别的地方也未甘示弱：湖南的大庸改成了张家界，四川的灌县改成了都江堰，福建的崇安改成了武夷山，海南的通什改成了五指山，四川的南坪改成了九寨沟，安徽的徽州改成了黄山……

改一个人们熟悉了的地名，总是要有一定理由的。“思茅”为何成“普洱”？据说早在清朝雍正年间，中央政府就在思茅设置了普洱府。那么，思茅的改名可以看成是复名，就像去年热闹了一阵的河南周口要改成陈州一样，恢复旧时的名字。在一片嘲讽声中，不知道周口最后究竟改成了没有，但思茅那里已举行了更名授印揭牌仪式是无疑的。

历史上也经常变更地名，也都有一定的理由。比如山西的闻喜县和河南的获嘉县，相传是汉武帝外巡途经左邑县，闻南越破，因改左邑为闻喜；巡到至汲县新中乡时又得知南越丞相吕嘉被斩，又改新中乡为获嘉县。新莽改地名改得最荒谬，是因为他迷古。有人统计，西汉末共有 1587 个县，地名给王莽改了 730 个，差不多占了一半。因此我们阅读《汉书·地理志》时会发现很好笑的地方，那就是大量郡县名字的后面，都有小字标注的“莽曰”，也就是王莽时期叫什么。比如当时广东所在的南海郡，郡辖六县——番禺、博罗、中宿、龙川、四会、揭阳，其中在“揭阳”的下面，注释“莽曰南海亭”。也就是说，秦朝即已设置的“揭阳”，在王莽时硬被叫成“南海亭”。有的地名更因为一年被改达五次之多，弄得连当地人也搞不清当地该叫什么，王莽下诏书时还得同时附上原名，闹出天大的笑话。

今天改地名已然成了风气，上面罗列出来的仅仅是极少数。细看去，一个共同的特点是：新地名基本上都是本地的招牌，或名胜，或特产，一览无余，毫无回味的余地。从这些地名的变更中，我们只窥见了所谓知名度及掺杂其中的经济因素。这就是今天改地名最充分的理由吧。“思茅”之成为“普洱”，不正是在于“一个默默无闻的产茶大市”，试图通过改名“来实现它的茶叶‘帝国’的梦想”吗？改地名能产生这样的神奇效果，自然可嘉；但是倘若国人把振兴本地某个项目寄托于、专注于改地名上面，我们的印刷品上需要标注“普洱，原思茅”之类的文字，恐怕也为期不远了。

地名是一种民俗文化，人类学家曾经根据地名推测出一些民族的大致迁徙路线。出于提高所谓知名度的改地名，有急功近利兼且抹杀历史的嫌疑。昨天《法制日报》报道说，民政部《地名管理条例》修订草案已上报国务院，正由国务院法制办征求各方面的意见。如果征求到我的头上，我想说，把禁止地方官员随意——在他们当然是认真——更改地名的条款加进去吧。

（2007 年 4 月 10 日）

《百家讲坛》须防庸俗倾向

中新网昨天有篇综编消息：河南大学教授王立群在央视《百家讲坛》上称西汉文学家司马相如“骗财骗色”，一时间成为众矢之的。国内尤其是四川省的专家、学者，对王立群的言论作出了强烈反应，并发起“倒王运动”。人们认为，王立群的说法太过主观甚至荒谬，是在恶搞历史。

王教授冠以司马相如的“三宗罪”——动机不纯、骗财骗色、涉嫌“包二奶”，过程是如何具体展开的，我没有看到，也不知道他是专门为此讲个专题，还是在谈到司马相如时顺嘴来了点儿花絮，制造气氛。我从来没看过《百家讲坛》，新闻里耳濡目染，觉得登台的虽然个个是教授级人物，但那里更像是制造学术明星的园地。不久前，陈平原先生在广州讲演，谈到《百家讲坛》曾经邀请过他亮相，要他按照初中二年级的水平来讲，这是讲坛的定位。了解了这点“内幕”之后，任其无论怎样热闹，更没有了看的欲望，心里自度还是超过那个水平了吧。《百家讲坛》如此定位的本意，可能是在强调通俗，把纷繁复杂的历史人物和历史事件，用主流思想、时尚话语，重新演绎、包装一番。

不过，通俗绝不等同于庸俗。从王立群教授对司马相如的“发覆”看，《百家讲坛》须防庸俗倾向。

通俗，浅显易懂。庸俗，平庸鄙俗；不高尚。面对舆论的一片骂声，王教授通达地表示理解，在他看来，那是“因为他们没有看到相关文献，不细读史书以至被误解”。但在笔者看来，这种细读史书的动机和结果，都难逃“嗜痂之癖”的嫌疑。通俗地说，他是操着一把21世纪的道德标尺，去为两千年前的人物进行度身；或者用一个高倍放大镜，专门放大古人的“局限”之处。因此他自以为看到的“历史真相”，如果并非恶搞的话，充其量也是抖出了泛着霉味儿的历史垃圾。这种所谓的“揭露”，除了给庸俗的人们增添了茶余饭后的谈资，我们丝毫感受不到任何教益的成分。

庸俗地看待历史人物和历史事件，不止发生在王教授一个人身上。不久前西安有个教授，先是给哪里写信说该把《出师表》从教材中撤下来，认为它表的是愚忠，教坏了孩子；接着又在自己的博客上发文认为《出师表》做的是皇帝梦，称诸葛亮明知“出师”不可为而为之，是想自己篡位做皇帝。大有语不惊人死不休的态势。当年，陈寅恪先生从寻常不过的史料中，能发现人家视而不见的问题，进而把历史深处被掩盖的东西发掘出来，也就是“发古人未发之覆”。比如在《唐代政治史述论稿》中，他指出唐代四次大的宫廷政变的成败，取决于谁的心腹在把守玄武门。这是个从来没有人发现的问题，而陈先生所依据的史料，就是人人都能读到的新旧唐书的各种人物传记。

反过来瞧瞧如今一些教授学者的“剑走偏锋”，他们都在“发覆”些什么呢？这究竟是一种什么风气，值得思考。

（2007 年 5 月 9 日）

“中国的”母亲节有必要吗？

振兴传统节日的呼声言犹在耳，草创新节日的喊声又开始此起彼伏。似乎有这样一个规律：传统节日临近的时候，振兴；西方节日临近的时候，草创。二者可能可以并行不悖吧。比如说，4 月 23 日是世界阅读日，全国政协委员朱永新设立“中国国家阅读节”的提案尽管是在两会上提出的，日子临近之际，设还是不设，再度热议一时。

昨天是西方的母亲节，尽管国人早已接受且该节在事实上也融入了中国的千家万户，但全国政协委员李汉秋先生表示，他已与 45 位全国政协委员联名，吁请设置“中华母亲节”，草创一个我们自己的，日子都选好了，就在孟母生孟子之日。孟母生孟子之日不就是孟子诞辰日吗，干吗这么拗口？当然，这是有区别的，“仉氏生孟轲才成为孟母，因此孟母生孟子之日是标志”。我比较理解，一些人士把设立“××节”当作很重要的载体，试图借此唤醒民众的某种意识。但我很想知道，在母亲节、读书节等无关意识形态宏旨的问题上，世界的和中国的——如果草创了的话，区别究竟在哪里？

不客气地说，我们对待节日的态度——无论是“振兴”还是“草创”，全都了无新意。尽管李先生强调设置中华母亲节不是“跟着洋人走”，而是为了维护中华文化主体性，从意义上看，更是弘扬和培育民族精神的需要，乃至构建和谐社会的需要，但是，如果不是西方母亲节的悄然进入并影响日重，洋洋五千年来，哪位国人可曾想到过以节日的形式来尊崇母亲？西方母亲节并无具体的纪念对象，不过是要在一个规定的时间表达对母亲的爱和敬意；而李先生等人选定孟母，则因其“择邻处”，因其以“断机杼”的手段教育儿子不学的害处。瞧瞧我们的母亲节，还没问世就先呈现了非常功利的一面。

倘若遵循“草创”者的逻辑，小子尽管人微言轻，也敢斗胆进行提议：中国何不设立自己的圣诞节？要讲洋节的影响，非圣诞节莫属，如今似乎什么办法都使用过了，还是抵挡不了届时大街小巷的全民热情。想一想，他们不就个耶稣嘛，我们这里出了多少的圣人？即使三皇五帝这些类似神话的圣不论，人间也至少还有公认的一文一武两位，文圣孔夫子和武圣关云长。若讲人民群众喜闻乐见，雅俗共赏，更有齐天大圣孙悟空可以候选。随便捉过来一个，都可以纪念，都可以衍生许多名目，干吗不利用起来抵御外来文化的侵袭呢？

西方母亲节是每年 5 月的第二个星期日，今年为 5 月 13 日；中国也许问世的母亲节打算定在每年的农历四月初二，今年为 5 月 18 日。如果不是闰月，两者每年在时间上总是相去不远。虽然纯属巧合，但还是能感受到一丝叫板的意味。不过，每年西方情人节和中国情人节——其实就是元宵节相撞的时候，“元宵”在“玫瑰”面前往往都要灰溜溜地败下阵来。因此，李先生等人的建议实施的话，想来先要有足够的心理准备。不是我们存心丧气，而是在节日问题上——无论振兴还是草创，都不可能光凭嘴上喊一下，成效立现。

（2007 年 5 月 14 日）

反对“京杭大运河”改名

《人民日报》记者从 6 月 20 日在北京召开的大运河保护及申遗工作协调会上了解到：著名的京杭大运河将改名为“中国大运河”。为什么要改名？看来看去，好像只有一个理由：为了将其申报为世界遗产。这当然是出于好意，但本人对此还是表示坚决反对，虽然这种反对根本不可能产生效果，或者根本毫无意义。

我不大明白的是，申报遗产就申报遗产吧，改的是哪门子的名呢？改个名字跟申遗成功与否究竟有什么密切关联？没人告诉咱们，试着瞎琢磨了一下。其一，外国人可能不知道“京、杭”为何物。咱们从小就受爱国主义教育，自然知道一端是北京，另一端是杭州；老外不懂得顾名思义，所以非得冠以“中国”他们才会恍然大悟，哦，China，very good！其二，虽然京杭大运河是咱们祖先勤劳智慧的结晶，无奈后世的不屑子孙太多，没当回事。直到2002年前，这条实际价值远在长城之上的人工运河，还连个县级文物保护单位都不是，一条运河而已。今年的全国两会上，政协委员们提出大运河面临着较为严重的人为与自然破坏的威胁，那么，改个名字，敢是在跟老外玩障眼法，让他们误以为中国还有一条更好的运河？

对了，主张——很可能就要成为事实的人改得有理，因为平常所说的“京杭大运河”是指明清时期疏通完工的运河，而更名后的“中国大运河”，将把隋唐时洛阳的运河段也扩充进来，新增了河南以及安徽的部分地段。别，别，别，别忙着像大学那样给京杭大运河“扩招”，先搞清楚通常概念上的京杭大运河的准确内涵，如果没有那一段，还是给它另起个什么名字，让它在一旁歇着吧。“中国大运河”，还遗产呢，历史上有过这么一条吗？别制造假古董了！

因为申遗，人们对京杭大运河命运的关注热情高涨起来，这是件好事。但改个名字能自然而然地产生那么巨大的效果吗？在相当一部分人看来显然是的，否则我们无以解释，改名，不知道从什么时候开始，已然成为中国的一种畸形“文化”现象。学院改称大学了；县改市了，再改区了……改来改去，其实庙还是那座庙，地盘还是那么大的地盘。还有不少地方，因为嫌弃现名不能提升本地的知名度，干脆改回历史上的“×州”，于是乎，神州大地一下子冒出了不少莫名其妙的“×州市”、“×州区”。还有不少地方来得更加直白，有风景名胜，就把地名径直改成风景名胜的名字；有特产的，就径直改成本地特产的名字，让人担心有朝一日，柴米油盐酱醋茶都能摇身一变，登上地名的殿堂。真不明白，那些儒家文化的尊崇者担心什么头掉传统，子曰的“名不正则言不顺”，不是被国人正玩得谙熟吗？

为了显示“级别”的提升，可以改校名；为了发展或振兴经济，可以改地名；为了申报世界遗产，可以改古代伟大工程的名。细细看去，种种改名所折射出来的，其实是国人偏重形式的传统陋习！就京杭大运河——原谅我不会理会什么“中国大运河”——而言，如果一定要挂上世界遗产的金字招牌，就重视其没水了、废弃了、荒芜了的河段吧，就重视其虽然还在通行但已为所谓现代化建设破坏得面目全非了的河段吧，就重视整条大运河生存状态非常不容乐观的现实吧。

（2007年6月22日）

于丹不要接受“女孔子”封号

于丹被一些人称为“女孔子”已经有一段时间了。先是在海峡彼岸签名售书，当地文化名人陈文茜称她“抹口红的女孔子”；然后是在日本，也是签名售书，日本人用“欢迎女孔子的到来”来欢迎她。《光明日报》昨天的一篇文章谈她的《〈论语〉心得》何以大热日本时，又提到了“女孔子”的称谓，不妨就此说上几句。

我不知道于丹对这个“封号”的态度如何，也许人家早就表过态而我没有看到；倘若还没有明确，我还是劝她不要接受为好，也不要不置可否，就这么默认下去，怡然自得。孔子的《论语》尽管是弟子们整理的，毕竟属于原创；而《〈论语〉心得》，书名已经交代得明明白白，不过是以通俗的语言和现代视角诠释《论语》的当下意义，属于“代圣人立言”，性质并不是一回事。如果一定要比附古人，我想大概可以与夫子“弟子三千”中的“贤人七十二”为伍，算是女弟子而非女孔子。像汉服、深衣等等不知何年何月的服饰都要振兴一样，将来，配享之类如果也要谋求复古的话，于女士则可以在“孔庙中食一块冷肉”，不管怎么样，并列应该是谈不上的。

历史上曾经有一些人被拿来与孔子相比。比如说，宋朝进士李戒来司马光家投书，阿谀道：“孔子没，孟轲以降盖不足言，今日复有命公，可继孔子者也。”司马光感到莫名其妙，“遽还其书”；李戒还一度死皮赖脸，非要留下。这件事被司马光常跟同事提起，然而目的是“以资嬉笑”。司马光的《资治通鉴》，是我国第一部编年体通史。取得了这样大的成就，司马光也没有忘乎所以，觉得自己跟孔子还是差得远的。他不是说了吗？“若留君书，是当而有之也，死必不敢。”

历史上也有一些人自以为可以和孔子相比。宋徽宗时的一个状元沈晦就是如此。他放出过一句话：“自古及今，天下秀才只有三个。孔大头一个，王安石、苏轼合一个，和晦乃三个也。”孔大头，应该就是指孔夫子了，相传孔子的额头超大。沈晦这个人在《宋史》中有传，说他“胆气过人，不能尽循法度，贫时尤甚”。别的待考，“胆气过人”在这句话中可以证明确实不假。与孔圣人并列，等于说自己就是当代孔子；而安石东坡加在一起才抵得上自己，岂止“胆量惊人”，简直是脸皮极厚，厚颜无耻了！

其实，别说活人，就是对逝者充斥溢美之词的那些盖棺论定，过后也未必能保得住。还说宋朝，夏竦死后，仁宗本赐谥曰文正，遭到一片反对声音。因为夏竦生前“行不应法”，根本不配，能讨得皇帝的欢心罢了。用司马光的话说：“谥之美者，极于文正。竦何人，可当？”明朝的张居正就更惨，死后不仅家给抄了，甚至连坟都给掘了。

两千五百多年了，中国才出了一个孔子。今夕何夕，这么容易就又来了一个？去年有位学者先生说：“一个姚明，一个章子怡，比一万本孔子都有效果。”所以，“要像重视孔子一样重视章子怡，中国文化才会有未来。”孔老先生被推来搡去，一会儿跟个演艺明星比，一会儿又跟个学术明星比，不仅毫不恰当，而且横竖感觉有亵渎孔子的意味。会不会贻笑后世，就像我们今天嘲笑李戒、嘲笑沈晦一样？

（2007 年 8 月 3 日）

“幸福感城市”评选有难度

首届中国最具幸福感城市推选活动于今年 8—9 月举行，经过严格筛选，全国共有 35 个城市成为候选城市；然后组委会将根据调查的数据和居民的投票结果，推选产生“十大中国最具幸福感城市”。在 35 个候选城市中，我们广东占了 6 个，成为入选候选名单城市最多的省份。

如果自己生活着的城市充满幸福感，且被认可、被广而告之，本身就是一件无比幸福的事。从“谁不说俺家乡好”，到谁不说俺城市幸福，多少有观念进步的意味。说起家乡好，其实主要是浓郁的地域情结在起作用，所谓“树高千尺也忘不了根”，歌里唱的“他乡没有好酒”，不是也足以成为依恋故土的理由吗？而幸福感则不同了，用专家的话说，所谓幸福感，就是人们根据内化了的社会标准对自己生活质量的整体性、肯定性的评估，是人们对生活的满意度及其各个方面的全面评价，并由此而产生的积极性情感占优势心理状态。因而这种“感觉”的产生，完全取决于城市管理者所做的各项工作。

据悉，活动组委会将在候选城市中依据“幸福感”的标准，进行一次全面的城市调查和居民问卷调查，同时发动各城市居民进行投票。“幸福感”的标准，是令人很感兴趣的话题。是些什么呢？是令一些人艳羡的高收入、大房子、豪华车，还是令所有人艳羡的更纯净的空气、更好的教育体系、更健全的医疗保障？公布的时候，倒要好好看看此番“幸福感”评选的指标究竟是些什么了。不过我想，这个评选的难度肯定很大，而评选的结果也未必会被舆论买账。“幸福感”不靠评选而产生，类似一个城市是否文明卫生，也根本不取决于评选结果一样。况且，“幸福感”评选的难度还更大一些，概因为卫生城市可以在检查之前靠“坚壁清野”来蒙混于一时，“幸福感”怎么注入人为的成分呢？另一方面，百姓的幸福感也肯定不以评选结果的意志为转移。比如说，许多市民并没有幸福感的城市可能当选了，而许多市民颇具幸福感的城市可能连候选行列都没进入。

评选难度之大，还在于城市里早已产生了不同的社会阶层，不同阶层的价值观对幸福感有不同的要求。此一阶层幸福，而彼一阶层不幸福，怎么办？零点公司3年前在国内就做过一次幸福感测量，结果发现：最有钱的人不是最幸福的，最穷的人不是最幸福的，小康的人最幸福；农村的人不是最幸福的，大城市的人不是最幸福的，中小城市的人是比较幸福的……这个结果发布后引起了很大争议。这个测量至少说明，“幸福感”的“边界”是存在的；现在，“十大中国最具幸福感城市”能够将之抹平吗？以所谓多数人的“幸福感”为准？

幸福感城市的评选，可能是呼应“幸福指数”概念从研究领域进入公众视野。不过，现在应该还不是进行这些评选的时候，人为左右的因素太多，“马太效应”式锦上添花的因素太多。即便这些因素不存在，套用古人的话说，此类事情也属于“民事之不甚急者”，将来再评也不迟。

（2007年8月7日）

火星文，让虚拟的留在虚拟世界

《解放日报》昨天有一篇关于“火星文”的文章《你看得懂“17斗4幻j”吗?》。所谓“火星文”，当然是一种谐谑的称呼。本月初发射升空的美国凤凰号火星探测器，预计于明年5月在火星北极软着陆，看看上面有没有可能存在的水，遑论存在文字。“火星文”是说网络交流中那种天书般的文字表述，“普通地球人难以理解”。比如，“17斗4幻j”，不加说明的话，谁会想到其表达的居然是“一切都是幻觉”？

对此，专家发言了。他们认为语言的创新与变化，是一个缓慢的去粗取精的过程，怎能如此儿戏？因此，虚拟世界的文字也应规范。不过，笔者认为，这种纯粹脱口而出的说法，倒有些儿戏的感觉，跟平时听惯了的解决不了某个问题就要立法、有法的需要健全差不多。这种主意谁都会出，委实不需要劳顿专家。网络表达应该如何规范？不妨来点实际的、可操作的建议。而从某种意义上看，网络文字表达一旦需要有关部门进行倡导，可能也就不成其为网络，不成其为“新”媒体了。与此同时，千万不要以为规范是万能的，有了规定而不能收到实效，规定会沦为笑柄。

在我看来，“火星文”也许跟从前的行业语言差不多，或者类同黑话切口，属于一种“身份确认”，跟语言创新大抵了不相涉。“天王盖地虎”—“宝塔镇河妖”，曲波小说《林海雪原》里座山雕和杨子荣的一问一答，不看注释，我们也都不明白是什么意思；但是，问答者心里明白，而且土匪圈子里的人也都明白。经过样板戏《智取威虎山》的普及，从文革时代过来的人对这两句更耳熟能详。舞台上“杨子荣”表现出的英雄气概，以及答话中的“镇”、“妖”等字眼，很容易让人望文生义。其实，座山雕问的是：“你好大的胆！敢来气你祖宗。”杨子荣答的是：“要是那样，叫我从山上摔死，掉河里淹死。”与网络表述必须充分发挥想象力不同的是，黑话之类属于约定俗成。

我也不认为“火星文”是在糟蹋传统文化，虽然它大多由非正规汉字符号、拼音、字母、异体字、繁体字等组成，弄出如“5T 头 d（五体投地）”、“恖潮夕（只争朝夕）”式的怪模怪样。“火星文”与传统文化的关系，用样板戏另一位代表人物李玉和的话说，叫做“两股道上跑的车——走的不是一条路”。那么，“火星文”不妨顺着自己的轨迹前行，那种即兴发挥的意味，注定其“文”多数可能只是昙花一现，自生自灭，但也不能排除其中的精华可以融入汉语新词。倘若我们视“火星文”为洪水猛兽，其存在对传统文化即构成威胁，那就太低估了汉语作为一种非常成熟语言的“抗干扰”能力。

让虚拟的东西就留在虚拟世界吧，不要人为地带到现实中来。因此，不久前由教育部、国家语委公布的所谓年度177个新词，很值得商榷。把网络中所谓"生机盎然"、多数人却不明所以的词语正式发布，有非常草率之嫌，不能说是一个明智的做法。其所谓发布，看似试图规范，客观上起到了普及、推广的作用；当然，也一定程度上制造了混乱。

（2007年8月27日）

"最美丽城市"不宜居，有点讽刺

中国城市竞争力研究会9月10日刚在香港公布了"最美丽城市"的前十名排序，分别是：北京、香港、深圳、上海、杭州、重庆、西安、昆明、青岛、澳门。9月11日，在北京召开的中国城市论坛又发布了《中国城市品牌报告》及2007中国城市品牌价值排行榜，说北京、上海、深圳等一线城市越来越不"宜居"。

真有意思，"最美丽城市"并不宜居！当然，还得明确一个前提，人家说的不宜居，并不完全是以前"十大宜居城市"评选的那种宜居，也并不完全是说那个美丽的地方银样镴枪头，中看不中用，而是说那里的置业成本太高甚至最高。北京国际城市发展研究院院长连玉明先生说了，房价持续上涨一旦达到某个临界点，企业从该城市的商务环境中得到的好处赶不上商务成本的支出，就会考虑搬到商务成本较低的周边地区，个人也可能因此搬离该城市。的确，自古以来，百姓开门的七件事，就是柴米油盐酱醋茶，但是如果连"门"都没得开或者开得勉强，宜居能不成为奢侈的想象吗？

"最美丽城市"因为房价高企而不宜居，更加印证了美丽是有代价的，而且代价巨大。我不知道，"最美丽城市"评选的标准是什么，我看到的那条新闻就是干瘪瘪地排列起来的十个城市的名字。那么，以小人之心度之，所谓美丽，可能只是城市“样貌”上的美丽，比如有几条因为重点整治而显得宽敞整洁的大街，两旁是统一装饰的门面；比如夜晚的灯饰亮起来，煞是耀眼夺目。然而，这充其量只是表面上的美丽景象。隋炀帝的时候自夸“华盛”，把洛阳好好装饰了一番，令前来的“胡客皆惊叹”。不过，“其黠者颇觉之，见以缯帛缠树，曰：‘中国亦有贫者，衣不盖形，何如以此物与之，缠树何为?’市人惭不能答”。如今，戳破这种“皇帝的新衣”已然用不着“黠者”了，大家都心知肚明。

时下我们中国很热衷于评选城市的这个那个，得奖的来来回回也主要是那几个“骨干”城市，或者政治地位高，或者经济实力强，剩下的间或有变化，也全是陪太子读书的角色。我一直弄不清楚，这种评选的意义究竟在哪里，为什么大家都那么乐此不疲？当然我弄不清楚是因为自己愚笨，聪明人自然多的是。也正是因此，城市还是那个城市，最多突击干了一下什么，尽管惹得城里百姓一时间怨声载道，兼而波及进城卖时令农产品的农民，却也不妨碍其桂冠一顶又一顶地接踵而至，城市似乎好得无以复加；不过，几乎不用认真地分析和比对就可以发现，评选完了，称号拿到了，好多城市里的一切仍然“外甥打灯笼——照舅（旧）”。再搞提升文明素质的专项行动，还得从不随地吐痰、不乱丢垃圾做起。

任何一个城市，都应该因为宜居而美丽；现在反而倒了过来，有了“最美丽”的称号，却不宜居。当然，其中的逻辑关系是解释得通的——在一些人眼里，没有什么解释不通，但是，横竖都感觉有点儿讽刺意味。其实，宜居了，百姓安居乐业了，城市自然呈现美丽的一面，根本用不着通过评选来“承认”或者“确认”。这就跟所谓卫生城市、文明城市、幸福感城市之类的评选一样，城市的本质不会因一个称号而改变。

（2007 年 9 月 13 日）

中国电影搞那么多节干吗?

中国的电影现在每年究竟拍多少部我不大清楚，但感觉上电影节却好像很多，隔三差五就有一帮人在什么地方走红地毯。然而定睛看去，来来回回就是那么几个面孔，没看开头还以为是以前的什么在重播。想一想很正常，如今不管哪个领域做工作都讲究个场面，主办者要的就是一个阵势，本来就有赶场性质的工作又岂有甘居人后之理?

前天晚上在央视电影频道偶然又看到了一个，是在苏州举办的第16届金鸡百花电影节。颁奖过程中，《茉莉花》的旋律不断响起，非常优美，在我看来也仅此可以乐道而已。倪萍的主持就非常倒人胃口。倪萍遭到诟病由来已久，可惜她自己硬是没有表现出一点儿进取的意思，每一回的毛病都留下一箩筐，像那个体育界的韩乔生。你看她这回，对着伍仕贤叫关锦鹏，盯着李冰冰叫刘若英，费穆的女儿和费穆版《小城之春》女主角韦伟上台为最佳电影音乐颁奖，她却饱含深情地将两位老太太认错。而且，根本没有幽默细胞的她，偏偏动辄要来几句玩笑，结果因为生硬和不得要领，非但没有轻松氛围，反而让观众听着特别难受。比如，她对某个没有获奖的女演员说：“乖，不要哭。”

相信偌大中国，无论遴选什么样的人才都可以车载斗量。而在现实当中，似乎某个人一旦霸占了什么位置，就是非他莫属了，像官位一样，明明被证明庸人一个，上来了就不能下去，除非作奸犯科。我在看电视体育比赛直播的时候，经常关掉声音，宁可滤掉现场声音，也不听聒噪的解说。比如看乒乓球，就受不了蔡猛的喋喋不休。刚刚开打，他总会强调第一局如何重要，拿下了就如何；如果他倾向的运动员不慎丢了一分，他总会说里外里差了两分。总之，把充满悬念的激烈对抗解说得非常庸俗，一味地以己度人，还自以为度得很对。

主持人或者解说人，工作性质决定其要抛头露脸，这个风光的职业也是风险职业，搞不好就可能出乖现丑。而好与不好，终究由职业素质起决定作用。从倪萍的表现看，她的职业素质是很欠缺的。蹒跚中的中国电影，真是雪上加霜！我还不大明白的是，中国电影搞那么多节干吗？评那么多奖干吗？就算矬子里拔大个儿，诸多获奖作品、获奖者就那么名副其实吗？现阶段的红地毯，留两条就够了，别的卷起来，也算为节约型社会作点儿贡献。

（2007 年 10 月 29 日）

官员作家？免了吧

昨天《人民日报》有一篇《如何看待“官员作家”》的报道，说近年来，陕西省大批公务员尤其是许多担任较高职务的领导干部，在繁忙的公务之余，纷纷拿起手中纸笔进行文学创作。看了看列出来的“几位突出代表”的作品，大抵都是小说、散文之类。刹那间对官员的角色定位我有一点模糊：他们的正业究竟该干什么？

报道提出了一个问题：如何看待官员写作现象？这个问题提得好。既然要大家议论，那本人也就凑凑热闹说一句：还是不要“蔚然成风”的好。真正的文学创作，与官员真正地做好本职工作一样，应该是一件殚精竭虑的事情，不会那么轻而易举。当然，我是相信通才的。汉代的张衡，既可以发明地动仪，也可以拟班固《两都赋》作《二京赋》；明朝的王守仁，既是一代名臣统帅，也是一代学术大师，被后人称为文武两圣人。这样的通才人物，在不同的时代，在不同的领域，肯定都会出现，但不可能“蔚然成风”，对更多的人而言，做好本职已经不易。何况，官员在今天的正业是执政为民，如果坐在官位上忙乎着满足个人的爱好、追求个人的情趣，再成为“类的现象”，那就值得忧虑了。更关键的问题是，一部部的作品固然摆在那儿了，如苍生何?

陕西省作协主席贾平凹先生就“官员作家”发表见解说:“谁都可以写作,我只看作品不看人。”单纯地看,这话说得不错,贾先生可能也做得到这一点。但现实当中,许多出版社却可能只看人不看作品,许多吹喇叭、抬轿子的帮闲文人却可能只看人不看作品。官员鼓捣出点儿东西来,谷子可能就成了芝麻,动辄还要弄个座谈会研讨研讨,能研讨什么呢?用赵本山的话说:吹呗。至今我都清楚地记得某一年“××文学奖”的杂文奖授予了某位官员,事后拜读了他那个得奖的集子(事前根本想不到会看,也不知道有),如果说评委当时“只看作品不看人”,到现在都是打死我也不相信。那叫杂文吗?呸!真是有辱斯文。

在我们国家现在这个时候,极端一点儿说,无论哪个领域,都还远远没有形成“只看作品不看人”的客观评价气候。什么时候能形成,不知道,没法预测。经历了春节前的灾害性天气我们知道,我国的天气预报模式落后国外超过10年,“预报”人文领域的事情就更扑朔迷离了。但我们的绝大多数奖项之所以失去了权威性,“最”字头之下动辄“双黄蛋”或者一堆蛋,导致问世之日就是迭遭诟病之时,其中的一个重要因素就是只看人(单位)而恰恰不是最重要的作品。在其他领域也是一样,“跑部钱进”之所以成为一颗割不掉的毒瘤,不就是通过大把银子“跑部”,能够把本该客观分配的公共资源据为己有吗?而被“跑”的“部”之所以大慷国家之慨,不就是因为“跑”的人的本事起了决定性作用吗?

做官,我所欲也;当作家,亦我所欲也。二者不可得兼,舍当作家而取做官也,或者相反。不用说,这是笔者从孟夫子“熊掌与鱼不可得兼”那里衍生出来的,很能说明问题。“官员作家”,免了吧,既然要当官,就好好琢磨怎么为人民服务,当作家的事还是退下来再说。这股风气至少不值得提倡。我甚至想,杜绝了这种风气,何尝不是杜绝了腐败的一个可能渠道?

(2008年2月19日)

复建圆明园的问题要害

针对浙江横店准备动工“复建”的圆明园——他们叫圆明新园，全国政协委员、国家文物局副局长张柏表示，圆明园作为中国历史文化遗产，是不可能被复建的。复建圆明园问题真是一波未平，一波又起。早在2006年，横店宣布要重建圆明园的时候，关于重建与否的争议就一直没有断过。连带争论“正宗”圆明园究竟是原址复修，还是异地重建？究竟是直面废墟，还是再现辉煌？究竟是抹掉耻辱，还是修复文化？

此一番在全国两会上“老话重提”，当是根源于前一段横店方面传出的复建就要开工的消息。按照他们的公开宣布，今年12月将完成圆明新园项目的景观设计，2009年初进行全面施工，2013年全面建成开放。消息既出，非议之声一如既往，包括笔者在内。现在，以张柏委员的专业身份，在万众瞩目的全国两会上谈及此事，相信对制止横店一意制造既成事实势必能够起到积极的作用。但张柏委员所说的不可能复建的理由，我觉得很有一点儿“学究气”，没有击中问题的要害。他是这么说的，圆明园每一部分的单体建筑已经全部烧掉，材料、工艺、技术都不知道，更重要的是单体建筑的图纸都没有。言外之意，他们即使想建，也建不出来，建出来的并不是那东西。我所说的没有击中问题的要害，就在这里。

虽然横店的圆明新园将按照1比1的比例，全面仿建1860年以前的圆明园中的圆明、长春、绮春（后改名“万春”）三园，重现圆明园126个景点，但他们的总设计师说了，圆明新园不会与原貌完全一致。他们当然明白复建不出当年的繁盛，原版建了一个世纪，区区5年复建完成从何谈起？国家文物局顾问谢辰生先生对横店之举坚决反对，认为是一件荒唐、劳民伤财的事情，“照虎画猫”尚且不能，何况"照虎画虎"？恕我以小人之心度横店，人家相中的恐怕只是圆明园这块"金字招牌"而已。有一阵子我们国家各地疯了一样都在大造世界景观公园，到处戳起埃菲尔铁塔，1比1的，按一定比例缩小的，谁会跟法国那个真家伙去对比，管你什么工艺、材料做的，我这个模样差不多就行了，更不要说圆明园已成遗址，根本没法对比了。退一步说，人家横店的底气并不虚，他们觉得颐和园建于圆明园被毁后，工艺与圆明园相当；而且，他们还觉得自己在建造影视城的过程中积累了大量古建筑建造经验……我只是不大理解，横店既然有那么大的闲置用地，既然也能筹集到那么多的钱，为什么在这个强调创新的年代一定要模仿而不能创造？可能，这是我的"学究气"了，因为离开了"圆明园"这几个字眼，地和钱，也许都将消失于无形。

张柏委员说，圆明园是具有知识产权性质的品牌。这句话才接近问题的要害。近日埃及政府出台了一项法规，禁止以任何名义对埃及的国家文物进行复制，体现出致力于维护国家文化遗产的积极姿态。再用谢辰生先生的话说，圆明园的利益是国家的，对它的任何目的的复制和复建，都是对国家利益的损害。我以为，这更是复建圆明园问题的本质之处。否则，即使能够打消横店的念头，也还会有别的地方跃跃欲试。

（2008年3月9日）

终止"中华文化标志城"还来得及

孙淑义委员可能万万想不到，3月9日他在政协大会发言中提到，山东省正在济宁新建"中华文化标志城"，因工程庞大，建议以国家名义设立"中华文化标志城建设基金"纳入国家预算之后，引起了社会各界的争议。全国政协委员、中国社科院研究员安家瑶直截了当地表示，"中华文化标志城"是打着文化名义破坏历史遗产和传统文化环境。她说她与社科、文艺等界别的百余位政协委员将向大会提交提案。

这个问题也的确值得我们会外的人议一议。“中华文化标志城”选址济宁，自然有选址者的道理，他们说了，“标志城”的东西南北，哪面是孔子的诞生地，哪面是孟子的诞生地，哪面是黄帝、少昊帝的诞生地，哪面又是墨子的故里，林林总总。尽管如此，济宁能否成为中华文化的“标志城”，仍然是一个不能轻易下结论也不能单方面下结论的问题。“标志城”这种地位不是靠先下手为强就能够“抢”来的，不可能弄个既成事实，大家不承认也得承认。因此，在我看来，如果济宁不能称为标志，那么它不会因为添加了这样一个庞大的“人造景观”而成为；如果它已然可以称为标志，那么就更不需要一组水泥怪物来喧宾夺主，或曰大煞风景。

国人大讲“文化”有些年头了。早先是“文化搭台，经济唱戏”，毫不掩饰地道出文化就是一件为经济服务的工具。最近两年，“认识”到文化是增强发展后劲的软实力之后，对“文化”的“发掘”又掀起了新一轮的狂潮。但掀开鲁迅先生所说的“皮袍”，不难发现下面藏着的“小”仍然是经济利益，换了汤却没换药。更可怕的，是当下聒噪的一些所谓文化，连那点儿能带来的可怜的经济利益都不沾边了。在前两天的全国两会上，代表、委员们就全国各地无不振振有词的政府公祭古人行为展开了争论。反对者认为，这种行为滥用公共财政，虚耗纳税人的钱，造成了奢华的行为，本质上是一种形象工程、政绩工程。这种对文化的极端歪曲，值得高度警惕。

与热衷于非驴非马的人造“文化”相比，真正的文化遗产往往面临岌岌可危的命运。我们的不少非物质文化遗产面临失传，除了后继乏人，就是缺钱；或者因为看不到扶持的光明前景，才后继乏人。但我们搞人造的“文物”，却从来都有钱，有的是钱。“中华文化标志城”更试图把手伸向国库，就要拭目以待发改委怎样慎重论证了。昨天还有报道说，韩国提出要废除中国“书法”、日本“书道”等名称，而统一使用韩国的“书艺”，统一的目的是去申遗。人家抢了，我们的人才又坐不住了。“端午祭”已经给他们抢走，虽然此端午非彼端午，但我们的不少人尚且分不清楚区别在哪里，遑论老外？“中医”给他们改头换面为“韩医”了，申遗工作也正在开展。能不能抢成，是另一个话题；关键是他们抢一个，我们才重视一个，在对待文化遗产的行动上总是处于被动挨打的地位，多少反映出我们对待真正文化遗产的真实态度：我们一些大权在握的人，注意力根本不在这里。

“中华文化标志城”的范围“共约300平方公里”，乖乖，这么大，怪不得要求援国库了。不过，好在现在终止它还来得及，因为它毕竟还只是处于萌芽阶段。现在不是刚刚征集创意规划方案活动吗？自3月1日始，9月1日止。锣鼓才敲起来，好办得多。等到像什么“中华第一祖龙”那样，那堵长达21公里的水泥墙都成形了再叫停、再拆除，巨大的浪费也已经造成了。如果“中华第一人造景观”不幸覆辙重蹈，就实在称不上是在讲文化，反倒有造孽的味道了。

（2008年3月12日）

且看修订的《三字经》享寿几何

早就听说宁波市鄞州区那里耗资60万元，且由政府推动在修订《三字经》，不曾料到他们还在争取以选修课的形式在全国中小学进行推广。（详见昨天新华网浙江频道）对此，我是表示坚决反对的，首先反对他们修订，然后反对这本东西进课堂。理由可以归结为一个：修订了的东西不伦不类。当然，这里的用法不是像葛剑雄先生说“开平碉楼不伦不类”那样，被抨击了，马上诡辩说“没什么不好”，这是个褒义词。贬义就是贬义。

《三字经》无须修订。有必要声明一下，这并不等同于我在认同那些“带有浓厚封建礼教和旧道德色彩的句子”，实质在于辩证唯物主义讲了这么多年了，我们都应该学会了用设身处地的历史观点看问题。《三字经》成于南宋，近千年来，它仍然能够为人们津津乐道，足以证明其自身的魅力非比寻常。加进什么“清入关，都北京，传十帝，至宣统，辛亥年，帝制终”，对封建时代的概括倒是完整了，然而不是十足的“关公战秦琼”吗？退而言之，如果“不合时宜”了就要修订的话，《百家姓》尚可安稳，《千字文》、《增广贤文》等等就要格外小心了。“乐殊贵贱，礼别尊卑；上和下睦，夫唱妇随”，以及“今朝有酒今朝醉，明日愁来明日忧”，不是典型的封建糟粕、颓废心态吗？当然，也很难说哪一天，它们不会被作者“家乡”或者别的什么地方瞄准了，当成发展“眼球经济”的牺牲品。

《三字经》已于1990年被联合国教科文组织选入《世界儿童道德丛书》，可以武断地认为，修订了的这个不会。因此，现在我们这里在“删改和新增”，饶是“不超过全书内容的10%”，也毕竟是在损害它的原貌。但对这些我们清楚得很，不知道是否知照他们？如果没有，那么，修订的《三字经》就是在玩“狸猫换太子”的把戏，难逃鱼目混珠之嫌！

其实，鄞州一定要搞《三字经》，干脆径直就叫新《三字经》就完了，为啥非要佛头着粪？想一想着实不难理解，前几年，五花八门的新《三字经》世人见得太多了，真的应了“乱哄哄你方唱罢我登场”。谁都以为找到了无可替代的好载体，结果严重供大于求，烂市了，提不起人们的兴趣了。想一想这更不难理解。古汉语里的字往往也是词，动足脑筋，三字一句可以浑然天成；现代语词的发展已然丰富多彩，却非要弄成三字，只有削足适履，强行压缩。比如，好端端的“与时俱进”，非要弄成“与时俱”或者“与时进”，缺胳膊短腿，既别扭又十分滑稽可笑。

不过，现代人缺乏创新的表现基本上是全方位的。先有几个官员“问苍生”乏术，就去“问鬼神”，把一些子虚乌有的祖先拎出来煞有介事地祭祀，结果惹来了群起效仿，至于抢夺古人资源，一派乌烟瘴气。自己编不出可以传世的蒙学教材，本能地就去打古人的主意。然而，由某一个地方“垄断”修订作为经典的《三字经》，跟由某一个地方“垄断”中华文化的“标志”，委实没有什么两样。修订了的《三字经》将于今天由人民教育出版社出版并公开发行，当那么多打着《三字经》旗号的“新”东西接二连三地倒下，如过眼云烟转瞬即逝之后，让我们拭目以待经过“整容”了的这个《三字经》享寿几何吧。

（2008年4月25日）

第二部分

咀嚼广东“细节”

挥毫者慎

最近到了省内一处新开发的旅游景点。新开发的，是我的一种推断，概因为发现山上的石刻大多是现任领导的手笔。现如今大抵有这么一个“公式”：走到一个地方，如果你不知道当地的头头是谁，就看店铺招牌之类，“墨宝”最多的，往往就是“一把手”了。这个“公式”基本上正确。不过，诸多并无章法的笔走龙蛇，虽说在商业气息十足的地方尚不觉得怎么碍眼，但置于秀丽的山川则总让人不甚舒服，毕竟人们是来此陶冶性情的。

在名山大川上挥毫留点儿什么，应该是古人的积习，所谓“雁过留声，人过留名”。孙悟空跟如来佛打赌，一个跟头翻到“西天”，也不忘拔根毫毛变作一管“浓墨双毫笔”，直书“齐天大圣，到此一游”八个大字。文人骚客没有这么直白，留下的大多是典雅隽永的词章以及争奇斗艳的书法，集腋成裘，构成浓缩中国传统文化的一大人文景观，所以直到今天仍为游人津津乐道。然而，我们对这项优秀文化传统的继承已然有些走样，甚至扭曲了，词章书法退居其后，名节地位（当然是行政上的）才作为首选。明朝的张岱游南京栖霞山，认为“岩石颇佳，尽刻佛像，与杭州飞来峰同受黥劓，是大可恨事”。倘其活到今日，看到名山大川到处留下这般尊容，不知又该如何感慨了。这还不够，近两年全国涌现了数不清的碑林，以至于到了非整治不可的地步，以至于文化人戏之曰坟地。

行内人说，书法和写字是两回事，书法是一门艺术。姑将二者混为一谈吧。当权者能否驾驭书法，人们不会也不应苛求，然而这里须有一个无意宣之于人的前提。如果一定要张扬于大庭广众，那就由不得人们从审美的角度去评评点点。南朝刘宋的开国皇帝刘裕的字不怎么样，刘穆之说：“此虽小事，然宣彼四远，愿公小复留意。”穆之因此建议：“但纵笔为大字，一字径尺，无嫌。大既足有所包，且其势亦美。”于是“高祖从之，一纸不过六七字便满”。刘裕的字不是拿去作题词的，但因为要“宣彼四远”，还是令本人及部下颇费脑筋。这起码说明，古人以“书拙”为耻，尚有自知之明，即便皇帝也不例外。

忽然想到另外一个问题，这种以权力地位为取向的“墨宝”，一朝“父母官”沦为人民的对立面，我们当怎样处理那些“文化垃圾”？比如前几年在东莞看到遍地“欧阳德”，在山东泰安想必遍地“胡建学”吧？现在都不知怎么样了。倘若代之以后继者的手笔，那么这类招牌就异化成了一种政治的晴雨表，终有些为文化悲哀的味道。

（1996 年 12 月 15 日）

“木盒月饼”在造孽子孙

中秋节要到了，南方日报记者在广州市场上发现，今年的月饼包装又有了新花样。不少月饼厂家不约而同地推出了木盒月饼——装月饼的盒子由纯木制造。

这消息横竖感觉不是滋味。首先令人质疑的是，我们的木材蓄积量是不是经得起这样祸害，是不是值得这样祸害。答案当然是否定的。别的方面已然说明问题，比如日本的森林覆盖率比我们高多了，他们进口我们的一次性木筷要点明树种；进口之后也不像咱们那么大大方方地抓起来就使、使完了就丢，而是化成木浆造纸。剔除日本人鬼还是不鬼的问题不谈，这里面起码体现了两者对待自然资源的态度：我们满不在乎，人家倍加珍惜。另外说来，《韩非子》里那个“买椟还珠”的故事人们都很熟悉，讥讽的是郑人的舍本逐末。现代人在对待月饼包装的态度上，就算木盒还没挤进来的时候，也难免舍本逐末之讥。不久前有报道说，一块售价 25 元的月饼，成本只有 2 元；扣除商家的暴利，造“椟”的花销应该是不小的数目吧。

如何对待月饼，说到底是如何对待中秋亦即怎么过节的问题。毋庸讳言，现代人不会过节，过节仍然是吃。见面开口一句“吃了吗”，曾经被视为衣食有忧的象征；如今这句问候语虽然不在嘴上叨咕了，实际上国人的骨子里仍然对“吃”念念不忘。一个传统的节日到了，内涵不内涵的没多少人当回事，打的总是吃的主意。据专家考证，中秋节起源于先秦，汉晋间形成雏形，隋唐时被赋予了特殊的情感色彩，唐玄宗去月宫里跳了回舞，因此留下的《霓裳羽衣曲》还为后来的诗人们魂追不舍。千百年来，古人过中秋怎么大吃，本人没有考证；但古人把中秋的内涵定位为“举杯邀明月”、“但愿人长久”，应该错不到哪儿去。这一点现代人也常常鹦鹉学舌，行动却未必然。

说实话，月饼就是一种应节食品，理应还原其食品的本来面目，而不是在包装上越走越偏、越走越远。不幸的是，月饼包装的高档化不仅浪费自然资源，而且多少对它的功能也有了异化的味道。人们干脆说：“买的不吃，吃的不买。”这就更加折射出月饼已经充当了某种工具，有时甚至成为不够光彩的角色。

异化就异化吧，但古人却从来未教过后人因此节而去砍树。不错，中秋还有关于“吴刚伐桂”的神话，但神话同时告诉我们，那棵高达 500 丈的桂树，随砍随合，吴刚始终没有把它伐倒。吴刚大概怎么也不会想到，今天的人们真的不分青红皂白地干起来了。据估算，生产 1000 万盒木盒月饼，要耗费 400－600 棵胸径 10 厘米的树木。苟如此，现代人已经不是在过节，不是在消费月饼，而是在造孽子孙了。

（2002 年 9 月 6 日）

清理没灵魂的专家

9 月 3 日，深圳市建设局通报了一宗工程串通投标案件，在评标过程中失职的 10 名具有高级职称的评标专家，被取消专家资格并被清退出评标专家库，永不再用。深圳的这一“率先”，令人拍案叫好。

专家之所以成为专家，是因为他在某一领域具有专长，对该领域相关问题的判断、认知具有一定的权威性。因此，在纷繁复杂的社会事项面前能够抽丝剥茧，为人们释疑解惑；在涉及专业领域的问题评定时，能够一锤定音。正因为专家意见格外重要，也从客观上要求他们的行为切不可以随意，应当具有一种责任意识。环顾现时经常抛头露面的一些专家，往往并不尽然。据我的观察，专家大致可以划分为三种或三等：第一种（等）是果真实至名归的专家，能够赢得人们的尊重；第二种（等）是胜者通吃，因为在某一领域是专家，便在若干乃至所有领域都要发表见解；第三种（等）是盛名之下，其实难副，顶着的是专家的名号，干的是哗众取宠的勾当，说穿了也就是伪专家。就是在第一种中，也还可以细化为兢兢业业的和漫不经心的两类。因此，专家如何履行自己的职责，几乎等于他们自己为自己定位。倘若是后两种，涉及能力的问题，力不胜任；倘若是前一种的后一类，则是责任心的问题。没能力、有能力而没责任心，失职行为的发生几乎都是必然的。深圳这 10 名专家被清退，是因为他们未能识破明显的串标行为，他们属于哪一种专家，报道的简略使我们不得而知，但他们自己心里最清楚。

由深圳 10 名专家的失职，不由得想起几年前我省相继“发现”的第四纪冰臼群问题。这消息曾令媒体激动不已。据“发现”的地质学教授说，这一“发现”解决了“争论了半个多世纪的中国东部中低山区有无第四纪冰川”的问题。但随后又有同学科教授实地考察之后说，所谓冰臼实为现代河流挟带石块、沙砾冲击磨蚀而成的“壶穴”，并且指出这种误认属于常识性错误。第四纪冰川遗迹，是个相当专业的问题，当然需要专家来认证。而“发现”者以及反“发现”者又都是该领域的专家，倘若不是“发现”者陷于沉默——应该是败下阵来吧，老百姓真要如坠雾中了。实际上，类似这种常识性的错误已经超出了学术观点不同的范畴。如果那专家认真、严谨、慎重的话，是完全可以避免的。因此也可以不客气地说，轻率的结论等同于对大众的极不负责。

马克斯·韦伯在预言现代性带来的危机时说：专家没有灵魂，纵欲者没有心肝。我不大清楚他这句话的上下文，但应该说，多少切中了我们今天的一些弊病。有些专家是该清理了，他们缺乏责任意识，或者不思进取，心浮气躁，势必动摇人们对其权威性的信念。因此对专家而言，更应自重、自爱。深圳的清退举动无异于给一些专家敲响了警钟：专家不是保险箱，进去了就可以高枕无忧、万事大吉。我们的建设事业既不需要南郭先生式的专家，也不需要尸位素餐的或者滥用信誉的专家。

（2002 年 9 月 13 日）

不必动辄申报世界遗产

新世纪伊始，从北到南，从西到东，一股申报世界遗产的热潮正席卷全国各地。广东也不例外。除了开平碉楼正在“冲刺”，南越国遗址系列、深圳龙岗民居、梅州客家围屋等都跃跃欲试。日前更有报道说，粤剧、粤菜和广东音乐也在准备申报世界文化遗产。

成为世界遗产的好处是不言而喻的，即便是申报行为本身，也能够使我们从世界的角度重新认识自己的文化，使遗产保护有一个生动而具体的标准和前所未有的激励。一旦成为世界遗产，其对社会经济、文化发展的实际促进作用更是有目共睹，特别是当遗产价值被充分认识、知名度提高后，旅游业和其他相关事业必然得到极大实惠。正因为成为世界遗产的意义是无限的，一些经济和文化比较发达的国家都把文化遗产保护工作列在环境保护系列。但是，像我们目前这种动辄声称申报的做法怕也值得商榷。

我们知道，世界遗产特指被联合国教科文组织确认的人类罕见的且目前无法替代的财产，其价值具有真实性和唯一性，即必须具有“突出的、普遍的价值”，是人类公认的最优秀的物质遗存。倘若稍具地方色彩的文化事项就要申报世界遗产，以我们煌煌五千年文明而言，委实不难拿个世界之最，可惜这只能是一厢情愿。比方粤菜，不过是八大菜系中的一种；粤剧，不过是众多地方戏曲中的一种。要讲特色，其他的剧种、菜系哪个没有？如果没有，又如何能历经大浪淘沙而生存到今天？全国每年的考古发现多如牛毛，年度评选的“十大”无不辉煌耀眼，都要申报，可能吗？

前两年，联合国教科文组织世界遗产中心项目专家景峰先生就已经指出，申报世界遗产要求越来越严，有 20 个项目以上的有 4 个国家，我国也在其中；为了使世界遗产更具代表性和平衡性，要求这 4 个国家少报或暂停申报。景峰并呼吁，国内申报过热，要降温。这个呼吁值得引起重视。世界遗产要求的不仅仅是少数决策者对文化遗产的重视，而且要求每一个和遗产发生关系的个人和单位都具有良好的环境观、审美观、大局观、历史文化和科学修养以及优良的文明举止。因此，我们不必动辄声称申报，那不是我们工作的根本目的。

（2002 年 11 月 22 日）

敢吃，未必值得炫耀

前两天，羊城晚报记者的一项调查吓人一跳：广东人寒冬季节每天要吃掉1万只猫！这些猫，大多是从外省收购或偷来的家猫，其中主要是被珠三角人吃了。于是，围绕该不该吃猫的问题，引发了市民的热烈讨论。

广东人什么都敢吃，也会吃，在全国是出了名的。会吃，可以视作饮食文化；敢吃，却未必值得炫耀。这里的"敢"有两个意思。一个是广东人杂食的习俗，别的地方人们怕吃的东西而广东人不怕。比方吃猫，笔者在北方的故乡时就听说过，简直不可思议。北方人不吃，未必是出于保护猫的考虑，实为不敢，下不了那个嘴，骨子里就没有猫还可以吃的意识。另一个是不准吃而"敢"吃，就更值不得炫耀了。这种情形以野生动物遭遇被端上餐桌的厄运为典型，当然，这种违法的"敢"在全国都属于普遍现象，只是广东相对突出而已。各地执法部门"虎口夺食"，解救出大量野生动物的报道时常见诸报端；从化一家酒楼的老板，因为大卖穿山甲、猫头鹰、巨蜥等保护动物，日前更被判处10年6个月的有期徒刑。即便是如此的严厉打击，也不能从根本上保护野生动物，甚至打动不了食客们残忍的心。越是禁止的，越是名贵的，越要吃，能吃到、吃得起，变成了人的一种炫耀。前两年盛行吃禾花雀，竟然在湖南、广西、云南等省区掀起了捕杀热潮，害得这种专吃田间害虫的小家伙差点被灭绝。天凉了，轮到吃猫了，食客们当然心安理得，猫不过是季节的牺牲品而已。那么，敢吃猫，看上去是传统饮食习惯，实际上是一种陋习。

在今天，人们已越来越深切地认识到，人和动物共同构成和谐的自然。那么，人类在从动物身上获取利益的同时，该给动物怎样的待遇和保障？时下有一种盛行的观点，叫做"让动物有尊严地活着"。其基本原则包括：让动物享有不受饥渴的自由、生活舒适的自由、不受痛苦伤害的自由、生活无恐惧感和悲伤感的自由以及表达天性的自由。但从目前来看，这个要求还是高得不可企及，时下每天上万只"死不瞑目"的猫的遭遇告诉我们，倘若能做到"让动物活着"，已经是很了不起的事情了。

（2002年11月29日）

南越王宴中的“历史”

广州新近推出了“南越王宴”，据说将作为饮食业的强势品牌长期推广，不仅要奠定“食在广州”的地位，而且要让食客在大快朵颐之余领略南越国100多年的历史。

吃一顿饭，能领略历史，是一个很好的创意。该宴的菜谱也确实反映出了这一点：雄关新道、始皇寻珍、灵渠船曲、蕃都称王、三郡升平、汉使称奇、越王思汉、赵佗百岁、南北归一，基本上概括了从秦始皇征服岭南到南越立国、再到回归一统的全部过程，虽然“始皇寻珍”和“汉使称奇”要表明什么让人有点儿不明所以。学者一般认为，始皇出兵岭南，或出于“大一统”的观念，或出于岭南战略地位的考虑，寻的哪门子珍呢？汉使当然就是陆贾了。他初到南越的时候，赵佗“魋结箕踞”，一副傲慢的神态，是奇于赵佗的夜郎自大吗？他走的时候，赵佗赐千金，“它送亦千金”，满载而归；大功告成，私囊亦饱，他“奇”什么，是奇于人家的慷慨大方吗？哦，也许始皇之寻与陆贾之奇都是关于南越的美食吧，如此则堪称菜谱中的戏说历史了。

不过，既曰领略历史，不妨就全面一点。实际上南越国还有过一段脱离中央王朝的历史。我们现在所讲的南越王，是个比较含混的叫法，因为他一会儿是诸侯王，一会儿又是帝王。赵佗本人兼有这双重身份，广州西汉南越王博物馆的主人乃第二代南越帝王，那个“文帝行玺”的金印明白无误。史载西汉吕后五年（公元前183年），“以有司请禁绝南越关铁、田器，及马、牛、羊、畜毋得关以牝，著令于边”，开始实行“别异蛮夷，隔绝器物”的政策。中原先进的生产工具不贸易了，牲口只供应公的，不供应母的，诸如此类，无异于对南越实行了经济封锁。加上吕后其他的一些暴虐手段，也就是在这一年，赵佗“自尊号为武帝”。分裂从来不得人心，然而这一段历史却也回避不得。其实作为一道菜，添起来也没什么难的，赵佗既然不好指摘，干脆把屎盆子扣给吕后，就叫“吕后留难”也未尝不可。而吕后名雉，雉乃野鸡，瞧，这道菜连主料简直都是现成的。

跟一道菜谱较真历史，很有点儿像时下若干人士较真张艺谋电影《英雄》里秦王形象的塑造。既然人家不是多余，此中文字也该算不上无事生非吧。

（2003年1月3日）

博物馆的“魅力”问题

2月18日《羊城晚报》报道，西汉南越王博物馆的一位讲解员正式提交辞职报告，准备跳槽到一家外企。员工跳槽，在今天早不该是什么新鲜事，但是因为该讲解员曾经当选广州形象大使，身份比较特殊，诸多文博界人士在表示惋惜之余，反思博物馆对优秀人才的吸引力。

由此我想到博物馆的魅力问题。这问题应该分为两个方面吧，一个是博物馆对观众的魅力，另一个是博物馆对从业人员的魅力。

《羊城晚报》报道的那一天，正是春节之后广州24家博物馆首次对市民免费开放的日子，热情的市民纷纷涌到各大博物馆参观游览，几乎要将博物馆“挤爆”。南越王博物馆也迎来了5700多市民，虽然我们不知是不是“免费”的作用，但是仍然可见博物馆对观众还是有相当魅力的。不过我以为，博物馆对观众的魅力不必计较去的人多人少，而在于他们去看什么。不久前有位先生游览北京故宫的珍宝馆，发现那里人气极旺，定睛一看，人们兴致勃勃地在“用祖国各地的方言”印证哪个是电视剧里“小燕子”戴的头饰、哪个是给皇阿玛“张铁林”照明引路的“金灯笼”。倘若博物馆对观众就是这样的魅力，让观众去看宝贝或者使戏说历史得到现实中的印证，那么就说明这魅力的档次还比较低，还大有提升的空间。

至于博物馆对从业人员的魅力，我以为与员工跳不跳槽，其实是两个问题。虽然跳槽的员工是人才，但人才也是分领域、有专业的，在彼一方面是人才，在此一方面则未必。尤为关键的是，服务于博物馆这样一个相对"寂寞"的领域，还有志趣所在的问题。那么，博物馆对从业人员的魅力其实因人而异。由于历史的原因，一代文学巨匠沈从文曾经是中国历史博物馆的讲解员，从文学创作"转业"到治文物，个中经过令人心酸，不提也罢。我不知道，沈先生到博物馆工作是出于强制安排还是自愿挑选，但后来的事实证明，除了他曾经钟爱的文学领域，博物馆——虽然不得已而为之，对他也一定是另一个极具魅力的所在；否则就无以解释在那样的逆境之下，他能够潜心研究，撰写出了包括《中国古代服饰研究》在内的100多万字的学术著作！

如今人们讲到博物馆增强对人才的吸引力，那潜台词不用说，不外是强调要增加待遇。且不论增加的可能性问题，究竟应该增加到多少才能抵得住界外——比如外企的诱惑？所以我觉得，对博物馆等文化事业单位，保持一定的待遇标准当然是一个重要的前提，但博物馆不应该是一个因为待遇而吸引人才，而应该是因为痴迷于对未知领域的探索而吸引有志者的地方。常听有见识的人说国外的博物馆如何具有魅力，本人没有实地感受过，但相信那魅力决不仅仅是靠白花花的银两堆起来的。有人硬要这样说，也一定只是看到了问题的一面。

（2003年2月21日）

由麻将的战绩所想

据新华网茂名3月12日电，由广东两家单位联合举办的"中日竞技麻将精英对抗赛"已于3月9日结束，其中团体前四名和个人前四名均为我国选手夺得，大包大揽。照我来看，成绩的最喜人之处还不在这里，而在于日本参赛的选手均为职业选手，我国参赛的选手均为业余选手。

这真是件荣光的事情！和足球的起源一样，麻将的祖宗也在咱们中国，其历史大概可以追溯到三四千年前吧，至清朝中才基本定型。或许因为历史悠久，或许这玩意老少咸宜，妇孺皆适，而且为社会各个阶层所欣然接纳，喜欢麻将的人都说它是“国粹”，是优秀传统文化的一个组成部分。当然是不是如此，还有待商榷。但看看中国足球那副灰头土脸的模样，动不动被人连损带贬一通，半点儿面子也不给，就可知中国麻将的战绩起码是对得起祖宗的。

业余的打败专业的，不可能出于偶然。但凡一项运动，如果战绩斐然的话，其普及程度——也就是说雄厚的群众基础——往往是个前提保证。乒乓球作为我们的国球长盛不衰，篮球作为美国的国球之所以能吸引全世界的目光，都是这个道理。在几天前的全国政协小组讨论会上，身在现场采访的笔者听到国家射击队总教练许海峰的发言，他说因为枪支容易惹出麻烦，被管得太死，乃至县级射击队被取消，这项运动的普及受到掣肘。他说今年参加国家队集训的运动员人数竟然占到了全国专业队伍总量的10%，选择的余地如此之小，后备力量实在堪忧。现在，麻将能够取得这样骄人的成绩，实乃群众基础深厚的最好诠释。从前是“凡有井水处，皆闻麻将声”，如今在不少地方，麻将摇身一变，成为当地人的“全民健身运动”，明的、暗的麻将“一条街”比比皆是；而谁要是想学打麻将的话，更可谓遍地都是老师。去过日本的人说，在扶桑之国，麻将的名气绝不输给我们，街头到处可见写有“麻雀”或“东风战”、“东南战”的麻将店招牌；并且，我们这里麻将挺直腰杆——成为体育运动的一种之后，他们还照搬了相关竞技规则。但这毕竟只是近几年的事，要追上我们还得假以时日。

不容否认，麻将具有集益智性、趣味性、博弈性于一体的运动魅力。可惜，麻将的名声自古以来却不是太好。虽然这几年被“平反昭雪”、时来运转了，和象棋、围棋一样被列为体育竞技比赛项目，但是如果在健康的竞技麻将中，寻觅不到被赌博淹没了的智慧魅力，名声也不会好起来。据说大学者梁启超也十分好玩麻将，他曾说过：“我只有在打麻将的时候才会忘记读书，只有在读书的时候才会忘记打麻将。”玩麻将把握住这个度，积极意义才可能彰显。然而一个不容忽视的事实是，不少玩麻将的人却是只知道打麻将根本不知道读书，或者荒废了读书，把二者截然割裂开来。

靠运气的娱乐方式，是不是能够演变成纯粹的竞技手段，姑且存疑。麻将的战绩让国人欣慰，然而在别的项目、别的领域，业余的能不能打败专业的，能打败多少？总之，什么时候，如果不光是麻将的战绩才如此荣光，就更加让国人欣慰了。

（2003 年 3 月 14 日）

保护小谷围的文化遗存

广州即将动工兴建的大学城——番禺小谷围岛居然有如此之多的文化遗存，地上的、地下的，古代的、近代的，建筑的、民间手工艺的，着实令人吃惊和欣喜不已。如同南方日报记者在 4 月 2 日的报道中所言，大学城的开发建设要进行，但是小谷围的文物保护工作也同样刻不容缓。

每一个时代都会留下那一个时代的人们所创造的文化。不同时代的文化叠加，构成了人类文明。文化作为一个系统，是由各种不同的要素组成的，而每种文化要素都有实现其文明价值的特殊功能，以满足人类群体的需要。不同时代的文化之间，“后面”的对“前面”的，存在着推陈出新、继承发展的关系，不可以截然地割裂开来。也就是说，建设新的文化，并不一定要绝对地排斥旧的文化。而做到这一点，前提是要对传统文化心存一种温情与敬意，对那些优秀的、大浪淘沙至今仍不失其魅力的传统文化表现形式，以敬仰的心态和行动厚待之。但现实中的一些人显然不是这样认为。这几年来，全国不少地方在建设“新”的，或者打着“弘扬传统文化”的名义建设所谓“仿古”玩意的同时，强行破坏真正传统文化的恶性事件时有发生，就是一个明证。

广东已经提出了建设文化大省的明确目标，对文化的如何认识问题前所未有地摆在了全省人们面前。有一点不容置疑，建设文化大省，首先是要认识到文化的价值，然后才谈得上文化生产力对经济生产力的促动作用。那么，大力营造新的文化设施是必要的，而保护、利用传统文化，充分发掘岭南文化的深刻内涵同样不容忽视。纵观当今世界，每个国家都有自己的现代文化和传统文化。现代文化是世界性的，传统文化则各国互不相同。人类文明是由不同的民族在不同的时代和不同的地域中分别发展起来的，必然会表现出不同的特征、风格和样式。不言而喻，各国文化的个性就表现在传统文化上。因此，保护传统文化，实际上是在保护文化的个性。对一个国家如此，对一个地区同样如此。如果说，此前的小谷围代表着富有岭南特色的传统文化，那么，它与即将代表的具有普遍共性的当代文化之间的关系协调问题，也突出地显现出来。从一定意义上看，小谷围文化遗存保护得如何，也在某种程度上检验我们对文化问题的真正态度，是叶公好龙，说说而已，还是其他。那么显然，对小谷围文化遗存的“发现”本身远远不是目的。

小谷围被文化界人士赞为“广州的最后一片净土”。它的文化遗存原本就长期地存在那里，但是一直为世人所忽视，这是它的“不幸”。广州大学城选址小谷围，使它的价值重新为世人所认识，又是小谷围的大幸；如果在此基础上更进一步，小谷围的文化遗存因此而得到妥善的保护，则乃其幸中之幸。不难想象，大学城因为有了文化遗存而增添了历史的厚重感，小谷围因为有了大学城而重放异彩，二者完全可以并行不悖、相得益彰。然而如何协调好二者的关系，确实也是个不小的难题。

（2003年4月4日）

有多少“郑氏家塾”面临厄运

据新华网深圳4月22日电，位于福田区的，已被文物部门正式鉴定为文物、要求予以原址保护的“郑氏家塾”，4月20日、21日连续两天在夜深人静之际遭到故意毁坏。赶赴现场的记者发现，房子已经荡然无存，一些民工正在处理拆下的建筑材料。据介绍，“郑氏家塾”为清代中期所建，距今已有200年左右的历史。

老实说，对这一类的新闻我已经多少有些麻木了。我们虽然不知道，全国还有多少此类文物正在面临厄运，但我们知道，一旦文物的存在与经济利益或官员政绩发生严重冲突之时，遭受厄运的几乎必定是文物。我琢磨不透一个问题：耳闻目睹的呼声不少，相应的文物保护法规也拿得出来，却为什么在现实面前总是显得那么苍白无力？4月上旬，深圳市文管办有关人士获悉古楼有可能被拆除的消息后，马上组织人员对该古楼再次进行鉴定，进一步确认其为保护文物，并将相关文件亲手交到了产权单位，却仍然不能阻止悲剧的发生。半夜里偷偷地拆，不论当事人的理由如何，本身已说明其底气的不足。

珍贵文物是一个民族的特质和文化精神的集中体现。一个肆意破坏文物的时代——很不愿意这样说，称得上是一个不尊重历史、不尊重文化的时代。一个国家或地区，经济越发展，文化遗产越应当得到保护。但许多人包括许多领导干部不知道是不明白还是装作不明白这个道理，他们常常打着发展经济等旗号，拆毁著名历史街区，蚕食历史文化名城，毁坏传世文物古迹。这种行为或许可以换来暂时的利益，使某些人有了“政绩”的资本，但是全面地看，不仅“功”不抵过，而且终究会遭到后人的唾骂。现在的一个问题是，那些著名的、享誉海内外的文化遗迹容易受到关注，比方云南建水古城、浙江定海古城等进行的破坏性建设，甚至上了央视的专题；而默默无闻的、保护“级别”不够高，甚至如“郑氏家塾”之类暂时还没有“级别”的，就不那么引人注目。实际上，后一种文化遗迹才更多地存在于民间，对待它们的归宿，也才能够检验出我们对文化遗迹的真实态度。在拆除者的眼中，“郑氏家塾”可能一无是处，它象征落后，过时得不能再过时，又浪费土地，兼且阻碍发展，简直就是一堆垃圾，留之何用？因此可以说，“郑氏家塾”的命运，是千千万万正在或即将遭受厄运的文物的一个缩影。褊狭的观念不去除，悲剧就不会停止。

“郑氏家塾”是深圳市区十分少见的古建筑，占地不过150平方米。拆除它，这块地方不知要用来干什么。然而少了这区区150平方米，深圳就少了一个历史的文化印迹，一个标志着成长的印迹。2001年大鹏所城入选“全国重点文物保护单位”，成为深圳的一大喜事。但是作为一个新兴的现代化城市，深圳要增强历史和文化的厚重感，更多地还是要凭借“郑氏家塾”这种零星的、散落于民间的、处于“深闺”之中的文化遗迹，保护它们，开掘它们，让世人认识它们。据悉，深圳市文物部门正在进一步调查此事，并保留依法追究当事人故意毁坏文物责任的权利。对结果，我们拭目以待。

（2003年4月25日）

还斑石以自然

5月3日，本埠一家媒体报道了封开县斑石“有难”的消息，说是斑石上面弄了十几条线道供攀岩爱好者去“征服”，并修建了平台、瞭望等附属设施。一位地质界老专家据此认为，这无疑是在对这块“天下第一石”千刀万剐。在5月6日的后续报道中，封开县领导登门向老专家说明情况，强调他们在景区建设时实行的是“三不”原则：不破坏草木设施，不在石上建任何建筑，不在石上刻字。

看起来，不管“有难”真切与否，在斑石头上“动土”已是既成事实，这就有让人忧心忡忡的理由。笔者相信封开县能够恪守住开发斑石景区的原则，但谁都不愿意承认但却不能不承认的一个事实是，在今天，不少地方对景区的开发往往意味着竭泽而渔，要极大地损害景区的原生态。14年前，笔者在封开“基层锻炼”过一年，所在的镇就与斑石相邻。当地人很以这块大石头为自豪，认为是天下第二、亚洲第一——这是当时的说法，开始时笔者老大地不相信，一如不相信两广总计18个科举状元中的首个也出在封开一样。然而，了解得多了，就不能不对封开这个地方刮目相看。而每每路过斑石，都不由得要赞叹它的雄浑。旷野之中，远远地即可瞥见，一石成山；正面光秃秃的，瓮一般地向前隆起，自然的造化在瓮肚上留下了条条“泪痕”，状似斑马的纹路；除了农田，周遭并无半点人工的痕迹……这就是斑石。这也就足够了。它不需要任何人为的雕琢。斑石震撼世人的，正是它这种纯粹出于自然的力量。

封开县开发斑石景区的宗旨是：“保护景区风貌，增加文化内涵。”但我认为，封开不应当开发斑石景区。斑石乃纯粹的自然遗产，无须“文化”在这里增色。另一方面，封开可以开掘的文化内涵实在很多，不必打斑石的主意。就我个人的浏览范围，封开算得上是岭南文化古都，这里不仅出土了岭南最早的古人类化石——黄岩洞人，而且在两汉时期，还是岭南的政治、经济、文化中心，其旧名广信府还是广东、广西以及广州的得名由来。一种观点甚至认为，粤语的发源地也在封开。总而言之，封开堪称岭南文化在西江流域的一个典型代表。公元前214年，秦始皇命令任嚣、赵佗“将楼船之士南攻百越”，彻底征服了岭南。秦的大军过灵渠，沿珠江而下，封开是一个必经之地。我甚至觉得，流经斑石面前的古广信河，就曾经浮载过秦的千军万马，见证过岭南纳入中原版图的惨烈一幕。如此等等，当地的人们当然比我知道得更清楚。几年前封开不是沸沸扬扬地宣称要建设“岭南文化走廊”吗？不知道现在进展得怎么样了。动斑石的脑筋，敢是属于计划的一部分？但愿不是。

退一万步说，幸喜封开还有个“不在石上刻字”的原则。植被破坏了还可以恢复起来，房子建成了还可以拆——张家界等地都是明证，刻上字可就麻烦大了。别说在这块举世无双的石头上抡凿动斧，明朝的袁宏道在几百年前对所谓权要或名人题刻就非常反感，他把这种做法称作在美人的脸上"黥劓"。封开要推介斑石的心情可以理解，但提高其知名度的方法有很多，还轮不到借助攀岩这个时髦的玩意。实际上，开不开发事小，对自然的赐予，倒是格外要有珍重之心。在当下，还斑石以自然，就是对它的最好关爱。存在了1亿多年的自然造化，可别在这个讲"文化"的时代失去本色。

（2003 年 5 月 9 日）

该怎么利用族谱

5 月 13 日《羊城晚报》报道，我省著名女书画家苏氏姐妹最近被人"考证"出原来是苏轼后裔。说心里话，笔者对苏氏姐妹的才艺十分赞叹，但闻此消息却无恍然大悟之感。今天的名人，祖先大抵原本也是名人，古已如此。早几年也有人"考证"出，周扬、周谷城、周立波都是三国时那个"英姿勃发"的周瑜的后代，香港"船王"包玉刚是包公包拯的后代，等等。这么说就这么说，没有什么，但喜欢较真的人更感兴趣的是根据，也就是凭什么这么说。

苏氏姐妹乃东坡后人，是记者诸人的功劳，如果他们经过了详细的考证，能够言之凿凿，那么笔者也就会老老实实地一边待着，接受"事实"。可惜他们的根据仅仅是族谱，而且不过是两个地方的各自族谱上记载了一个相同的名字而已。我的谱学知识极其有限，但也知道就这么拿来即用是不行的。族谱研究是专门的学问，1997 年上海图书馆成立了谱牒研究中心，1998 年底还开过一个"全国谱牒开发与利用学术研讨会"，展示了学者们关于谱牒研究所取得的一系列成果。读一读，不难感受到学者们工作的艰巨性：在浩如烟海的史料中爬梳钩沉，同时要佐以耐心细致的田野调查。那么，倘若以为瞟一两眼就能发现问题，甚至有解开谜团之效，那是太小瞧了这门学问。

不错，族谱本身称得上宝贵的文化遗产，它的起源可以上溯到先秦。历朝历代留下的数量可观的族谱，不仅对家族制度、婚姻制度、人口兴替等研究有着不可替代的资料价值，而且对历史学、社会学、经济学等都能提供许多重要参考。比方关于徽商的研究，不少有价值的资料就是从徽商族谱中发掘出来的。但是专家对族谱的使用是慎之又慎的，复旦大学历史地理研究所葛剑雄教授的观点颇具代表性：族谱“作为一个家族的自我记录，具有强烈的自我意识，也必定存在很大的主观局限”；因此，一般的族谱“总是要为本家族扬善隐恶，夸大以至编造本族的显赫历史和优良传统”。那么，如果单方面地只是相信和依赖族谱，“中国历史上就不会有《红楼梦》中的荣国府，也不会有《家》、《春》、《秋》中的高公馆”，因为如果那两家修族谱的话，“记载的必定也都是礼义廉耻的正人君子”。葛教授尤其指出：“家（族）谱中对始迁祖的身份往往会夸大，甚至伪造。”并以福建林氏族谱为实例，来论证其始迁祖来历的虚假，进而认为族谱中“对早期祖先的记载大多并不可靠”，对其研究“应该与社会史、文化人类学研究结合起来，通过田野调查、实地考察、收集口述历史等手段弥补家（族）谱的不足，纠正其中的错误，发掘被掩盖了的真相”。

葛教授的见解，对我们认识具体问题很有启迪。我们不是要评论记者先生依据的族谱可靠与否，而是说得出一定的结论要经过认真研究；在研究的过程中，人们还需要看到实事求是的精神和科学的态度。否则，尽管结论在客观上可能的确如此，人们也有理由产生怀疑。

因为是东坡后裔，于是苏氏姐妹都是书画名家似乎也有了顺理成章的“答案”。但是报道同时说，在东圃镇车陂村就有苏轼后人近4000人，我想这些人大抵都寂寂无闻吧，循此逻辑，“答案”又非常费解了。因此，苏家姐妹的成功，恐怕并不是祖先“猛龙”与否的问题，而是她们努力奋斗的必然结果。

（2003年5月16日）

高分落榜的真正原因

广东今年普通高等学校提前录取、第一批录取工作已于 7 月 15 日结束。据报道，由于志愿填报的不合理，第一批录取分数线上的考生，有 1800 多人没有被录取，将转入下一批次出档，其中包括 28 位考了 700 分的高分考生。

考了高分而没有进入“好”的亦即与分数相匹配的学校，的确不够合理，起码是不合择优录取的理。对考生而言也意味着“鸠占鹊巢”，考试成绩不如自己，根本来不了的，因为志愿报得“好”——其实不如说报得“巧”，人家就来了，考生心中也会不服气。但是我认为，此中的不合理，不应该单纯地责备考生的志愿填报——因为这话听着很有一点训诫考生不要好高骛远的味道，而应当检讨其他，比如说录取制度之类。

认为考生志愿填报不合理，是职能部门的看法。对他们来说，得出这个结论是正常的。在录取过程中，他们掌握着全局形势，今年哪个学校（或专业）“热”，哪个学校（或专业）“冷”，有考生的“拥挤”程度摆在那里，自然看得清楚。但对考生及其家长来说，具体到哪里“热”哪里“冷”，却是个实在无法预测的因素。这就是说，录取方是针对既成事实说话，家长及考生则是针对未知因素填报志愿。我相信，如果双方调换过来，说话的人某一年正是家长，他也会茫茫然。那么，保证高分不至于落榜的动态平衡，不仅需要而且也只能是在录取过程中才能充分把握得住，哪里是由相对盲目的考生一方可以自然实现的呢？

据一些参加录取工作的老师说，高校（或专业）的“冷”与“热”，并非固定不变，多少有点像荔枝收成的大小年，呈波浪式浮动。今年如果“热”，明年就可能“冷”，反之亦然。当然，这只是一个大致的“走势”，一条相对的“规律”，具体到某一年，还要受到各种因素影响。今年的医科类院校忽成“冷门”，与前段猖獗一时的非典很难说没有关系。那么，如果考生没有考出绝对高的分数，每年填报什么，应该说都很有些“碰运气”，乃至“赌博”的成分在内。他们只有根据自己的考试成绩，根据往年该校（或专业）的录取成绩等来填报，对他们来说，这未尝不是精心考虑之后得出的“合理”选择。而这种选择在往年可能“合理”，在今年则很可能变得“不合理”。那么，最终有低分“捡了便宜”的，有高分落榜的，就都不是件奇怪的事。

明白现如今高考录取原则的人们会发现，填报高考志愿客观上已经日益成为一门艰深的学问。在这种情况下，高分落榜，如果还是一味地归咎考生，不认真反思录取制度进而加以改进的话，则不难想见，这种志愿填报的“不合理”还将延续，还将有更多的高分考生成为“牺牲品”。高分落榜的原因究竟在哪里，不是很清楚了吗？

（2003 年 7 月 18 日）

如果刘皇冢没有宝贝

小谷围“刘皇冢”的抢救性发掘据说有了新的发现。有关方面出于对文物安全等多方面的考虑，连本次发掘本身也没有向媒体公开，但有记者打听到出土了百余个青釉瓷罐。

在许多人眼里，考古工作跟找宝贝差不多。一般来说，宝贝也确实决定着遗址的价值。甘肃武威雷台如果没有那匹今天成为国家旅游标志的“铜奔马”，长沙马王堆如果没有那个两千年不腐的“老太太”，都不会引起世人的强烈关注。重大的考古发现，也无不以出土了标志性的“宝贝”作为依据。但是，考古却绝不是单纯地找宝贝，考古学是要根据古代人类遗留下来的各种实物，以研究人类古代社会的历史。这里的实物，可能是宝贝，也可能就是寻常的货色而已。因为遗留的实物资料大多埋没在地下，所以田野发掘只是工作的前奏，并不是工作的目的。

小谷围的“刘皇冢”，据说是五代十国时期南汉开国皇帝刘龑的墓。作为帝王陵，曾经埋藏宝贝并不稀奇，况且清人编纂的书籍里还有过绘声绘色的描述，光是“不可指识”的“异物”就多得很。但是因为此次发掘前的“刘皇冢”并没有任何保护措施，早已被盗掘就不是什么奇怪的事。那么，本次发掘如果找到宝贝固然最好，如果没有，也大可不必失望，更不要因此小觑了“刘皇冢”，简单地回填、废弃了事。广州的历史虽然超越了两千年，但因为不像西安、南京、洛阳等城市那般可以自豪地宣称自己是多少朝的古都，帝王级的遗迹应该弥足珍贵。广州被正史认定曾经定都的王朝，似乎还只有偏安一隅的南越国和南汉吧，南明的绍武小朝廷，充其量只是匆匆过客，算不得数。那么，这个真正已经“荒冢一堆草没了”的“刘皇冢”，不论从墓葬里面有没有找到宝贝，墓葬本身都可以当成“宝贝”。

我想，时下的人们对许多文化遗存（主要是建筑）动辄毁弃，毫不惋惜的态度，根本原因就在于对宝贝的衡量尺度。在这些人看来，只有表面上令人啧啧称奇的、拍案叫绝的东西，才值得重视，值得保护，浑然不理睬其中的文化内涵。因此，浙江定海的官员要把“建筑考究，古朴别致”的古民居不由分说地推倒，来个“旧城改造”；云南建水古城的官员认为他们新修的“清式风貌街”，比那祖上留下来的老宅子更要气派得多。毫无疑问，对“宝贝”内涵的认知不同，会影响人们对文化遗迹和遗产保护的态度，遮挡住决策者的视线。

因而我倒是建议，即便“刘皇冢”本身被证实毫无价值，没有如广州市区象岗南越王墓那样原址保护的必要，也不妨以遗址为依托建一个博物馆。广州已经有了南越王博物馆，可以再建一个南汉国博物馆。这样，历史上在广州定都的两个王朝，都有了各自的博物馆可以陈列相应的史料；而且，南汉国博物馆还可以作为南汉史的研究基地。南汉虽然仅仅存在了55年，但在历史上毕竟有不可忽略的一笔，我们对它，不仅要进行学术研究，同时也要还原给今天的人们一个真实的南汉，领略岭南地区的历史内涵。

（2003 年 8 月 1 日）

“大清”与“天使”的碰撞

前天晚上，在珠海圆明新园看了两场演出：一场为园内的常设剧目《大清王朝》，另一场为奥地利维也纳童声合唱团的合唱。两场演出在同一地点，一个在先，一个在后，然而前者进行时看台上几无立锥之地，后者则刚开始两只曲子，人们便陆续退场，越走越多。

维也纳童声合唱团是世界上最著名的音乐团体之一，被誉为“歌唱的天使”，与维也纳爱乐乐团一起被视为奥地利的两个国宝。用一个可能不够恰当的比喻，其与《大清王朝》的“巧遇”，应该算是雅文化与俗文化的一次“碰撞”。然而“天使之音”为何不能赢得我们普通观众的青睐？目光的焦点恐怕不能单纯地集中在观众的素质问题上，还应当看到一些该做的前期工作其实并没有做足。

“天使”们基本上是用德语演唱，唱的是什么，观众不可能听得明白，而现场的介绍却仅限于介绍曲目名称。其实解决这个问题并不难，在旁边不断提示演出时间的屏幕上出个歌词大意就行了，没有这样做，观众就只能欣赏演唱技巧，而这却是比较专业的事。相反，皇帝太监、龙袍马褂、嫔妃宫女花枝招展地招摇过市，观众就容易认同，因为他们的潜意识里都知道这是怎么回事。正是这个原因，天使们演唱约翰·施特劳斯的“郊游列车”、莫扎特的“小夜曲”，都只是赢得了礼节性的掌声，而演唱中文歌曲“长亭外，古道边，芳草碧连天”，才有欢呼的意味。记得“钢琴王子”理查德·克莱德曼来广州演出时，也是因为一曲“太阳最红毛主席最亲”才使演出达到高潮。从专业的角度看，“天使”们的母语当然更能反映出实际水准，但由于缺乏必要的铺垫性工作，使“天使”们的演出只能在与观众的“结合点”上才能引起共鸣。

“大清”与“天使”的碰撞，碰撞出高雅文化在引进的同时存在的一些问题。“引进”无疑十分必要，但不能仅仅满足于此，知识性的普及工作必不可少，现场的辅助性工作也要做好，这样才能使观众产生兴趣，并从欣赏中获益，而不是仅仅看热闹。只有这样，高雅文化才能真正起到提升大众素质的作用。

（2003 年 10 月 4 日）

文明就差一点儿？

重阳节期间，近 40 万游客到广州白云山登高之余，同时留下了 200 多吨垃圾。在人多的场合，垃圾多也是正常的；不正常的是，游客随地丢弃垃圾，使白云山上的 60 个临时垃圾收集点大部分形同虚设。

这类消息在我看来已经算不上新闻，因为我留意到，每逢人群大量聚集的节日或活动过后，留下遍地垃圾都几乎是一种必然，呼吁人们注重文明等等也几乎是一种必然。并且这种行为不独广东有，在全国各地几乎是一种通病，连我们心脏的心脏——北京天安门广场也不能幸免。在刚过去的国庆“黄金周”，广场上每天的垃圾由 2 吨陡增至 10 吨，让环卫部门不堪重负，他们甚至认为，只有执法部门去制止才能还天安门广场一片干净的环境。

“文明就差那么一点儿”，是近两年常见的一种说法。这句话的潜台词里流露着相当乐观的成分，以为克服或弥补了这一点儿，人们就可以变得文明了，社会公德就能够达到理想的程度了。然而这里差一点儿，那里差一点儿，与文明总也不能接近，陋习依然根深蒂固，可见这“一点儿”并非只有一点儿那么简单。比方不在公共场合随意丢弃垃圾，看起来是举手之劳的事，而对于把举手之劳的行为自然而然地转化成现实来说，则是文明意识的一个飞跃。北京市城管执法局的一位先生说，在天安门广场值勤时，“我们到哪里，哪里散发小广告、随地吐痰、乱扔纸屑的情况就会少得多”。这即是说，人们都知道随地扔东西不对，但是你不盯着他，他就全当没那回事。那么，文明虽然仅仅就差那么一点儿，实际上差的是文明意识。而欠缺文明意识，文明永远要差那么一点儿。

说到这里，我也不能认同另外一个习惯性的说法，以为不文明的人只是少数，甚至极少数。眼前的账并不难算：白云山的 200 多吨垃圾“大部分”是被随意丢弃的，假设 1 个人丢了 1 公斤吧（实际上不可能有那么多），也有 20 万亦即半数人参与其中。多数人的行为总是要影响少数人的。国内的人到了人家那些“文明”——换言之“干净”的地头上往往都表现得规规矩矩，出乖露丑的变成了个别，很能说明问题。多数人的文明行为能够带动少数原本不文明的人不得不文明起来，反之，不文明的人如果占了多数，即使面对少数文明的行为也势必无动于衷。

10 月 3 日，新华社发表了一篇关于在我国工作或生活的“老外”们的感慨。一些“老外”困惑的是：中国人非要吐痰、喧哗吗？还有一些“老外”困惑的是：虽然中国人在单位等“小群体”中保持得温文尔雅，但在公共场合的“大群体”中却常常表现得有失风范，对秩序视若无睹，等等。在这里，吐痰、喧哗等咱们认为的寻常小事，却是“老外”们衡量一个开放的国度国民素质的重要依据；而关于国人在大、小群体中不同表现的划分，正戳中了我们许多人的要害。

欠缺的文明意识应该怎样补上，文明意识怎样才能养成，我没有什么建设性的意见。但是显而易见，我们自己正在沿用的一套不很灵光，我不认为是我们的民族性本身有什么问题，不妨借鉴人家的方式方法吧。

（2003 年 10 月 10 日）

果子狸“回来了”

果子狸“回来了”，重新回到了人们的餐桌上。深圳已经先行一步，广州也将尽快解禁。

果子狸的“去”，是因为曾被查出与非典有染，从它身上分离到了SARS病毒，后来又被研究证明没那回事。现在，果子狸的“回”，显然是“证否”的成果亦即“平反”起了决定作用。因此果子狸的这一“去”一“回”，实际上是人对它的态度上的转化：先前是怕，怕因为它带病毒而连累自己，让它“去”；如今是让它“回”，因为免除了后顾之忧，可以放心大胆了。这一态度，反映了人对动物的呼风唤雨。

那么，果子狸的“回来了”，跟当年胡汉三的“回来了”不同，此间本质上的区别不仅在于一个是动物，一个是人——尽管是坏人，抛开这一点，更在于前者是无奈，不是自己嚷着要回来，而是迫不得已，不回也得回，因为人时刻都在惦记着它，惦记吃它的肉，营养自己；后者恰恰相反，时刻都在惦记着反攻倒算，他喊出的那句“名言”，更在于宣泄小人得志后的那份洋洋自得。果子狸则是听“人”由命，其由不幸——被查出带病毒，到有幸——免于屠戮，再到不幸——重返餐桌，一系列的大喜大悲，莫不因人而生。我们不是要悲天悯狸，而是想说人的态度，这种一切以人为中心来衡量自然万物的观念必须改变。

在自然历史演进和人类社会发展进程中，人与野生动物早就结成了相互依存的生命共同体。二者可以说是生命同源，命运相连，谁也离不开谁。但因为人处在食物链金字塔的顶端，对野生动物有生杀予夺的权力，因而野生动物的生存就需要人的多方关爱和保护。实际上，保护野生动物，终究也是在保护人类自己。诸如此类的话，人们已说得太多，笔者也叨念过不知几回。去年中共中央颁布的《公民道德建设纲要》，首次将保护环境作为公民社会公德的一项重要内容。而保护环境，一个重要内容正是保护野生动物。

换个角度看，如今凡事都提倡与国际接轨，走出国门、开过眼界的大小头头脑脑早如过江之鲫，数不胜数。我不知道有没有人考察一下，那些“文明”国度的人们吃不吃野生动物，如果吃，是怎么个吃法，是不是像咱们这样吃得发狠；如果不吃，又为什么，是仅仅出于饮食习惯，还是文化上的原因？林语堂先生说：“若研究一个民族的文化，首先应从他的肚子开始。”很有道理。13 世纪的意大利旅行家马可·波罗曾惊呼：中国人的食谱几乎构成一个庞大的动物园。这句话的语意放在那个时代，应当还是赞誉吧。不过，当人类文明发展至今，这种当年可能的赞誉，无疑已有损文明中国人的形象，但是可惜，我们的食谱并没有多大的改变。

果子狸“回来了”，人们又可以大快朵颐了。当然，此一番，无论是经营的还是享用的，腰杆更壮，因为经营的取得相关证照就可以，大家都得到了法律的许可。此前关于吃与不吃的激烈争论就此作罢。应当说，新的法规把允许经营利用的野生动物从以前的 1600 多种大幅下降至 54 种，是一个很了不起的进步。但是我们还是要说，这个进步并不彻底。

（2003 年 10 月 17 日）

解不开的“牛皮癣难题”

广州市的“呼死你”系统从正式启动的第 4 天开始，就遭遇尴尬。一些被呼叫的机主在关机几天之后，选择了呼叫转移。恶劣的是，一些号码竟然被转移到 110 上，尽管及时补救，也还是给 110 造成了严重干扰。更加具有挑衅意味的是，广州市城管的几个抓“癣”能手包括政委在内，居然都收到了提供办证服务的手机短信。

“牛皮癣”似乎成了一道解不开的难题。

“呼死你”系统在遭遇尴尬之前，是被寄予厚望的。据介绍，该系统是把“牛皮癣”上留下的电话号码输入系统，然后通过24小时不间断地寻呼，使乱张贴的电话、传呼机无法发挥作用，叫违章者“忍无可忍”之余，不得不主动接受处理或停止违法行为。理论上很说得通。“呼死你”是俗称，一如交通领域的“撞了白撞”，原本都是有堂正名目的，“呼死你”就叫“城市管理语音提示系统”，但国人一来可能嫌其拗口，不够通俗；二来可能更喜欢斗气、解气式的说法，无论多么严肃的媒体，都是“呼死你”。而“呼死你”的呼而不死，正应了所谓“道高一尺，魔高一丈”。孙悟空变化成麻雀，二郎神就操起弹弓；孙悟空变化成一条鱼，二郎神则变化成鱼鹰……小圣施威降大圣，大圣终于无可奈何。

说实话，对广州“呼死你”遭遇的尴尬，我一点儿也不感到奇怪。关心时事的人们都会知道，全国不少城市之前，甚至早在半年前就已经启用该系统，都是头几天“战果辉煌”——有的城市甚至宣称有效追呼率达100%，随后就问题迭出。在厦门，因为70元就可以重新开通一部“小灵通”，“死而复活”的成本太低，被呼死了的并不感到心痛。在武汉，一些“牛皮癣”上的电话号码纷纷被制作者涂改，结果“呼死”了一些无辜者。在烟台，一些不肯“缴械”的不法分子早就玩起了转移呼叫的伎俩，有的正是把呼叫转移到城管部门的办公电话上。就是说，“呼死你”在广州不奏效是必然的，全国许多先行的城市都没有达到预期的、理论上的效果。有这些前车之鉴，广州的“呼死你”在启用之前，根本就不应该盲目地乐观。而我们一些人不仅在“呼死你”问题上，在许多其他问题上，往往都是以为出台了一个什么，从此就可以万事大吉了。

我个人认为，“牛皮癣”这道“难题”暂时是解不开的。为什么？因为这根本不是单纯的“癣”的问题。举个简单的例子说，“牛皮癣”的重头生意是做假证件，那么，凭借假证能够得逞的绝迹不了，做这项生意的也就绝迹不了；而做假证生意的绝迹不了，“牛皮癣”也就绝迹不了。退一万步说，即便“呼死你”果真奏效，充其量也只是消灭了“牛皮癣”这种形式本身，只不过是把它们从视野中清除了，落得眼不见为净而已，其对社会肌体留下之“癣”，依然存在。在这种情况下，我们能说解开了“牛皮癣难题”吗？因此，我个人还认为，这道“牛皮癣难题”，不是城管部门单方面能够解开的，也不是任何直接针对“牛皮癣”的具体措施能够奏效的。因为打击的重点，不能局限于“牛皮癣”的制造者，对他们加重处罚，使之无利可图；更应该扩展到利用“牛皮癣”的“服务”而直接或间接的受益者。这是一个系统工程，城管部门当然力有不逮。

（2003 年 10 月 31 日）

“秒”声中透出浮躁

10 月 31 日，广州历史上最大规模的建筑群爆破拆除成功，“整个过程只用了 4.75 秒”，位于黄埔区广州石化总厂的 12 栋宿舍楼就化为一片瓦砾。我之所以在直接引语的后面没有注明出处，是因为这样的表述字眼并不属于哪一家媒体的独创，接下来的转引也是同样。

随着旧城改造的推进，越来越多的地方开始选择定向爆破，不说别的，各个地方的“第一爆”便足以令人眼花缭乱。且不说众多的“第一爆”已渐有炫耀、攀比之嫌，倘若把林林总总的“爆破”归纳起来，还不难发现报道上的一个“通病”，那就是人们喜欢用“秒”来计量爆破拆除的时间。略举数例：2001 年 5 月 18 日的广州体育馆拆除工程，当时被誉为“中国第一爆”，整个体育馆“3.5 秒被夷为平地”；2001 年 5 月 21 日的“重庆第一爆”，高 9 层、33 米的大楼在“2 秒钟内被夷为平地”；2002 年 11 月 4 日的奉节古城爆破拆除，是继任“中国第一爆”，结果，“8 秒钟奉节消失”；2002 年 3 月 14 日的

"南宁第一爆"，2 秒钟内，"80 米烟囱乖乖伏地"；今年 9 月 9 日凌晨，50 年历史的北京全总工会大楼在"20 秒内消失"……

用"秒"来计量爆破拆除时间，突出了速度上的快。但这样的表述是科学的吗？显然不是。这个时间充其量只是爆炸时间，而在起爆之前，还有艰苦细致的准备工作。以广州石化总厂宿舍楼的爆破拆除为例，只有一位记者披露了"幕后故事"：该工程一次起爆 12 栋楼房，总建筑面积达 1.7 万平方米，爆破总装药量达 500 公斤，需用雷管 1.6 万发。这当中，仅完成炮眼的装药工作，就需要 20 多个工人用两天的时间。那么，打炮眼呢？切断那些钢筋水泥的梁柱呢？把外围柱子全部用铁丝扎上成堆的稻草以防碎块飞散呢？要花多少时间？没有人告诉我们，但我们知道，那是绝不能用秒计算的，而要用分、用小时、用天，也许还要用月！轰然倒塌的一刻固然壮观，但是没有过程的结果是无源之水、无本之木。

有人也许要说，用不着较这个真，用秒计算不过是形象的说法。但是我还是要说，这种看似习以为常的用法，实际上是国人只重视结果而不重视过程的心态在一定程度的反映，"秒"声中透出浮躁，并且这样一种心态正在不同的领域左右着人们的思维意识。在教育界，各级中小学大抵都是在为升学率而奋斗，应试教育因之迭遭诟病而阴魂不散。在学术界，以所谓年度在什么级别的刊物上发表多少篇学术论文，作为权衡学术水平的硬性标准，全然不顾学科本身的规律。在体育界，为了运动成绩和赛果，有的服用兴奋剂，出乖露丑；有的刻意避让强手，完全不顾体育道德……

过程决定结果，结果是过程的必然反映。对过程的认识产生模糊，社会就要付出沉重的代价，"大跃进"时期的种种荒诞事例典型不过。人们片面地追求产量，钢铁的、粮食的，全然不理会过程，能否实现，怎样实现，结果任由弄虚作假横行，社会整体浮躁不堪。从这些意义上说，凡事——当然包括对爆破拆除，我们还是应当多强调一下过程，强调过程不仅能否定急功近利式的行为，而且能够不断地总结、积累经验，使人们以平和的心态，踏实地专注于每一项基本工作，持之以恒。

（2003 年 11 月 7 日）

寺观只是烧香地？

几天前到广州光孝寺走了一趟。上一次来这里，还是参与《广东百科全书》寺庙部分的词条撰写之时。十来年过去了，寺的门前已经建成了一个大广场，没有了躲在民居里的感觉，显然是政府高度重视的结果。

民谚云：“未有羊城，先有光孝。”可见光孝寺历史的绵长。作为全国重点文物保护单位，光孝寺值得一看，但是具体到去看什么，可能一些人要犯嘀咕。因为长期以来，人们已经产生了一个印象：寺观即烧香的地方。寺观属于宗教场所，少不了一些宗教活动，也可以满足一些人的精神需求，但在今天，仅仅如此就显得不足了。

光孝寺内始建于东晋的大雄宝殿正在重修，拆卸下来的砖瓦、斗拱整齐地排列在一旁，想来是要重新组装回去，修旧如旧。在里面转了一圈，除了被四处的燃香熏得眼睛不大舒服，文化的味道却没有嗅出多少。观察进来的人们，目的似乎正是那一个：烧香拜佛。甚至有一个八九岁的孩子也在煞有介事地双手握着点燃的香火，上下捣蒜，口里叨咕着“妈咪”如何，大约是保佑了，他的妈妈则在一旁嬉笑。

光孝寺不应当仅是一个宗教场所或曰烧香的场所，还应当是一个弘扬文化的场所，人们来这里应当可以从现有遗存中了解光孝寺的历史，以点带面，进而了解羊城的历史。从这个角度来观察，光孝寺很缺少一些介绍文字。事实上，其与西汉南越王赵佗的玄孙赵建德，与三国时被流放岭南的吴国贵族虞翻，其与菩提达摩来华传授佛法，与六祖慧能在此剃度受戒，都有着极大的关联。这些知识，不应当只是经过钻研才能获得，而应当使游客在游览中自然而然地对羊城这座年代最古、规模最大的佛教名刹，产生好奇和了解的欲望。否则就如铸于南汉大宝六年（公元 962 年）的西铁塔，虽是我国现存最早的铁塔，然而因没有任何说明文字，也没有任何保护措施，游客也许就以为是寻常之物。

广东要建设文化大省，对宗教场所，更不能忽略其文化内涵。不仅光孝寺应该如此，任何留存至今的文化遗迹，都应当充分发挥其乡土教材的功能。

（2003 年 11 月 14 日）

沙面城雕的“品种”欠缺

广州市首批城市雕塑在沙面岛展列以来，部分市民提出了异议，认为沙面的地位特殊，雕塑只是强调中西文化的对比和碰撞，有刻意淡忘过去租界耻辱与牺牲者之嫌。

我认为这些市民的话有一定的道理。城市雕塑对于构筑城市形象确实具有画龙点睛的作用；同时，作为一种文化现象，它也应当承载着记录历史、反映传统、陶冶情操、审美享受和象征城市文明、弘扬城市精神等诸多方面。因而可以这样说，城市雕塑既反映着一个城市的审美追求，同时反映着一个城市的价值观念。暂时撇开城雕不谈，我们不难发现一种倾向，在全国不少沦为殖民者“势力范围”的地方，当年的建筑遗存变得吃香起来，成了招徕游客的卖点，本地引以为自豪的所在，有的甚至还要拿去申报世界遗产。我无意反对这样做，给中国人民带来灾难的毕竟是人，建筑无辜，不必像义和团那样沾了洋边的东西就不能容，搞狭隘爱国主义。但今天我们利用这些遗存，却也不能只是单纯地颂扬其建筑的精美与华丽，完全忽略其所由来，更不能不记得那曾经是自己的屈辱所在，毕竟当时的同胞为我们承受过巨大的灾难。

历史素来都存在温情的一面，但也存在残酷血腥的一面，即使从整体上禽兽不如的八国联军士兵中，也不难发掘出谦谦君子。那么，倘若只是以温情示人而遮掩血腥，那就是忘却历史。就沙面而言，其“门户雕塑”所表现的“笑迎天下客”：中国少女与西洋少女相遇，一个作揖，一个点头，相互致礼的情形，在当年当然是可能出现的场景；但当年的英国海军陆战队，也正是从沙面向游行中的中国老百姓突然开枪、开炮，当场打死59人，重伤172人，轻伤者无数，酿成震惊中外的“沙基惨案”。那一天是1925年6月23日。不错，广州现在有一条“六二三路”，还有沙基惨案纪念碑伫立在那里，表明我们没有忘记牺牲了的人们。但首批展列在沙面岛上的14座城雕，完全表现文化层面上的对比和碰撞，显然在“品种”上是欠缺的，部分市民感到不好接受也是可以理解的。

当年一副追悼沙基惨案烈士的挽联写道：“诸君慎之！到兹黑幕揭开，亲善和平，只是机关枪、巡洋舰；烈士已矣！但愿黄魂觉醒，同心戮力，做个平等国、自由民！”“平等国、自由民”已化作了今天的现实，当中英两国关系不再是“机关枪、巡洋舰”的时候，不意味不平等、不自由的时代就可以淡忘。《国歌》里不是仍然在唱“中华民族到了最危险的时候”吗？半个多世纪以来的历史证实，这曲时代危亡时期的最强音，传递着中华民族不屈不挠的精神，最能够成为鼓舞全民族奋发图强的精神力量。牢记历史，尤其是那些含有屈辱成分的历史，不是要和哪一个国家记仇，而是要时时提醒后人、激发后人，以怎样的心态和干劲建设好自己的国家。

我们没必要一味地陷于历史之中不能自拔，但也不能有意无意地忽略或淡忘历史。在沙面现有的14座城雕中添加一点内容不是什么难事，其实，即使添上了，如果只是一个形式在那里，也未必就等于铭记了历史。

（2003年12月19日）

保护古建筑还应着眼乡间

广东省十届人大二次会议一开幕，汕头代表团陈汉初等代表就联名提出《关于普查、保护我省各地旧建筑和古旧书等文化遗产的议案》。议案提到，随着城乡的改建，相当数量的旧建筑面临厄运，要对我省各地的古旧建筑进行普查，有一定年限和价值的应予以永久保留。

笔者非常赞同这个议案。但因为没有看到议案本身，只能根据报道来分析，以为该议案强调的是保护城市中的古旧建筑，借以提高城市的文化品位。最近，杭州已有了相关的做法，他们通过的《杭州历史文化名城保护规划》严格规定，在老城区 50 年以上的老房子，任何开发建设都不得拆除。我注意到，强调的也是杭州市区。在我看来，仅仅如此还不够，还应当把乡村的古旧建筑一并纳入保护范围。

提及古旧建筑保护，人们的目光往往集中在已知的、著名的、处于城市之中的，而易于忽视未知的、默默无闻的、处于乡村之中的。其实，比较起来，更能代表并显示传统文化特色的古旧建筑，更多地还是集中在乡间。梁思成先生于 1933 年 9 月发现的山西应县辽代佛宫寺释迦塔，为世界现存最高的木构建筑，其精湛的构造技术，使之得以屹立近千年而不倒。倘若梁先生的足迹未至，此塔也就“养在深闺无人知”了，能不能幸存到今天，还很难逆料。

实际上，乡间潜藏着无数这样的、有待识别的文化宝藏。春节期间笔者到了贵州的几个地方，平坝的天龙屯堡、青岩的花溪营盘等等。屯堡，是明朝大军征服贵州后推行屯田的遗留，因而这里的人们还保留着明初的各种习俗，说的是普通话，穿的是“凤阳汉装”。这支奇特的、一直被认作是少数民族的汉人，就是在上世纪 80 年代初才被“认识”的。营盘，即古代的军营。花溪营盘保存得相当完整，外墙全部由大小相间的石块砌成，绵延起伏，而且纯粹处于野趣状态中，如果不是一位二话不说就在前面带路的老乡，想上去还真不容易。但老乡说，这里准备开发，建成动物园，还要铺条大路，让游人可以骑马上山。听了这话，犹如兜头被泼了盆冷水，此种开发已经说不上是保护还是破坏。

再往前一点追溯，15 年前笔者在本省封开县罗董镇生活的时候，去过一个名叫杨池的村子，记得村子相当偏僻，农夫车走到一半连路也没了，要步行进去。而翻过山坳，令人吃惊的是一座布局相当考究的村落赫然呈现眼前。走进去，更是清一色的高堂大屋，清一色的石条铺路，青砖黑瓦，雕梁画栋，局部细节，无不匠心毕现，迥异于该镇其他村落。当地人说，这村落有八九十年历史，也有的说超过一百年。究竟多少年，究竟为什么存在，我没有考证过，因为马上要撤回来了，也因为那里实在偏僻，更因为懒惰，甚至没有留下任何资料图片，至今懊悔不已。我不知道这村落现在怎么样了，但以为理当在陈汉初代表的议案之列，有效地保护起来。等到破坏了，恢复就晚了，不仅代价巨大，而且即使恢复了，也是假古董，文化含量上打了折扣。

保护古旧建筑被人大代表写入议案，让我们预期到了政府对古旧建筑保护力度的加大。我以为，这一方面是广东建设文化大省的需要，更重要的，还是应该为了从根本上保护和弘扬民族文化遗产，传统的链条无论如何不应该随着现代化的进程而断裂。

（2004 年 2 月 13 日）

不太惊奇“枪手网站”

最近，广州一些“枪手”明目张胆地建立网站招揽生意，包括MCSE（微软认证系统工程师）、CCNA（思科认证网路工程师）、

CCNP（思科认证资深网路工程师）等在内的40余项国际IT认证考试，居然全部可以代考，其系统性、专业性已达到让人瞠目结舌的程度，并承诺“完全没有风险”。

老实说，看了这则消息并没有很吃惊的感觉。我想，主要是我们这个社会——至少在当下，“明目张胆”的事情太多的缘故吧。看央视《焦点访谈》的曝光类报道，这种感觉会尤其强烈，对那些曝光前后全然两副嘴脸的官员恨不能批他几个耳光。《中国农民调查》一书正在热遍全国，两位作者前天做客央视《面对面》。书中开篇写到的实例，安徽利辛农民丁作明反映农民负担问题而被当地派出所活活打死。此案在惊动中央之后，县里为了缩小事态的严重性，还明目张胆地汇报说丁的死与农民负担无关呢！除了那些瞒报矿难的、边干坏事边被提拔的，还有多少明目张胆的事情?！添一个“枪手”建个网站，委实只是添了一个“领域”而已。或者说，只是一个“小巫”而已。

我之所以对广州的“枪手”网站不很吃惊，还在于这几年来，关于“枪手”的报道就不曾断绝，举凡大学英语四六级、成人高考、研究生、公务员等考试，常有“枪手”现形；作弊者除了学生，还出现了机关干部、政府官员。可以说，“枪手”涉及的考试范围已越来越广，大有涵盖一切之势。猖獗到这个程度，蹦出个网站，实有点儿顺理成章的味道。

造成“枪手”现象屡禁不止的原因，除了报道中人们已经提到的之外，我还想从文化传统上作一点补充。李宝嘉的《官场现形记》里，有位不学无术的太守公在“足足盘算一夜”之后，就“忽然悟到”：“凡是考试都可以请枪手”。其实在他之前，“枪手”早成风气。今天发现的那些抄满文字的坎肩背心长袍、巴掌大小但印制精良又显然是用于作弊的《四书》《五经》，都是明证。在科举时代，防备“枪手”的措施之一是“面貌册”，那时候没有照片，于是寥寥几笔记下考生的面貌特征作为参考，因为记载过于简略，往往闹出许多笑话。如今的“准考证”就是在“面貌册”的基础上发展起来的吧。人是能核对准了，但从“枪手”“蔚然成风”的严酷现实来看，“准考证”早已力不从心，为此，有的省比如湖北，在去年成人高考中还首次使用了“指纹比对系统”。如此先进技术引进考试领域，对杜绝舞弊或许能产生功效，但也同时折射出，我们这一方面的国民性并没有丝毫的长进。

想必读者诸君看得出，我之对“枪手”网站不感惊奇，不是对这一社会畸形现象不感到痛恨，实乃“哀莫大于心死”。“枪手”们屡屡能够派上用场，形成“产业”，当事的一方或者双方必隐藏着不可告人的一面，那么，这个看起来是当事双方的问题，实际上已构成严重的社会问题。

（2004 年 2 月 17 日）

找初恋情人干吗

广州时下“寻找初恋情人”的生意很旺，据说开展此业务的调查机构已达五六十家。而这起“寻找”风从南京刮起之后，已经在全国不少城市火暴上演，成为时尚。

每个人都有自己的初恋，一如美国经典电影《1942 年的夏天》的宣传词：“每个人的生命中，总有一段 1942 年的夏天。”那部电影的故事情节很简单：二战期间一个海岛上，一名少年（即主人公）非常迷恋他的邻居——一名已婚少妇；在接到丈夫阵亡的通知后，少妇离开了海岛。但影片懒洋洋的夏日情调，加上次年获得奥斯卡奖的优美配乐，非常令人陶醉；同时也把单恋少年的紧张、害羞，把青春的萌动渲染得淋漓尽致。“1942 年的夏天”在主创人员那里，正是“初恋”的代名词。在影片结尾，离开了的少妇留给主人公一张字条，告诉他“很快你就会找到一个合适的记忆”。后来，声音已经成熟的主人公旁白：“从那个夏天以后，我再也没有见过她，也不知道她后来怎么样了。生活必须经历许许多多，总有一些会被遗忘。”正因为初恋的美妙，埋藏在心底里咀嚼回味足够了。

我不大明白的是，今天的人们寻找“初恋情人”究竟想要干什么。只是单纯地好奇当年的恋人现在的境况，还是有其他什么目的？不知怎的，看这篇报道的时候，西汉朱买臣的影子总是在脑袋里挥之不去。《汉书》说，朱买臣当上了会稽太守，曾经把前妻连同她的丈夫一齐找来，“给食之”，供养在他的官邸。前妻改嫁的是“杉青闸吏”，地位上与太守哪可同日而语？那么朱买臣的用心其实很清楚：炫耀之余进行羞辱。瞧你现在那副熊样子，要是跟了老子，哼！自讨苦吃，根本没享福的命。传统戏剧里为了更加有效地羞辱朱买臣前妻，还把原本属于姜太公“马前泼水”的故事移植到朱买臣身上，变成了朱买臣终于科举中官之后，前妻拦马认夫，于是乎，朱买臣玩了出马前泼水，说“若能离更合，覆水定应收”。

朱买臣是召见前妻，今人是在寻找“初恋情人”，二者固不可以画上等号，但性质没什么两样。况且报道说，委托寻找“初恋情人”的基本上都是三四十岁的成功人士，这就更有那么点儿“朱买臣”的意思了。据经营此项业务的一家公司称，他们代人“寻找”有两个原则，一是不破坏被委托调查的对方的家庭，二是委托人的动机应该是善良的。怎么才能鉴别出动机的善与非善，且不去管它，就这两个原则而言，其实可归为一个，动机不善良的，必然要构成破坏，这是因果关系。那么，有市民对这种单方面的、毫不顾及他人情感的“寻找”感到“恼怒”，觉得“很无聊”，就非常可以理解了。朱买臣前妻“自刎而死”，历史上的看客们并不觉得过瘾，还给她立了“羞墓”。现实当中，不知有多少身为当事人的看客脖子伸长了多时，等得酸痛了呢！

明末清初的学者吴梅村有首咏朱买臣的诗，其中一句为：“是非难免三长史，富贵徒夸一妇人。”我们当然不能说，今人寻找“初恋情人”，就是要徒夸富贵，也不能恶意推断这是所谓“成功人士”心灵空虚的一个符号，但我想对“寻找”的人们说，生活需要“合适的记忆”。

（2004 年 2 月 27 日）

个案美还需整体美

省博物馆新馆的9个设计方案日前已经公开亮相，市民们可以通过现场或网上投票的方式，点评并选择自己最认可的设计方案。省博新馆是广东“十五”期间的一项重大的文化工程，也是广州市的标志性建筑，由市民来做“裁判”，是尊重民意的一种表现。设计方案刚一展出，就立即吸引了大量市民前往，显然也达到了应有的效果。

我没有去到现场，但从展示的9个设计方案的图片来看，觉得有一点不足，就是这些方案都是“孤零零”的，没有周围的其他建筑做参照，那么，这种投票选择不免“只见树木不见森林”。但到将来落成的时候，博物馆显然不是孤立的存在，至少我们知道它与“方形”的广州歌剧院左右呼应。就一个孤立的建筑来投票，将来的效果会是怎样，就令人有一点担忧。近年来不少城市雕塑遭到诟病，“滥”和“烂”是一方面，“放错了地方”则是另一方面。一座城市雕塑被放置在公共空间时，要想达到应有的效果，必须与周边的环境、建筑体量、文化氛围有机地协调起来，才算是适得其所。建筑物也是一样。在我居住的中山大学校园里，近十年来兴建的好几座建筑都惹来师生的非议。单个地看，它们都有其设计的理念在里面，也算看得过去，但放置在校园之中，就显得极不协调，尤其是先前就在此生活、对没有这些东西时的景观记忆犹新的人们看来，新的那些建筑不仅突兀，而且破坏了整体上古色古香的氛围。

有关专家认为，参与省博物馆新馆设计竞赛的各家单位，其拿出的成果均符合既定的技术要求，9个方案各有特色，体现了不同的风格。那么，要市民拿主意的，实际上只是外观的选择，这就更不能单纯地就博物馆而博物馆，而需要衡之以周遭的建筑及环境。即便市民无须到现场踏勘，这个问题现在也容易解决。去年北京搞了一个“北京城记忆——数字影像展”，把那些消失了的古城门、城楼，用数字技术复原，淡淡地叠加在如今的原址照片上，使它们生动逼真地“复活”在公众面前。讨论一个设计方案的优劣，不妨借鉴这一方法，把那里已有的，或设计方案已经拍板的各种建筑用数字技术整体展示出来，这个时候再来投票哪个设计方案更好，就不仅是单纯地打量它的外形了，与周围的其他建筑、自然环境是否有机地融为一体，可能更应该是人们考虑的因素。

这种考虑，我以为更适用于在现有的老城区中见缝插针的新建筑。我们逛广州市的上下九路步行街，正在为老广州的历史风貌所陶醉时，会兀地看到一座大煞风景的“荔湾广场”。这个广场典型地被“放错了地方”。在历史名城尤其是历史街区里怎样营建，越来越成为检验城市文化审美的尺度。其实我们已经不乏这样的榜样。当代设计大师贝聿铭在法国罗浮宫的中心庭院里，为地下展室设计了一个全然属于现代派手法的“金字塔玻璃顶”，给那古老的建筑群注入了一股勃勃生气。北京天坛的祈年殿美轮美奂，实际上天坛是明朝永乐年间的产物，“坛龄”差不多有600年了，而祈年殿的“殿龄”才不过100来年，正是最后一位复建这殿堂的工程师，既“尊古”而又并不“泥古”，留下了令人叹为观止的杰作。

对耗资24万美元、总投资达9亿元的省博物馆新馆，人们有理由寄予厚望。我相信，9个设计方案个个顶呱呱，但如上所述，个案美还需整体美。因此，单纯地就方案来选择方案，多少有一点盲目。

（2004年3月12日）

由“沙面第一楼”改建所想

始建于1899年的“沙面第一楼”，正在被改建成西关文化馆。馆内将设立粤剧功能室、十三行专题展览中心等，所有活动均将免费开放。这个改建，主要是广州市荔湾区为了迎接本月“广东省文化先进区”的评审，但我想说，这种做法，未尝不可视为对那些“榜上无名”的文物进行有效利用的有益尝试。

文物保护分不同级别，国家级、省市区县级，保护级别的划分依据文物的价值而言。“沙面第一楼”属于什么级别，报道没有交代，因而我臆测其暂无级别。但从“绰号”上看，其在沙面的重要地位毋庸置疑。笔者日前采访了广东民间工艺博物馆（陈家祠）馆长黄淼章，黄先生有一个观点认为，博物馆若要对观众产生强烈的吸引力，载体本身的魅力应当是一个重要因素。他举例说省内接待观众名列前茅的几个博物馆、纪念馆，都是依托文物作载体，而投资巨大的新的文化设施，人们因为要有一个认识和适应的过程，难以起到立竿见影之效。比如广东民间工艺博物馆，依托集岭南地区民间装饰艺术之大成的陈氏宗祠；东莞鸦片战争博物馆，依托林则徐销烟池遗址；佛山市博物馆，依托祖庙建筑群；中山翠亨村孙中山故居纪念馆，依托中山故居。这些响当当的全国重点文物保护单位，其本身对观众就有一种诱惑。

黄先生的这个观点，我极其认同。载体的魅力的确不可小觑。我在中山大学读书的时候，我们人类学系的大楼又叫“马丁堂”，当时以为这就是普通的3层建筑，对墙体里嵌着的凿有“AD1905”（公元1905年）字样的岩石并未以为意。后来，当我得知马丁堂是岭南地区最早的钢筋混凝土建筑之后，就由衷地有了崇拜感。这个事实如果能够广而告之，我想，人们来到中山大学，必有一睹其“岭南第一”风采的欲望。“沙面第一楼”将设十三行专题展览中心等，是一个很好的创意，但也隐约觉得有一点不足：“区钢琴培训中心”等完全可以移至他处，何不利用这栋6层共5400平方米西式建筑的号召力，把它改造成一座完整的西关历史文化博物馆？

最近，上海市公布了635处“不可移动文物”名单，此举意味着上海对非国家、省市、区县级文物保护单位的历史文物的保护，进入了一个实质性的启动实施阶段。所谓“不可移动”，按我的理解，是必须保护而不可以易地而建的文物，直白地说，城市规划要为它让路，而不是相反。这些"不可移动文物"主要有名人故居、革命旧址、古代建筑、著名店铺、特色民居等。据悉，以后还会陆续有新的"不可移动文物"公布。可以预见，在上海飞快的城市化建设进程中，它将对促进文物保护起到举足轻重的作用。在使用"不可移动文物"方面，他们规定必须遵守不改变文物原状的原则，负责保护建筑物及其附属文物的安全，不得损毁、改变、添建或者拆除"不可移动文物"。在这一点上，"沙面第一楼"可以说与上海的做法不谋而合。不同的是，上海的建立在法律基础之上，文物的生存具有相当的安全系数。

如何切实保护暂无"级别"的历史文物，进而保护城市历史文化风貌，是整个社会必须面对的一个严峻课题。实际上，保护这些稀缺的不可再生资源，是在保护历史文脉。广东建设文化大省离不开文化设施，但我以为，与其大手笔投入多少亿元建新的，不如以同样的大手笔先投入那些旧的、承载过历史沧桑的、具有相当文化含量的古代及近代建筑，把它们利用好，也是一种思路。

（2004 年 4 月 16 日）

万木草堂在无言哭泣

5 月 12 日《广州日报》的一则报道说，康有为当年的讲学之地——万木草堂的旁边，正在大兴土木建造一座商场，二者中间只隔着一条不到 1 米宽的小巷。目击者在现场感受到，"打桩机每进入一次，万木草堂砖木结构的墙体都会轻微颤抖"。这家未来商场的名称，干脆还顺手牵羊，就叫做"万木草堂复建商场"。

万木草堂在中国近代史上的地位，无须在此赘言。即便当事人不知道，那块挂着"广州市重点文物保护单位"的招牌也多少点明了它的价值。或许，动土的人正是明了这一点，才想到了打万木草堂的主意。前两天，北京平谷出产的桃子、葡萄之类不是也在申报注册“天安门”商标吗？这些水果尽管“无农药、无化肥、无激素”，但无论怎样，与“天安门”本身都毫不搭界，它们要搭的只是这个家喻户晓的品牌的车。广州的商场早就多得数不清了，再多几个，没什么稀奇，但搭上万木草堂的车可能就不同了，不仅在“名分”上能吸引人们的眼球，还显出了“文化含量”，尽管二者也是毫无瓜葛，而且“复建”二字用得那么不伦不类。

这个“所有手续都十分齐全”的在建商场，是怎样办齐所有手续的，我不知道；但我知道，保护并修复万木草堂的呼声已经有些年头了，就在今年 2 月的省政协会议上，省台盟孔令人委员等还提出建议，以万木草堂为核心兴建文化广场，以期能够更好地促进对这一历史遗址的维护，并扩大其影响力。现在来看，就在孔委员等人建议提出的时候，人家已经在一个月前开工了；倘若不是一位文化界人士“无意中发现”热火朝天的工地而向报社报料，还有两个月，人家就要竣工了。让我们感到诧异的是，那么多的呼吁在这个小小的三层商场面前是那么脆弱，那么不堪一击！同样令我们感到诧异的是，事情披露之后，文化部门仅仅感到的是商场命名的不妥，而不是商场本身该不该建。一如昆明“女体盛”被叫停，理由不是其中“盛”着什么货色，居然是作为食品工作人员的女大学生“不能出示健康证，工作时未按要求穿戴”。当然，能不能叫停这个在建的商场，还是个未知数。

广州缺商场还是缺万木草堂？不要说我们正在建设文化大省，即便没有，这个问题也不言自明。拥有两千多年历史的广州城，有着不可限量的发展前途，而旧时沉淀下来的、能够提升城市内涵及品位的遗迹早已屈指可数。诚然，商场并没有吞噬草堂，但二者的比邻而居，却并非可以相得益彰，商场的喧宾夺主将随着人们对万木草堂的真正重视而日益显现。我不能明白，规划部门批准商场兴建的动机究竟是什么：是认为万木草堂不过是“市重点”，保护级别不高，无所谓，还是那块“旺地”闲着太浪费了，如此可以带来可观的经济收益？无论是前者还是后者，都是规划者的短视，须知康有为弟子之一的梁启超，其故居早年只是“新会县文物保护单位”，而现在，已是“全国重点”。关键的是，对重要文化遗迹该不该保护、怎样保护，决不能首先衡之以经济效益。文化一旦沦为经济的附庸，就丧失了独立品格，就有了“伪文化”的嫌疑。

万木草堂在打桩机下的“颤抖”，不妨理解为它在无言哭泣。

（2004 年 5 月 14 日）

由骑楼复建说复建

广州市的中山三、四路将复建骑楼，恢复岭南传统商业街的风貌。对这则消息，开始时有一点惊讶；继而看到，该复建不是要重建一条传统的商业街，而是力图通过新的规划、新的设计意念，寻找中山路传统的场所精神，乃感到些许释然。

我的那点惊讶，源于全国不少地方在看到了“文化”具有新的利用价值的前提下，对文物的复建已有渐成风气的趋势。比方说那些仅仅因为城市建设就毫不容情地拆掉的历史名人故居，那些香火断了多年甚至几百年的古刹，那些代表了本地昔日辉煌的知名建筑，尽管有的早已不得其详，但都在有模有样地复建。还有的干脆就是捕风捉影，把传说中的、原本子虚乌有的东西“复建”成现实的存在。有个作家杜撰出乾隆皇帝曾经六次游览江南某个小镇，当地已在煞有介事地开发。作家洋洋得意地说，要不了几年，假的也能成为真的。

这当中最具代表性的，远的要算喧嚣一时但终于没能实施的圆明园复建，近的则要算正在进行中的北京永定门城楼工程。本来，后者是北京人文奥运的第一工程，不应该说三道四，但既然已经开工了，发一点“杂音”也就无妨，反正也不影响什么——其实，没开工的时候说也影响不了什么。在我看来，永定门不如不复建。支持复建的理由，主要是说永定门城楼位于北京城中轴线的南端，它的被拆除，使得老北京的中轴线变得不完整。但是，从它20世纪50年代末被无情地拆除那一天起，中轴线不就已经人为地造成不完整了吗？按照这样的理由，北京城被拆除的城门都应该复建。北京奥林匹克公园固然正位于中轴线北延长线的顶端，但它毕竟只是众多端点中的一个，北京城原本是一个构思严密的整体，南北的端点有了，还有东西的呢！

《中华人民共和国文物保护法》第二章第二十二条明确规定：“不可移动文物已经全部毁坏的，应当实施遗址保护，不得在原址重建”，“因特殊情况需要在原址重建的”，需要报请相关部门批准。1964年在威尼斯通过的《国际古迹与修复宪章》也反对文物任何复建。按我的理解，类似三峡兴建水库，文物处于淹没区而不得不挪个窝的情况，类似享誉盛名的建筑毁于天灾、战祸的情况，如此等等，才算得上“特殊情况”。而如原本的永定门等，完全毁于长官意志怎么可以复建呢？从现在的事实来看，“特殊情况”已经变成了“普遍情况”，谁宣称想要复建什么，弄来钱，就可以复建什么。

倘若复建文物建筑真的提高了文物意识，倒也值得嘉许，偏偏诸多复建显然是功利性的，因为有许多货真价实的文物正面临岌岌可危的命运。“毁掉真文物，建个假古董”，且不说这实际上是对待文物的一种儿戏态度，热衷于此道者还应该明白，复建的玩意再逼真，即使用的是原来的材料，它也不是历史建筑，更谈不上是文物。复建令人忧虑，在于其会起一个不好的示范：对文物可以挥之即去，招之即来。就是说，毁不毁没关系，哪一天又需要它了，重新来一个就是。从被不屑一顾而遭拆除，到被视为资源加以利用开发，文物建筑命运的这一转变值得深思。

广州城历两千年而城址的中心位置始终没变，可见中山路的骑楼并非原始建筑，而是建筑与时代因素相结合的产物。复建的中山三路、中山四路，“让历史与现实和谐地共鸣”，显然比那些所谓“原汁原味”的伪文物要更有意义得多。

（2004年5月28日）

慰安所旧址的保护问题

7月7日的《信息时报》对侵华日军在广州留下的五大慰安所旧址进行了寻访，确如报道所言，“很少有市民知道浸染着妇女血泪的慰安所曾在广州真实存在过”，笔者即为其中之一。报道同时指出，对慰安所旧址是否应该列入文物保护单位，还有一定的争议，并列出了正反方的观点。这个问题的确值得讨论一下。

今年是七七事变67周年，不久前曾有有识之士出了一道“考题”：诺曼底登陆60周年时，我们国内的很多媒体都跟着热热闹闹地庆祝了，欧洲胜利日大抵也能说出来，但我们祖国的抗战胜利纪念日是哪一天呢？这个日子可是经过新中国认定而沿用至今的！该发问者是重点中学的一位历史老师，结果，“问了所教高中6个班的学生和所在办公室的老师，无一人答对”。其实，在更大的范围内来个同样调查，也未必有几人答得上来。

日本侵华，留给中国人民太多的创伤。在笔者出生并工作过的齐齐哈尔市，今年以来就接二连三地发现日军遗留的炮弹、毒气弹，严重威胁人民的生命财产安全。去年8月4日，齐市还发生了侵华日军遗弃毒剂伤人致死事件。前两年回乡省亲，发现嫩江岸边当年日本鬼子四五层楼高的炮楼仍然有好几个完好无损，在旷野中虎视眈眈。事实表明，即使我们一些人对历史模糊了、淡忘了，但现实实际上仍然在不断提醒人们那些曾经饱受的屈辱。问题是，国人对触目惊心的现实提醒已经记取了多少？又能够记取多少？很多人连抗战胜利纪念日是哪一天都搞不清楚了；6月25日，某个大电视台的少儿频道里，一个以“老者”形象出现的人站在卢沟桥上，甚至对孩子吐出了“那个七七事变哪，一共打了七七四十九天”的昏话！

现在，广州发现了慰安所旧址，而且有五个之多。笔者丝毫也不否认，慰安所里浸染着妇女的血泪，记录着日本军国主义者摧残人道的罪行，但我仍然赞同上面报道中的反方——省政协副秘书长林雅杰先生的观点：广州慰安所旧址的保护价值不大。我这样认同，并不表示全盘不要，我们需要保护的应该是那些具有标志性意义的慰安所旧址，而不是发现一处、保护一处。因此，不久前，南京市对拆不拆位于利济巷 2 号的、亚洲最大且保存最完好的慰安所旧址也曾引发争论，对这个问题我就是属于坚定的保护派。概因为南京是当时陷落了的国都，特殊的历史背景使这座建筑承载了相当的历史使命，况且，那个“大院的每个角落里都发生过惨绝人寰的事件”。所幸，当 7 月 8 日也就是昨天，该慰安所的“大限”来临之际，南京市政府决定目前实施迁而不拆——将居住在里面的群众在雨季前迁出，相关旧房现在不拆。决定虽然留了个“尾巴”，但毕竟有了继续力争的余地。

在中国人民饱受屈辱的那段岁月，对于日本军国主义来说，不仅广州，甚至包括整个中国都是他们可以自由进出、肆意妄为的“慰安所”。他们踏上我们这块古老而丰腴的土地，就是为了最大程度地蹂躏我们民族的自尊！在今天，我们以怎样的姿态面对旧时的屈辱，重要的在于整个民族对此的记忆究竟有多深，又怎样转化为建设国家，使之富饶、强大的精神动力。倘若做不到这一点，各地的慰安所即便都成为文物保护单位，对抱着不同心理和怀揣不同动机的人们而言，其所产生的警示作用究竟能有多大，恐怕也是一个尚可存疑的问题。

（2004 年 7 月 9 日）

落伍的“意头”要摒弃

广州市血液中心的流动采血车因为触犯了一些商家的“意头”而被赶到偏僻角落，这样的咄咄怪事却的的确确发生在北京路商业旺地。触犯了他们的什么“意头”呢？概因为在粤方言的语意里，“放血”有亏本的意思，而采血车的基本使命，是接受自愿者前来献血，于是，在商家们看来，采血车抽血，相当于“放血”；而在自己门前，兆头大大地不好。

何谓意头？查《辞源》、《现代汉语词典》等皆无释义，看起来要查方言词典才行。从“放血”能联想到影响生意，“意头”实际上成为了象征、寓意的一种。通过谐音、借助外物，以寄托某种希望，或求得心理平衡的做法，不独在粤方言的人群中存在，而是一种世界性的、民族性的普遍民俗世象。殷墟出土的甲骨文，当时就是用来占卜的，商代的人做一件事情之前，都先问问凶吉。按照施耐庵先生的说法，晁盖在出征曾头市之前，“风折认旗”，是主帅遭难的征兆，结果果然中了史文恭的毒箭。至于端午插艾蒿以期驱除毒虫、中秋吃月饼祈盼团圆，也都属于此类。趋利避害、憧憬美好，诚乃人的本能，并无可以指摘之处，但是，所谓“意头”之类却终究只是冀望而已，心理预期与客观事实之间并没有必然的联系，如果笃信不疑，就很不明智。

在今天，义务献血是一项公益事业，采血车是服务此项事业的载体。关心时事的人们都该记得，今年 4 月，一场多年来少见的“血荒”在广州骤然出现，广州血液中心血液库存量即将面临枯竭。按照正常水平，该中心每天的血液库存量应该是 20 万至 30 万毫升，但 4 月份曾经有一天仅剩 5 万到 6 万毫升！为此，从 4 月 20 日起的一个多星期里，广州血液中心不得不提出建议，医院非紧急必要的手术要暂停进行。“血荒”的出现，由各种因素造成，无偿献血量的减少是其一，而无偿献血量已占到广州市各大医院临床用血量的 65%。这就是说，大力提倡无偿献血将是今后有关方面的一个工作重点。在固定献血点远远不足的情况下，流动采血车正是必要的补充。

北京路的采血车从旺地到蜷缩一隅，已经影响到了血量的采集。这里面，有关方面不把步行街的中心旺地租给无利可图的采血车是问题的一个方面，另一方面，还要归咎笃信“意头”的商家。就民俗事象本身来说，从来都是精华与糟粕并存。随着时代的变迁，属于积极的、向上的一类应当保留，而那些落伍于时代的、属于糟粕的一类必须坚决淘汰。端午节挂艾蒿原来也有驱除妖魔鬼怪等邪恶东西的迷信色彩，今天就见不到了。剔除糟粕，需要社会的诱导，不能采取迁就的态度，流动采血车设在哪里便于人们献血，就应当坚决地设在哪里，叫走就走，像个受气的媳妇一样委曲求全不行。在这个问题上，顾及的应该是关系到患者生命安危的大问题，而不是商家因“意头”所导致的不该成其为问题的小问题。

由商家对“放血”的过激反应还想到，平素里动辄所见的“大出血”、“跳楼价”等等，纯属虚张声势，骨子里透着虚伪。人们义务献血，为社会做贡献，还没有放他的血呢，他的那根脆弱的神经都已经承受不了了！商家其实心里也明白：经营上的成功取决于自己的经营策略和经营手法，而不是所谓“意头”。但是他们现在对流动采血车表现出来的态度，已经落伍于时代，应当摒弃。

（2004 年 7 月 30 日）

学者当少一点“本土情结”

在 8 月 4 日封开县举办的“广东封开：岭南文化发祥地论坛”上，我省 5 位专家教授向外界郑重公布了他们十多年来的研究成果，那就是：封开是岭南文化的发祥地。

笔者在封开曾经生活过 1 年时间，浏览了若干县志和史籍，对封开的文化历史地位有粗浅的了解，因而对这个结论没有多少异议之处，5 位专家从学术的角度予以进一步的坐实，更印证了自己的看法。专家们支持结论的论据有五大点：封开是岭南最早的人类繁衍生息地，“封开人”牙齿化石距今 14.8 万年，比曲江“马坝人”早 2 万年；封开是岭南最早的“首府”；封开是岭南主要方言——粤方言的发源地；封开是海陆丝绸之路最主要的对接点；封开历史上孕育了一批历史文化名人。从这些论据中，笔者学到了两点新东西：一个是“封开人”的称谓，另一个是封开乃“海陆丝绸之路对接点”。在我的印象中，考古工作者在封开境内的峒中岩、黄岩洞等地发现并挖掘出的古人类化石，虽然是迄今发现最早的岭南古人类遗存之一，但是如同称呼“元谋人”、“北京人”、“蓝田人”乃至“马坝人”一样称呼“封开人”，似乎还是第一次——此前称黄岩洞遗址，须知，这种称呼不是可以随意为之的，而涉及考古学的命名原则与程序问题。因此，封开古人类遗存的地位是不是可以以“××人”来命名，还有待权威的结论。

另一方面，对封开乃“海陆丝绸之路对接点”之说，我也持一点保留看法。报道没有对此展开，只是从地理位置上简单地交代了几句，暂时不得其详，要留待日后查阅本次论坛上的相关论文了。从逻辑关系上看，这个说法可能存在，比方倘若丙地位于甲、乙两地之间，很可能形成来往的中转站。然而，汉武帝派遣张骞“凿空”西域，开通了举世闻名的丝绸之路，出现“丝绸西去，天马东来”的盛况，那是有确切年代的；而海上丝绸之路始于何时——汉还是宋，甚至包括始于何地——广东徐闻还是福建泉州，都还争议颇大，双方各说各的，没有定论。这就引发了最关键的一个问题：海陆两条丝绸之路之间，究竟有没有一定的逻辑关联？即便有的话，如果一定要找“对接点”，那么这样的“点”也要不知凡几，封开的“最主要”，恐怕只属于“大胆的假设”，“小心地求证”了吗？

由此想到学者研究的本土化倾向。对围棋的发源地，山西的学者考证出在山西陵川县的棋子山，浙江的学者则考证出在浙江衢州的烂柯山。我们都知道齐天大圣孙悟空是个神话小说里的人物，他可能有原型，但不可能是确切的存在，而6月份看到一条消息说，福建学者在顺昌县“不仅发现了孙悟空的出生地，还发现了孙悟空和他哥哥的墓地”！概而言之，当下一些学者的研究，有“本土情结”过于浓重的倾向，往往事前已经预定了结论，剩下的只是找寻证据；而在这个过程中，又往往只是选择对己方有利的证据，对不利的，视而不见。这种研究倾向对于揭示客观真实的一面，对于对读者的诱导，应当说有害无益。

因为曾经生活过，我对封开一直怀有深厚的感情。尽管如此，我还是认为，对封开在历史上曾经拥有的辉煌地位，应当予以肯定，但不必刻意拔高。

（2004 年 8 月 13 日）

炒卖西关大屋是件好事

如今在广州有这样一种生意：低价收购破旧的西关大屋，然后以原汁原味的材料进行修葺，再转手卖出以获利……据说，这种一举两得——主观上赚钱，客观上保护的“炒卖”生意已经引来了二三十名精明炒家的参与。对这一行为，专家怎么看？南方日报记者日前采访了致力于民间文化保护的冯骥才先生。冯先生对此有喜有忧：喜的是人们重新认识到了老屋的价值，忧的是炒家的“目的并不是为了保护，而仅仅认为是一种时尚的市场商品”。

由冯骥才先生谈这个问题，真的是找准对象了。这些年来，冯骥才先生给人们的印象，就是在任何可能的场合，呼吁重视民间传统文化；与此同时，在老城老街的废墟中“像潜水作业一样”不遗余力地搜集“老东西”。在他生活的天津，他甚至请过一批专家，历史的、建筑的、民俗的，还有几十位摄影师，每条街、每条胡同都看，做地毯式考察，进行“旧城文化采风”，把辑成的画册《旧城遗韵》、《天津老房子》——包括了天津的码头、租界、老城区，送给城市的管理者们。可以说，他的作家身份，已不如他的民间文化“守望者”身份更能引人注目。这样做的目的只有一个：希望管理者们对民间传统文化引起重视。冯骥才先生的一个观点是：“我们正在乐呵呵地破坏自己的文化！”破坏的造成，政府部门有不可推卸的责任；而制止这种破坏，也只能依赖“系铃人”。

不过，对待炒卖西关老屋，冯先生其实不必忧虑。诸多由民间传承至今的文物，比如古人字画等等，曾经的经手者未必就是保护的意识有多强，也未必不是把它们当作商品，但在客观上却起到了保护的效果。西关大屋，一如北京的四合院、上海的石库门，不仅是广州历史沉淀的最好见证，而且在中国民间建筑史上越来越具有符号性的意义。一项统计数字说，这样的西关大屋尚余120多座，且年久失修。前两年本地媒体针对调查到的事实还在呼吁：谁来维护西关老屋？现在，"炒家"们应声而出了。他们到旧货市场或收藏者家中购买各种各样旧时大屋常见的家什器具，把旧屋精心装点，待价抛售。应当承认，他们的整饰修复为这些大屋增添了获得新生的契机。况且，他们大都是广州本地人，对西关文化有一定研究，对西关大屋有种浓浓的依恋。尽管他们在"炒"，但没必要忧虑或者苛求他们的动机。

毫无疑问，包括建筑遗产在内的民间文化是中国传统文化的重要组成部分。但在今天，民间文化却正在失散，失散于工业化进程中一些国人缺少对传统的自尊心和自信心，失散于决策者们对民间文化有意无意的一种轻视。老手工艺人大多后继无人，老房子大片被推倒，传统艺术日渐式微，一种比喻说，民间文化正面临着"摧枯拉朽"般的灾难。残存的西关大屋，是记录广州特定历史发展阶段所造就的蕴涵独特文化气质的最后一批载体。当政府保护缺席的时候，民间来填充这一位置是件好事，未尝不是找到了一种保护的新模式。这时，政府倒不妨组织力量，探讨一下这种模式的必要性和可行性，甚至不妨来一个政府与民间携手，则我们对西关大屋的前景，就势必充满了信心。

冯骥才先生是注重"文化责任感"的人。反观广州本土，有这种文化责任感的专家学者似乎少了点，更不要说，缺乏一位如冯先生那样的"领军人物"。

（2004年8月20日）

谨防“躲”出来的卫生城市

广州市创建国家卫生城市已经顺利通过了省的考核鉴定。这是一件值得高兴的事情，生活环境改善了、生活质量提高了，人们看得见，感受得到。不过，“省检”期间的若干“插曲”，在大脑中却总是挥之不去。正如省考核鉴定委员会主任委员姚志彬所指出的，成果有部分是因近期的大规模行动取得的，如果不继续努力，将会前功尽弃。

按我的理解，这里的大规模行动的结果，当包括前几天大街小巷的不少餐饮店忽然齐刷刷地闭门谢客。9 月 13 日中午出去“填肚子”，发现几个平时挺红火的快餐店都关了门。随后看报知道，“省检”自是日开始。恍然大悟之余责怪自己愚笨，这是多么简单的一个逻辑关联？生活经验早就告诉我们，如果习见的“正常”现象忽然变得“不正常”了，那么，一定是有针对“正常”现象的行为发生。这当然同时意味着，“正常”本身其实是“不正常”。卖盗版碟的怎的忽然东逃西窜？哦，本月底在广州要开一个音像博览会。有一大型商家，合同期未到而让租户走人，理由就是他们卖盗版碟；租户则说平时就这么卖，从没见过他们管。

毫无疑问，关门的店铺是在不打自招，承认了自己或在证照或在卫生方面的不合格，闭门是为了“躲风头”。出于自我保护的本能，这一点也不奇怪，问题的关键是：他们这样试图蒙混过关，有关人士是否就“睁一眼闭一眼”地表示认账？综合媒体的相关报道，不能不为之产生忧虑。比方某些区的负责人不承认那是躲避检查，相反，认为那是在关门整改；至于许多档口为什么在同一时间一起关门，那是他们的自由，别人无权干涉，等等。在我看来，这不是正视问题的态度。有记者在采访中发现，有一些店铺正是“上面有人不让营业”

的，这个“上面”，有的是居委，有的是物业管理公司；有个物管公司明确要求没有相关证件的小吃店，“请于9月13日—9月15日暂停营业，如果检查发现不合格责任自负”。这些“上面”还有没有更“上面”在发号施令呢？不管有没有，在这种前提下，检查的效果就要让人存疑。因此，专家说检查情况比想象中的好，对此我只能做这样两种理解：一是专家们确实被蒙蔽了，看到的只是表象；一是专家们预想的情形比实情要更加恶劣得多。

谁都希望自己居住的城市安全、舒适、生活质量高，所以，广州创建国家卫生城市是件为百姓着想的好事。但姚志彬先生的“大规模行动”之说，以及“创卫”检查中的见怪不怪，让我们感到对这些餐饮店的态度仍然属于“运动式”执法，进而产生了一种非常矛盾的心态。从本质上看，我们不欢迎这种执法方式，它可能连标都治不了，更不要说治本；但从现实情况看，我们还离不开它，毕竟，在一些口号的驱动下，司空见惯的怪现象——不合格也能开张营业还能曝一曝光，与此同时，左近的人们至少也能知道，自己周边的哪些店铺是问题店铺。可叹的是，明了又怎样？这些小店一旦被迫歇业，市民竟感到了生活的不便，专家呼吁“不要帮衬无牌摊档”不仅成了一句空话，这种现象在逻辑上还构成了一个悖论：广州市要获得卫生城市的称号，消灭卫生不合格的店铺是题中之意；而事实无情地表明，这些货色有“野火烧不尽”的态势。

“省检”告一段落之后，自以为躲过了“风头”，不少档口又已悄然开张。下一步的“国检”将是不打招呼的暗访。倘若该被取缔的“躲”过了初一，又“躲”过了十五，在他们自要弹冠相庆，在市民则不免疑问：得了卫生城市又怎样呢？赢得一个称号也许不是什么难事，为百姓创造良好的生活环境却绝对是一件难事。

（2004年9月17日）

也看神话“安家落户”

肇庆市日前落成开放了全国首个盘古文化主题公园。在我看来，这不过是该市在真正的名胜七星岩、鼎湖山等之外，增添了一个人为的旨在吸引游人的去处而已。在全国各地“文化”搭台、旅游唱戏的乐此不疲之下，肇庆人抢得先机，把盘古争到手——严格地说只是第一个争到手，体现了他们经济头脑的精明一面。但有的学者不这么看，认为类似这种“神话安家落户”的做法，“是文化意识普及的结果”。

哟，如我等愚笨之人看来很本能的“抢品牌”的举动，原来“无疑是很高明的举动”，让人不能不打起精神。“高明”在哪里呢？学者说在于能够“使社会文化价值和大众文化心理有所皈依”。好么，在此之前，因为没有盘古“实体”的存在，国人的文化心理缺憾真是大得很了。我要老老实实地承认，如盘古文化公园这样的人造景观居然能够反映出当代人对神话的认知心态，不经专家点拨至少在我是无论如何也体会不到的。是不是从逻辑上看，有笔者这种心态的人怀着“小人之心”呢？倘若不幸成为定论，我以为前提得是那些有着“君子之腹”的人的结论，乃是从正视现实的角度、从客观公正的立场出发。

神话是民族精神的最初记录。从报道上看，肇庆的盘古主题公园由盘古广场、盘古峡、盘古祖殿、盘古山等构成，有朝一日，出于一探究竟的目的，我大抵要去看上一眼。但我知道，神话因其传说的性质，人物不可能有籍贯。福建发现了孙悟空哥哥的墓，不是假新闻，就是“发现者”的一厢情愿，二者必居其一。肇庆抢打了盘古牌，当然有他们的依据，“北岭山曾经是瑶族和汉族的分界山，盘古祖庙中的盘古神为全国所仅有”，等等。盘古是开天辟地的人物，为什么和瑶族联系到一起，一般人可能不大理解。盘古一传为盘瓠，是一只神犬，“其毛五彩”。据说在帝喾时代的一次战争中，不知他怎么衔来了敌人将军的头，按照事先的悬赏条件便娶了公主为妻，《后汉书》卷八十六约略记载了此事。“盘瓠得女，负而走入南山”，然后生下6男6女，这就是瑶族的祖先，12大姓亦因此得来，盘姓居首。瑶族的发祥地为后人认定是千家峒，具体在哪里却是众说纷纭。粗略数一数，有海南说、会稽山说、南京说，也有广西石碧洞说。1988年我在湘桂边界的富川瑶族自治县进行民族学田野调查的时候，专程到过湖南江永的千家峒，那里是比较得到公认的。啰唆这么多是想说，肇庆抢了盘古的先固然不假，较起真来，却未必有人家底气十足。

神话的魅力之一，在于其传播形式——或语言文字，或绘画雕刻，或歌舞仪式——的简约、模糊与象征意味。但现在，据说几乎所有中国远古的神话人物都已找到了自己的“归根之所”，都“实实在在”地呈现于国人眼前。神话在科技高度发达时代的“复兴”，受到了包括地方政府在内的高度重视，真的是神话传说中蕴涵的原始力度感、古朴道义感注入或融入了新的时代吗？我怀疑。当然，笔者无意全盘否定这种做法，但更倾向于赞同中山大学司徒尚纪教授的观点：对神话人物的开发，首先要有足够的资源可供利用，而不能无中生有，为开发而开发。

肇庆人的盘古牌既曰抢先，当然意味着许多地方也正在紧锣密鼓。对此，那位学者仍然乐观地认为：“地区间的争夺无形间也引入了竞争，大家比一比品位、文化底蕴和策划投资能力。”我却更担心了，担心新一轮的以“文化”为幌子的重复建设、低水平建设、伪文化建设正在兴起。肇庆的这一个花了1300万元，其他的呢？累计起来，一定是不得了的。

（2004年10月15日）

推广粤剧需定位人群

作为广州文化体制改革的重大项目之一，南方剧院最快将在今年年底“变身”为最吸引戏迷的戏曲演出基地，人们天天都将有戏看。而剧院演出的剧目以粤剧为主，特别偏重粤剧的传统剧目。据悉，按照有关人士的设想，粤剧还要真正进入市民生活。

“不管是本地人，还是外地人，到广州品尝了粤菜之后，想听粤剧就到南方剧院来。”这一宏大构想假以时日应当是可以实现的，因为有关方面要做的只是“投入”，为粤剧搭建展示自己的舞台，营造良好的氛围，对此笔者丝毫也不存疑；存疑的是，粤剧可不可能真正进入市民生活，或者说粤剧将进入哪一部分市民的生活。粤剧、粤曲属于优秀的传统文化，这是毫无疑问的，但它们同时也属于地域性较强的传统文化。一种地域性的文化传统得以形成，有赖于适宜这种传统的地域性文化土壤，从而得到相关地域范围内人们的认同和接受，符合他们的欣赏要求和趣味。以这样的逻辑前提衡之以上述观点，就可以看出一些不切实性。

众所周知，开放兼容是岭南文化的特质之一。在广东本土，历史上即有广府、潮汕、客家三大族群，语言不同，生活方式不同，各自发展起来的地方戏曲也不同，潮汕有潮剧、汉剧、正字戏、白字戏、西秦戏，客家有山歌，各自的文化特点都极其鲜明。在新时期，“开放兼容”更得到了光大和弘扬，去年，这四个字还被列入了“新时期广东人精神”的规范表述。改革开放以来，包括笔者在内的大量“新客家人”定居广州，天长日久，在生活方式上已经在很大程度融入了本地社会，但是在涉及精神层面的文化时，比如对待传统节日的态度、对待地方戏曲，仍然有“外来”的感觉。每个人都有自己成长过程中的文化背景，对此即便是偏于固执地抱守，也是一件合乎情理的事情。

著名作家赵树理说过：“知识分子的兴趣与群众的兴趣是两个来路。以音乐为例，知识分子一听钢琴响，就进入了这个钢琴的艺术环境，群众一听锣鼓响，就进入了这个锣鼓的艺术环境，来路不同，兴趣各异。”在这里，把“知识分子”与“群众”分别置换成“新客家”与“本土”，把“钢琴”与“锣鼓”分别换成各自的“地方戏曲”，道理就更容易明白了。可以说，本土文化情结基本上随着时间的推移也不会有丝毫的冲淡，成语所谓“叶落归根”，实际上表达的正是对故土文化的不能释怀。明白了这层道理，在振兴粤剧的进程中，就需要将目标人群定位准确。

世界万物都依遵着从诞生、发展、兴旺，直至衰落、消亡的客观规律，艺术门类也不会例外。曾经辉煌并且今天依然光芒耀眼的唐诗、宋词、元曲，门类前面的朝代名称上已经明白地体现了她们的流金岁月。据广州日报记者了解，广州目前真正的“铁杆”戏迷不过2000余人，特别在青年人当中，了解粤剧、喜爱粤剧的人寥寥无几。这是一点也不奇怪的现象。在我看来，如果一厢情愿地要使粤剧进入市民生活，也只能是主要地进入操粤方言、世代生长于斯的那部分市民的生活。如果是这样，应当说并没有达成设计者的初衷。

（2004年10月29日）

候鸟天堂怎成地狱？

湛江雷州市纪家镇的一些人对候鸟的到来显然是窃喜的，喜的是候鸟给他们提供了发财的机会。候鸟停留的时间，成了他们的“黄金”时间。田野里、小溪边，甚至海坝上，他们都竖起了各式各样的捕鸟网，有的网长得看不到尽头。在这“天罗地网”之中，候鸟被肆无忌惮地捕杀和出售，原本属于它们的天堂，活生生地变成了地狱。

候鸟，是随季节不同作定时迁徙而变更栖居地区的鸟类。它们每迁徙到一个地方，休养身体，补充体力，然后继续上路，如此周而复始，完成生命中美丽而艰辛的轮回。前两年看过一部《鸟与梦飞翔》，大概有三四遍之多，是外国人拍的记述候鸟迁徙生活的纪录片。透过非常优美的画面，让人真切地体会了独立于我们的候鸟的生命怎样美丽地存在；与此同时，也让人分明能够感受到，候鸟的梦想不过是在迁徙和飞翔中寻找一个平静而温暖的港湾。可以说，候鸟选择在哪个地方经过、停留，说明哪个地方是生态环境好，赢得了它们的青睐。人会撒谎，睁着眼睛敢说瞎话，恶劣的生态环境通过“猫腻”也能达标；候鸟不会，它们去到哪里，行为本身正是对当地自然环境的无言肯定。纪家镇就是由于气候适宜，每年 9 月中旬到 11 月底的时候，吸引大批候鸟飞迁到那一带栖息过冬。

不幸的是，全国许多候鸟不过暂时栖息的地方，都不同程度地辜负了候鸟的信任。比如在纪家镇，就在这短短两个多月的时间里，铺天盖地的捕鸟网令它们丢魂失魄，不知有多少候鸟就此永远地消失了。一些人不仅肆意捕杀无辜的候鸟，而且不少国家明令保护的野生动物——水鸭、猫头鹰、雕等，也不能幸免。更可叹的是，这种非法行为在当地由来已久，被捕杀的候鸟可以在集市上公然买卖！

鸟是人类的朋友，这是人们日益意识到了的事实。候鸟的天堂，其实一半在于天赐，一半在于人造。当候鸟的迁徙驿站变成死亡的陷阱，暴露出的不仅是一些人在物质利益面前的极其残忍的一面，同时暴露出社会对候鸟的关心还远远不够。有把候鸟当作财富的捕杀者存在，有把候鸟当成美味佳肴的食客存在，有把候鸟当成招徕顾客的利欲熏心的酒家存在，候鸟就不可能有安宁的生存环境。而面对这一切，候鸟自身无能为力，需要我们人类社会的法制和良知发挥作用。在这一点上，我们首先不缺法规——前几年，广东省人大专门制定了《野生动物保护条例》，缺的是怎样将法规落到实处，缺的是相关人等的扪心自问。导致候鸟的悲剧年复一年地上演的根本原因正在这里。就纪家镇的事实来看，一两次打击的成效哪里值得炫耀？越是战果辉煌，越是折射出事态的严重。在我看来，因为候鸟迁徙具有规律性，每年的保护行动不能到了血淋淋的时候才开始，而应该根据候鸟即将飞临和过境停留的时间，防患于未然。

“海阔凭鱼跃，山高任鸟飞。”这是古人由其所神往的自然意境，进而神往的生活意境。在今天，人类即便从自身的利益出发，也有义务为候鸟营造天堂；倘若反过来，不仅不如此，而且还要把候鸟自己选定的天堂变成地狱，这就是当世不容，后世也将为之不齿的了。

（2004 年 11 月 5 日）

旁观注册商标之争

香港荣华公司向国家商标局申请注册“双黄莲蓉”和“双黄白莲蓉”为商标，引起了广东相关企业的公愤，被视为“简直就是对同行的一种公开挑战”。这是很可以理解的。“双黄”、“莲蓉”和“白莲蓉”在广东是一种食品原料的通称，用于广式月饼、糕点的包装和宣传由来已久。广东省食品行业协会认为，正是由于众多厂家长时间广泛地使用，上述词组的含义已经特定化，成为特定行业的公共资源，尤其是广式食品企业多年来不懈努力而形成的公共无形资产。如今，公共无形资产面临被独霸的危险，业界人士焉有不愤之理！

在事实如此明了的情况下，仍然出现了“有人抢注、有人受理”且“通过初审并进入公告期”，直接的当事双方显然都有各自的法律依据。这又是怎么回事呢？不要说我这个“法盲”对那些法律条文一头雾水，专业人士显然也存在很大分歧。有专家说了，荣华公司的行为违背了《商标法》第十一条的有关规定，不应得到法律支持。而国家工商总局有关负责人承认抢注是一种故意行为，不道德，但同时认为抢注具备合法性。前提上也在“打架”，弄得我就更糊涂了。不过，专家有专家的见解，旁观者有旁观者的看法，既然受理方也承认荣华公司钻了法律的空子，说明这个法起码就还有待完善。

记得前几年广州的法院同样有桩关于注册商标的官司非常引人注目。那是远在千里之外的贵州醇酒厂以侵犯知识产权状告贵州茅台酒厂和广东省糖酒公司，要求茅台酒厂停止使用与该厂“贵州醇”相同的名称和包装，停止不正当竞争行为；而茅台酒厂则以侵犯“贵州”文字注册商标侵权反诉贵州醇酒厂。当时，“法盲”如我感到非常费解：“贵州”二字作为国家一个行政建制省的名称，同样属于公共无形资产，怎么可以成为一家企业垄断的商标资源？可惜，这个案子最后经贵州省政府和有关部门协调而告终，自己跟进关注的也不够仔细，不知道“贵州醇”的“贵州”究竟侵了注册商标的权没有。逻辑上推断，既然协调的结果是茅台酒厂停止生产“贵州醇”，应该是没有。

把这单陈年旧案翻出来，是因为其与荣华公司的行为具有比照意义，那就是公共无形资产应该归“谁”所有。前一单案子因为没有判决，也就不够明确；这一回，虽然没有诉诸法律，但有弄个水落石出的必要。在我这个旁观者看来，倘若荣华抢注成功，那就不仅是搅乱市场的问题，而且会给试图不通过正当渠道竞争者以“有益”的启发，专在人们还没有“产权”意识的公共无形资产上打主意就行了，把“所有权”抢到手，就像“双黄莲蓉”或“双黄白莲蓉”，从今往后是我的了，谁再使用就请付费，用这种办法统领市场，真可谓兵不血刃！因此，有人担心“白糖”被注册了怎么办，不是没有道理。其实这个注册一旦成功，我们的担心将是数不清的，利益受损的最终恐怕还是消费者。

据悉，如果 3 月 28 日前无人提出异议，“双黄莲蓉”等将正式核准为注册商标。我想，就已经引起的公愤来看，异议是无疑的，但这个案例如果不是白白地吸引人们眼球一回，就应当以“双黄莲蓉”和“双黄白莲蓉”为契机，使法律在保护公共无形资产上作出贡献，不要已然认为其不道德，却又一点办法都没有，现在没有，以后也没有。

（2005 年 3 月 4 日）

论斤卖的书可以不看

广州市最近出现了多个“论斤卖书”的书店。就是说，在那种书店，所卖的书都不按书的定价而是按书的重量，每一斤多少钱。

论斤卖书，已经不是什么新鲜事，苏州、扬州、无锡等地，早就“先行一步”，无不热闹一时。依我的观点看，尽管经营者卖的是作为文化重要载体之一的图书，但这种行为仍然是一种商业行为，而谈不上是文化行为。商家有商家的头脑，这是他的促销手段，因而也就无所谓褒贬，更不必责之以对知识的亵渎，虽然呼和浩特的一家书店干脆打出这样的广告语：“‘知识’多少钱一斤？7 块 8 一斤。”但论斤卖书的出现，至少折射了出版界的若干现状，比如正规的出版物也是泥沙俱下，定价虚高；还有盗版书的猖獗。我们不难注意到，但凡哪里出现了论斤卖书的报道，尽是日销售额猛增多少，基本上都闭口不提卖的究竟是什么书；《南方都市报》的报道说，广州这里有《狼图腾》、《新概念英语》，但记者发现“纸质粗糙，印刷质量很差”，怀疑是盗版货。我想，除此之外，论斤卖的书可能还与正常销售根本没有市场相去不远。

对论斤卖书的赞弹可以见仁见智，但海峡彼岸最近的一件“论斤赔偿”的事情，无疑属于一大笑柄。那是 2003 年，北京故宫博物院的一批清末古董到台湾展览，当文物运抵高雄美术馆拆封时，发现箱子受到撞击，打开后发现两件古董遭到损坏；负责主办展览的台湾中华书画印艺学会会长张建富起诉运送这批文物的海湾海运公司，要求赔偿。最近，台湾司法机构的裁定结果出来了：海运公司以每公斤 100 元台币赔偿。他们的理由是，即使是国宝，赔偿也得称斤论两。因为两件古董共重 13 公斤，海运公司便只需赔偿 1300 元台币。这就是说，在当地司法人员眼里，清末遗留至今的古董与今天生产的锅碗瓢盆可以等量齐观，完全漠视了其中的文化含量与文化价值。不要说此事引起当事人和岛内艺术爱好者的强烈抗议和不满，便是一个有着正常思维的人，又怎么不会感觉到荒谬不堪呢？

因此，“论斤”对待文化领域里的事项，需要在前提上来个划分，分清性质。时常见到街边摆着虽然不是论斤卖但却非常便宜的“大部头”，包括《资治通鉴》、《二十四史》，甚至《十三经注疏》在内的书都有。用那句“便宜没好货，好货不便宜”的前人经验之谈，即可知这种往往没听过名字的出版社出版的货色是否可读。论斤卖的书也是如此，既然便宜，对一些人来说，买回家可以充充门面；但对一个有着正常知识追求的人来说，这种书不看可能也并不损失什么。

（2005 年 3 月 11 日）

在虚幻的情境中能够浸淫多久？

广州冒出一位“多尔衮的 10 世孙”，而且是末代皇帝溥仪的“堂弟”。其实在今天，有这样“显赫”身世的人并不乏见，乏见的是，此君把族谱上的身世演化成了活生生的现实：平日里穿着黄袍马褂，头上还留着一尺长的辫子，至于家中物件，但有可能，都必须是“尊贵的黄色”。

现代社会的特质之一，在于它的宽容性，谁愿意穿什么样的衣着，选择什么样的生活方式，都是他自己的事，没有超出社会公认准则的底线，都可能得到生存。这一点，绝对不像“10 世孙”的“祖先”多尔衮那么专制蛮横：刚觉得入主中原的时机成熟，就对汉人来了个“薙发令”——留头不留发、留发不留头。这个法令诠释起来很简单：你要是想留下脑袋，就乖乖地把头发给我剃了；你要想留下头发呢？对不起，脑袋就请搬家。“10 世孙”的怪诞举止，充其量是给人们留下了茶余饭后的佐料；进一步，可能会令人们对日益现代化的广州仍然并存着“真品”前清遗少感到惊诧。除此之外，不会有别的什么。想象力不够丰富的我，能估摸到的仅此而已。

内容总是与一定的形式相结合的。内容决定了形式，或者说形式服务于内容。当年，多尔衮要求汉族人剃光前额，脑后留条“尾巴”，是在统一大清国民的标准外观；这形式背后蕴藏着的内容可以用多尔衮自己的话来解释，就是“遵依者为我国之民，迟疑者向逆命之寇，必责重罪”。因此，有没有那根长辫子，乃是衡量顺民还是逆贼的检验标志。这就难怪200多年后，鲁迅笔下的七斤在被革命党剪了辫子之后，因为听说皇帝又“坐了龙庭”而使全家人惶恐到了极点，多尔衮“后遗症”的程度有多严重，由此可见一斑。

考察“10世孙”的黄袍马褂，依然要撩开外表，看他那根长辫子里纠缠着的究竟是什么心态。报道中令人遗憾地看到，这位极度迷恋清朝皇族生活方式的“皇弟”，感到的只是自己血统的“尊贵”。至于所谓借此“保留宗族文化”说，委实不堪一驳。一个王朝倾覆了，当然不意味着其所代表的文化也要决然地随之而去，文化承继性极强的品性注定了它的不可割裂性。不要说被辛亥革命推翻了几近百年的清王朝，在贵州安顺一带的屯堡，至今还保留着明王朝——甚至是明初的风俗习惯。但这里的文化我认为应该是民间文化，是那种由劳动大众创造并得到广泛流传的文化。所谓皇族文化，其生命力的延续，博物馆才是最佳的也是真正的场所，而演绎于现实生活当中，恕我直言，叫做“散发霉气”。

我很想说，“10世孙”的行为举止，实际上是在虚幻其宗族的往日辉煌，幻想凭借自己得以并得到了延续。那么，他的行为的实质无异于在虚幻的情境中浸淫。尽管当今社会是宽容的，但在这种浸淫的道路上能走多远，仍然值得我们疑虑。由“10世孙”想到影视领域愈演愈烈的“谢主龙恩”、“奴才领旨”。不错，古装剧是影视的一个表现品种，问题是应当装载些什么内容，是不是在灌输腐朽的封建意识。“大帝”、“盛世”频见，“清官”、“青天”迭出，休提戏说者，即便那些号称“历史正剧”的作品所表现出来的，究竟是真的历史，还是片面的历史、一叶障目的历史？龙颜大怒，贪官尽除，快则快矣，但同样值得我们发问：这种在虚幻梦境中的浸淫又能够持续多久？

（2005 年 3 月 13 日）

名人未必是先贤

广州市初步明确的岭南先贤名单引起了不小的争议，人们对外地人王勃能够入选感到不解。据说，一旦人选确定，将铸造成蜡像或铜像，资金充足的话还可能建成一个岭南先贤蜡像馆。正是因为有“永久性”的因素在内吧，有关领导表态这个问题不怕争论。那么，笔者也就不揣浅陋。

我赞同专家的一种观点：“先贤”的定位须进一步明确。但我还想补充一点，在此之前，主办方的指导思想也就是究竟要评选什么首先要明确定位。从相关报道来看，广州要建的是岭南先贤馆，而正在搜罗的则是“从秦代到民国对岭南文化有贡献的人物”。“岭南先贤”与“对岭南文化有贡献的人物”，在我看来属于两个概念，前一个突出的是“岭南”，岭南的先贤；后一个则是“贡献”，对岭南的贡献。也就是说，前者强调地域性，后者则不拘泥。把这个前提问题明确了，接下来才是给先贤定位的问题。

何谓先贤？查《辞源》，先贤乃古代的贤人，而贤人则是德才并美之人。《庄子·德充符》里有句曰“久与贤人处则无过”，可见先贤的示范作用不仅是其才华的展现，更在于其品德高尚足以产生感召的力量。广州中山大学校园里有一组近代“先贤”塑像，其中的几个人物我就很有看法。比如说备受争议的农民起义领袖、在对外战争中打赢了一次战斗的老将，留下了事迹不假，是不是就能跟“德才并美”画上等号呢？其实，那组“先贤”叫做“近代历史名人”更准确一些。同样，在岭南先贤评选中，仅仅注意到“名人”的一面远远不够，还须着重于“贤人”的一面。

既曰岭南先贤，加上了“岭南”这一地域限定语，就理应搞“地方中心主义”，只选取籍贯在此或出生并成长于岭南的人，他们在故土有没有惊天动地的伟业并不要紧，重要的是故土养育了他。好比鲁迅，在绍兴留下的只是他少年时代的足迹，但浙江若评他们的先贤，毫不妨碍鲁迅是当然的人选。中国传统文化极其重视籍贯，不管当多大的官，告老都要还乡。韩昌黎、柳河东、王临川，从他们的别名里也可以看出萦绕在他们心灵中的故土情愫怎样地不能割舍，以及后人又是如何深表认同。而倘若在广东留下了事迹的人们就能入选，这样的先贤将数不胜数。达摩既然可以入选，那么利马窦呢？1583 年由澳门入境，肇庆是他驻足中国的第一站，中国人在肇庆第一次见识了世界地图，还以为自己那么点地盘是利马窦的故意贬低。利马窦对岭南乃至中国文化的贡献又有多大？

把只有些许关联的人拉进岭南先贤，还会让我们看到比较滑稽的一面。比如说王勃之所以为后世所熟知，不在于他在路过广州时给宝庄严寺写了篇什么序文，而是因为《滕王阁序》，“落霞与孤鹜齐飞，秋水共长天一色”等著名句子，这样来看，江西恐怕更有理由把这位山西人纳入他们的先贤行列。而且，许多当下的“先贤”来岭南，并不是为了支援南部建设，更不是开拓岭南的志愿者，而是贬谪而来、放逐而来。“到海只十里，过山应万重”，寇准的诗，道出了其中的悲凉。倘古人地下有知今日的“身份”，会不会也感到滑稽呢？我想，一个人如果称得上是先贤，他对后世的影响就不会拘于一时一地，那么，不是岭南籍贯的人，委实没有必要拉进岭南先贤。

所以，岭南先贤评选，应当避免对名人形成“争夺”，更应侧重于开掘，立足本土，把那些自身价值尚未被世人认识、但确实以德才惠及了乡里的贤人开掘出来。广州市如果一定要建此类的蜡像馆，不妨建两个，一个是岭南先贤的，另一个是对岭南文化作出了重大贡献的人的。

（2005 年 3 月 25 日）

城市宜居与否自己最清楚

“中国十大宜居城市”评选出炉后，引发了深圳市民对自己城市是否宜居的大讨论。因为当选的这十个城市分别是上海、大连、北京、广州、成都、青岛、杭州、桂林、珠海和厦门，并没有深圳。我想，恐怕是深圳人的自尊心受到打击了吧。他们不是认为深圳在环境、交通、经济等各方面都不输给广州吗？

我不是深圳市民，即使是，也不会参与这样的讨论，不去较那个真。如果说别的排行榜个人还拿捏不准，一个城市的宜居与否，个人则是有发言权的。宜居城市，即这个城市适宜生活。那么，我生活在这个城市，这里的各方面状况如何，用不着别人用一些貌似严谨的百分比数据来告诉我。比如，我明明感到这里各方面的条件都很理想，别人却说，哎呀，你那儿不行啊，那么，这里就不宜居了吗？或者相反，我明明感到在这里生活没有安全感，人就待在家里，盗贼也敢进屋，而别人封了个衔头，说这里很好，难道就宜居了吗？没有这么简单。

在我看来，这种评选本身的标准就存在硬伤，它看中的只是宏观上的一些指标，他们所遵循的，不就是“交通的方便性”、“城市是否干净整洁无污染”和“空气质量”吗？当然，这的确是宜居城市的必要条件，但仅仅如此显然是不够充分的。“行”在上面已经有了，宜居不宜居，还要同时考察“衣食住”，柴米油盐什么的，这是百姓每天开门要办的事、必办的事，忽略不得。而现在的调查显示，上海宜居的主要原因是“经济发达，经济发展迅速，经济实力强”；广州入选的最关键因素是“机会较多，经济水平高”；北京呢，很大程度上由于“是中国的首都，在各方面都具有优势”。就是说，这样的宜居标准，与百姓的生活质量基本没什么瓜葛。那么，这样评选宜居城市，还不如说是在评选宜创业、宜奋斗、宜实现个人理想志向的城市。这就难怪不久前另一项《全球生活质量调查》告诉我们，在亚太区域的城市中，上海的生活质量指数尽管上升最快，在我国排名第一，但在全球215个城市中也只是排在第102位了。

当下不说别的，关于食品安全就有说不尽的话题。在各地食品安全普遍得不到保证的严峻现实面前，所谓宜居的地方只能是相对的，当然，任何时候的宜居可能都是相对的，但我在这里所说的相对，是把一些必须考虑的因素人为地忽略不计后的相对，也就是说，是在现阶段状况下的宜居，与真正意义上的相差甚远。比如眼下，因“苏丹红”的缘故，连吃点儿颜色偏红的东西都到了诚惶诚恐的地步，宜居难道不是一种侈谈吗？排行榜是近年来国人热衷的一项营生，有趣的是，鲜有哪个排行榜不是甫一问世即遭质疑——刚刚看到，广州市北京路、上下九路无缘“首批中国著名商业街”，业内人士指出这种评选结果不具代表性。在评选公信力摇摇欲坠的情况下，排行榜果真还有存在的价值吗？

《深圳市2005年市容环境综合整治工作方案》在前几天已出台了，从《方案》中，我们看到了他们的目标和任务。现在，摆在深圳人面前的，应该是怎样把文字上的美景转换成生活中的现实，需要的是脚踏实地，而不是为一些没有多少实质意义的荣誉——如果当选正在讨论的这个“宜居”算得上荣誉的话——分散了注意力，误了自己的事。自己生活的城市，宜居与否，自己应该最清楚。

（2005年4月4日）

别教我辨伪书

从2月18日国家新闻出版总署发起对含有虚假信息的“假书”、“伪书”打击以来，日前，广州市多家主流书店架上可识别的伪书都已下架。“可识别”的，也达到了100多种之多，要吓人一跳。原本作为人类精神食粮的书籍，被不法分子侵害到了什么程度？

食品界的假，已令人们胆战心惊，现在又假到了“精神食粮”界。可怪的是，食品出了问题，尤其是人命问题，都能找到“元凶”，予以相应的惩罚——前两天“苏丹红”的最终源头就查明为厂址在增城的广州田洋食品公司，两涉案人被刑拘；找伪书的“元凶”不用费那么大的劲，白纸黑字标明了正规而非假冒的出版社名称，且有律师连具体违反了什么法规都开列出来了，却同时因为“尚存法律空白”而无法追究责任人的法律责任。这是不是意味着，如果直接针对伪书的法规没有那么快出台，造假的人包括为之提供平台的出版社就可以全无后顾之忧？在食品领域，把“刑拘”乃至杀头都不放在眼里的也大有人在，因此才有丧尽天良行为的不绝如缕，那么，这是不是还意味着，伪书的出现至少在今后一段时期之内是个根本没有办法杜绝的问题？

在我看来，尽管法律法规没有对伪书问题进行明确的规定（以不法者的“聪明”程度看，立法的速度恐怕永远跟不上其“智慧”的增长），但也不是无从追究的。那些出版了伪书的出版社，性质上与“广州田洋食品公司”完全可以画上个等号。东西就是你那里生产出来的，造成了那么恶劣的社会影响，明明白白，怎么就没办法？如果说在“田洋”那里，“苏丹红”的秘密配方掌握在老板手上，他想生产就生产，想生产多少就生产多少，事发前没法控制，那么，伪书的出笼，却是要通过出版社这个平台的，出版社难道连“关”都不要把，看见经济效益就上？追究其生产假冒伪劣的责任，就没什么不可以的。我想，可能是“精神食粮”即使吸收了，远远没到能死人的地步，故而没那种紧迫感吧。

在现实无法改变的前提下，只有退而求其次——国人无奈时的常用“战术”。于是，有位博士总结出“三看一查”的方法辨别伪书：看“著”还是“编”、看版权页的英文说明、看目录和内容，查询英文书名和作者，等等。好么，像买食品一样，买精神食粮也有成为一门学问的趋势。博士当然是一片好心，免得人们上当，但是我想，这方法还是不要教给消费者，先教给出版社，再教给经营图书的部门吧。你首先别生产，其次别销售假冒伪劣，我才能不买到假冒伪劣，不受假冒伪劣的害。况且，据广州学而优书店总经理陈定方说，她经营书业已有10年，"但也一样上当，根本无法判断什么就是伪书"。业界人士尚且如此，叫寻常的读书人又从何做起？

这几年，百姓不断被要求成为各种鉴别专家。关于食品的尚弄得晕头转向，关于"精神食粮"的鉴别又来了。食品必须得吃，须臾不可离开，真的叫没办法，不学也得学；鉴别"精神食粮"却相对简单，别理什么"三查一看"，认准"品牌"就行。那些要求下架书目的出版社，虽然是正规的但却都不是品牌的出版社。那么买书，就不妨买品牌出版社的书。早在伪书出现之前，笔者就持这个观点，如今的大量出版物即便不伪，又能给人什么收益呢？现在，更是庆幸自己的书架上没有这些垃圾货色了。

社会天天在呼吁诚信，诚信却有日渐远离的味道。没有法律惩处做后盾，呼吁是苍白无力的。正规出版社出版伪书而拿它无法，正是一个典型的实例。

（2005年4月15日）

省博新馆应增强"课堂"意识

广东省博物馆新馆陈列布展方案正在公开征求公众和专家意见。从他们的概念性设计策划书可知，新馆在设计目标上气魄不小，比如参观两个小时，就能使观众基本了解九大方面的内容，对广东历史文化的特点有一个最初步的印象，对广东的地矿、地貌、动植物等有一个较为全面的认识，等等。这个策划书目前还是讨论稿，所以有关方面希望听听公众的意见，并明确表示："欢迎苛刻，鼓励创意。"

笔者以为，在大的原则定位方面，博物馆吸引观众的前提，首先得去掉展示“宝贝”意识，增强“课堂”意识，也就是说，把博物馆当成普及知识的场所而不是猎奇看新鲜的场所。固然，每个博物馆都有不少的“宝贝”，“镇馆之宝”的地位如何，还往往决定着博物馆的档次。但一个博物馆如果能够长久地对观众形成吸引力，不必把“宝贝”当成卖点。看“宝贝”，新鲜劲过了也就够了；学习知识，则常去常新。130 多年前，近代著名思想家王韬在欧洲旅行之后，写下了一部《漫游随录》。这本书谈到了大英博物馆，说它“博采旁搜，综括万汇，悉备一庐，于礼拜一、三、五日启门，纵令士庶往观”。王韬在当时就已经注意到，大英博物馆的功用，在于“佐读书之不逮而广其识也”，感叹其“用意不亦深哉!”在今天，王韬当年所注意到的，还某种程度地为各种博物馆所忽略。因此，省博新馆能不能在怎样服务人群上同样为之一新，成为笔者的一个期待。

在表现形式上，博物馆怎么样让展品生动起来，而不是干巴巴的一堆术语堆积，怎么样让展品之间相互有机地关联起来，而不是孤零零地了不相涉，成为笔者的另一个期待。我们的诸多博物馆为什么缺少对观众的魅力？这两个方面还没有解决好，是问题的症结之一。今天的博物馆应当明确的一个思路是，它所面对的更多是普通大众，不是某个领域的专家。专家去看展，为的是看一眼实物，获得外观认识，感性认识，背景如何他都清楚，不需要介绍；普通大众则不然，他在看展之前，可能头脑里还是一片空白，要从中汲取知识，办展方就要开动脑筋。

迄今为止，给我留下深刻印象的展览，是去年 4 月在广州西汉南越王博物馆看的“宝鸡青铜器展”。展出的 127 件青铜器，如果按照传统布展方式，不过是觥爵尊鼎一字排开，告诉观众这是什么，那是什么。那个展出则不然，比方介绍“当卢”，文字铭牌是这样写的：西周（年代），车马器（是什么），马面额上的配件（干什么用的）。介绍“新邑戈”，在点明这是西周兵器的同时，更这样告诉观众：“既可以横击啄刺，又能后拉勾杀。西周至春秋时期是中国青铜器发展阶段的成熟期，兵器数量更加庞大，形制更加规整，合金成分比例更加严格，并出现了一些新的兵器门类。”每一件器物的说明都这样简洁而到位。墙上还挂着西周疆域略图、周王朝简介，宝鸡周秦文化分布图、宝鸡青铜器在中国青铜文化中的地位；有铭文的青铜器，就把铭文放大贴在后面的墙上，便于有兴趣的人辨识；再加上免费赠阅的馆报《南越王》更出了一个相应专辑，种种辅助手段呼应成为一体。展览一经这样布置，观众对青铜文明有了一个明晰的了解，有更大兴趣的人，深钻细研，就可以此作为切入点。

展品陈列，是博物馆的“规定动作”；而怎样陈列，则是考验博物馆办展水准的“自选动作”，有太多的空间可以自由发挥。省博新馆作为广东建设文化大省的重要文化基础设施，在发挥功效方面，理应被寄予更大的期望。

（2005 年 5 月 27 日）

别让低龄儿童挑战纪录

按照预定计划，今天早晨，深圳市一对分别为 9 岁和 7 岁的表兄妹将从徐闻县下水，正式开始横渡琼州海峡之旅。一旦成功，他们将双双创造新的上海大世界吉尼斯纪录。目前的纪录，是 2003 年时由一位 10 岁的北京女孩游出来的。

此则新闻成为几天来人们关注的焦点之一，并非因为横渡本身。从 2002 年起，中国“横渡琼州海峡”比赛就已成为国际泳联马拉松游泳世界杯赛中的一站，成为众多赛事中的一种，已有数不清的人横渡成功。问题是，横渡的主人公现在是孩子，而且是想打破纪录的孩子，原本成年人搏杀的天地演变成了未成年人挑战纪录的所在。从各种报道中看得出，这对表兄妹信心十足，认为“横渡海峡只是一件简单的事情”，很有些“战略上藐视敌人”的风范，但专业人士告诉我们，横渡琼州海峡具有相当的风险性，是超负荷、超常规的极限性运动。这实际上意味着，这项运动并不适合孩子参加。两个孩子都非常热爱游泳我是相信的；我不大相信的是，“2003 年刚学会游泳数月”的女孩在电脑上看到北京 10 岁女孩成功横渡琼州海峡的消息，“便萌生了横渡的愿望”。横渡的主角是孩子，背后操纵的应该是大人。

根据女孩父亲的说法，孩子能够通过这次活动获得历练。话说得不错，但还得讲究一点科学。前两年，美国小儿科研究所曾经发布一项声明，要求家长们不要鼓励儿童在到达青少年时期以前专门地从事单一的体育锻炼，以避免身心受到伤害。他们认为，只有等孩子到了 12 岁或者 13 岁的时候，身心都比较成熟了，再去专门进行一项运动锻炼，才能够有助于确定孩子们确实在追求一项自己真正感兴趣的活动，而不是在满足父母或者是别的什么人的愿望。前几天，我国的专家也表示，正处于生长发育旺盛时期的儿童，身体内的器官、组织尚未发育成熟，有很多与成年人不同的解剖生理特点，有一些健体运动不宜在儿童中过早开展，比如拔河、练肌肉、倒立等，即使是孩子的主观意愿，大人也不得引导孩子进行此类极限活动。显然，挑战纪录，正是在挑战极限。

因此，对深圳这对表兄妹横渡的成功与否，我持一种非常矛盾的态度。看他们是那么的充满信心，不忍看到不成功；但这一回的纪录倘若破了，下一回呢？北京 10 岁女孩打破的，是 2001 年 13 岁海南少年的纪录，下一回无疑该“逼着”6 岁及 6 岁以下的孩子登台亮相了。那么，琼州海峡就不可能是“锻炼孩子身体”、“磨炼独生子女意志”的地方，而是“望子成龙”的另一个战场。

在横渡琼州海峡之外，低龄儿童挑战各种横渡“世界纪录”的事情也接二连三。真不好说，这是一些家长对孩子的“超值期待”情结正在逐步走向庸俗化的境地，但是作为社会，从孩子的身心健康出发，对这种愈演愈烈的做法仅仅不提倡或不支持是不够的，应该旗帜鲜明地亮出态度：反对！

（2005 年 6 月 2 日）

“汉奸别墅”可以成为文物

广州市第四次文物普查正在进行中，位于番禺的两座上世纪 40 年代的楼房进入了专家们的视野，从建筑水准上看可圈可点，是文物的当然之选，但是能不能申报为文物，却引起了较大争议。原因没有别的，因为楼房的主人——李辅群是个臭名昭著的大汉奸，1959 年还被人民政府枪决了。

欲知汉奸别墅能不能成为文物，不妨先明确一下文物的概念。何谓文物？辞书释义为：历代遗留下来的在文化发展史上有价值的东西，如建筑、碑刻、工具、武器、生活器皿和各种艺术品等。手边有部 1979 年版的《辞海》，更直接指出文物包括“反革命的历史罪证”。即使按照这些定义，答案也已经不言自明：汉奸别墅可以成为文物。做个旁证可能更容易理解，同样以“臭名”存世的重庆渣滓洞、白公馆监狱，不就早已是全国重点文物保护单位了吗？

就建筑来说，是否文物以及其价值的大小，固然有因人而异的一面，比如说，一座非常寻常的房子，可能因为与某个著名人物的密切关联而跃升为文物，但这只是它所呈现出的人文价值一面，文物还有其自身价值的一面。那么，一座颇具建筑特色的房子，就不会因为与某个负面人物密切关联而当然地丧失成为文物的资格。文物价值是文物本身所固有的客观存在，它并不以人的好恶为标准。番禺文管办一位负责人说，他们对汉奸别墅着重考虑的，是其建筑特色，因为即使从整个广州范围来看，这样的老房子数量也不算多。这就是“汉奸别墅”的文物价值，它在一定程度上反映了彼时番禺的建筑风格和水平，也构成了它可以成为保护文物的充足理由。

从一定意义上说，文物价值的客观性可以淡化它的“阶级性”。倘若与汉奸或“坏人”有染的东西，就要丧失生存空间，则我们的物化历史很可能是一片空白。帝王将相、王公大族的墓葬，是我们今天触摸古人的重要途径。秦始皇气势恢弘的兵马俑坑、马王堆两千年不朽的女尸、曾侯乙规模巨大的编钟组合，在它们的背后，实际上浸透着的都是当时劳动人民的血和泪，但都不妨碍它们今天成为文物，而且是顶级文物。“物”不等同于“人”，“物”代表了当时社会的物质文化成就，具体的“人”只是凑巧的承载者而已。按照彻底“革命者”的观点，北京故宫也是不该保护的，永乐及以后历朝皇帝为此大兴土木，简直是榨取劳动人民血汗的标本。一位至今活跃于公众视野、动辄发出高论的老院士，在上世纪 50 年代也确曾撰文建议拆了它，还说故宫在市中心占那么大地方，妨碍人们走路。现在看来，其观点不是荒谬到了极点吗？

汉奸别墅能不能成为文物而引起争议，是一件很正常的事情。在现阶段，人们是恨屋及乌。对文物价值的认识，不会是骤然间所能完成的，而是随着社会的发展，认识水平不断提高而不断深化的。认为汉奸别墅成为文物就是给汉奸树碑立传，就是把“物”等同了“人”，这是一种偏颇的认识。

（2005 年 6 月 8 日）

粽子没必要“花枝招展”

明天就是端午节了。大节当前，申不申报世遗，是不是联合申报，都可以暂时放在一边，先吃粽子。这恐怕也是这个重要传统节日残存的最显著标志了。报道说，在广州市著名的“老字号”门店，粽子卖得都很好，“莲香楼”每天的销量超过 1 万只，“皇上皇”则预计与去年同期相比将翻一番。

有这么好的市场需求，说明粽子在国人心目中的地位仍然屹立不倒。不过，从广州市消委会传出消息，已经有市民反映买了超市的冷冻粽子回家煮食后出现了腹泻症状。在食品必须冠以“放心”才能放心的今天，粽子作为食品，当然不可能独独是“一方净土”。笔者不是要制造恐慌，因粽子而腹泻了的市民也毕竟是极少数，但从记者披露的现象看，一些问题不能不引起注意。《国家粽子行业标准》已于节前出台，但实际执行情况呢？“企业送检粽子的很少，更没有要求按此标准进行检验的，工商、质监部门也没有据此抽检”。就是说，大家都太不拿这标准当回事。

据专家说，《国家粽子行业标准》是我国首次对传统点心制订行业标准。该标准除了对粽子的各种卫生指标进行规定外，还对不同种类的粽子包装方法、标志和产品标签以及贮存方式也都有详细说明。按我们通常的理解，执行了这一标准的粽子，就是“放心粽子”；而行业标准正是用来规范生产和经营的。那么，这标准为什么现在成了门面呢？今年还吃不上“标准”粽子不要紧，那么多年大家都过来了，关键是：在食品市场环境相对恶劣的情况下，百姓什么时候才能吃到“标准”粽子是有关方面必须重视的问题。

有记者还在广州市场上看到，从 88 元到 488 元价格不等的“名粽套装礼盒”纷纷登台亮相了。原本素面朝天的粽子，现在也开始花枝招展了。可以想见，此风一开，不断刷新定价的“天价粽子”会接踵而至。国家工商总局显然也意识到了这一点，发通知要求严厉查处包括粽子在内的商品中存在的过度包装、价实不符和搭售其他商品等不正当竞争行为。但是，480 元的礼盒里明明就在粽子之外搭配了红酒、高级茶叶、曲奇饼和水果！通知发了，人家不听，也就这么听之任之？

由此还想到工商总局前几天的一个禁令：禁止任何人尤其是名人以消费者的身份为药品、保健食品做广告。结果好像就只有一个陈小艺离开荧屏了，其他人，比如马季老先生还在吆喝着什么东西能健骨强筋，江珊女士还在津津乐道她的孩子所以聪明是因为吃了什么，张国立还在摇着扇子强调不能肾亏……这些名人以消费者形象代言的广告，也不是偷偷摸摸地苟且存在着，而是遍见于各地电视的“上星”

频道，甚至连央视一套也不例外。这些问题的出现和《国家粽子行业标准》的遭遇在性质上完全一样：你出台你的，我干我的。究其根本，所谓标准或禁令在国人心目中的分量还是太轻，全无尊严可言。

端午节的文化内涵已经被国人遗忘得差不多，就剩下吃粽子了。我们得保护好粽子质量这道防线，先让国人对传统节日不能完全丧失兴趣，然后再谈弘扬、光大。

（2005 年 6 月 10 日）

保护“国保一号”的环境同等重要

《南方日报》昨日报道了广州市正在兴建的一座人行天桥与三元里抗英誓师旧址擦肩而过的消息，标题用得非常形象：“国保一号”被横空扎上“腰带”。国保者，国家重点文物保护单位的缩略语也，等同于“国宝”。在古旧的“国保”旁边大兴现代工程，遭到文物界人士的强烈反对可以说是必然的。

有关部门对这些反对之声可能不大理解，也可能觉得莫名其妙。因为，他们搞的是市政工程，是为市民出行提供的便捷设施；而且，他们并没有触动文物本身，“国保”是“国保”，天桥是天桥，大家相安无事嘛。这种状况反映出的是一种狭隘的文物观：文物仅仅是文物本身。实际上，旧址类文物的价值大小，还在于其周边原有的文化生态。

当文物成为吸引游人乃至支撑经济的“金字招牌”之后，许多地方都开始注重文物保护。我想说，这是一件“歪打正着”的好事。记得有位“历史文化名城”的领导干部在一个研讨会上曾经“义正词严”地指出：“搞文物保护工作的同志一定要为后人着想，你划出这么多文物保护单位，今后就拆不了了；拆不了了，后人怎么发展？我们不能为今后的发展安钉子。”这种观点很有代表性。在这位领导眼里，文物须是能够带来经济效益的，否则就是破烂不堪的玩意，会给现今的“建设”添乱。发生在云南建水古城、浙江定海古城等地的大规模破坏性建设，其实都不是偶然发生的。本来是为子孙后代着想的保护文物，变成了不为子孙后代着想，这种悖论的出现当然源于认识问题。

不过，我们同样遗憾地看到，在许多能够对文物作出保护的地方，往往也只是注重保护文物本身，而忽略文物原有的文化生态，甚至把文物周边的原有建筑视为累赘，拆起来毫不手软，结果使被保护者成了“孤家寡人”。此前，北京的四合院为保护单家独院还是保护街区整体，就引发过激烈争论。最为典型的，还是前几年发生在贵州“遵义会议会址”的荒唐一幕，为了修建什么休闲广场，当地把会址周围的民房一拆而光，使其环境风貌遭到彻底破坏。虽然在国家文物局干预之后，当地政府不得不进行了恢复性重建，但这些重建的“假古董”毕竟失去了历史的“原真性”。本来，那些当时的民房对会址主体能够起到很好的衬托作用。就“国保一号”而言，那是掀开近代中国人民自发武装反抗英国侵略者辉煌一页的地方，表现了中国人民不可侮的坚强意志，理应成为一个庄严的所在。现在在她的旁边修建人行天桥，从方便市民来看是好事，但从对文物环境造成的破坏性影响上看，就不是好事。

文物是一个民族的特质和文化精神的集中体现。在现时，国人认识到文物需要保护是一种进步；从保护单体文物认识到保护文物的环境氛围，则是一种更大的进步。但从对待诸如“国保一号”的问题上可以看出，后一种认识的形成还很不容乐观。

（2005 年 7 月 15 日）

也谈“十香园”复建

广州市海珠区准备复建岭南画派发祥地十香园。这是一个好消息。众所周知，岭南画派是我国绘画史上一个重要的民族绘画流派，当年，十香园主人——岭南画派鼻祖居廉、居巢，正是在这里培养了高剑父、陈树人等一大批著名画家。

不过，具体怎样进行复建却有一些争议。一种观点认为对周边的45座建筑大规模实施拆迁，置换为绿地、停车场；另一种认为干脆把它移到人流量较大的晓港公园进行重建，借此把公园打造成岭南画派公园。对此，笔者毫不犹豫地认为，易地而建的观点基本上可以不考虑，至少立刻列得出如下理由：其一，文物并不需要光鲜的外壳；其二，对遗址文物而言，“原生态”环境同等重要；其三，在交通便利与否这种极其次要的问题上，游人应该“将就”文物而不是文物“将就”游人。尽管十香园如今已是一派破败景象，但600平方米的建筑面积还在，重要建筑“紫梨花馆”还在，也没有潜在的不迁移就要遭受灭顶之灾的因素。对文物建筑易地而建，诚乃万不得已的选择，即使按照原来的一砖一瓦，也仍然是价值上打了折扣的文物。10年前合肥准备易地而建李鸿章故居，笔者立即撰写了《讲“文化”的时代》，表达强烈不满。

但对前一种观点，也有值得商榷之处。

我没有到过十香园旧址，不了解其周边的建筑情况怎样，想来那么多年的寂寂无闻，旧址一定被侵蚀了不少，变得逼仄，适量拆迁是必要的。但显而易见，要避免为了绿地、停车场而把它人为地“孤立”起来的做法。我不大明白为什么要建停车场，建多大规模的停车场——我当然知道是为了方便游客，但我国旅游景点的诸多“方便”游客之举，却正是在行破坏自然景观之能事、纵容“懒汉”之举，诸如泰山、华山上搞什么高空索道，张家界搞什么“天梯”，还不到100米高的黄果树瀑布也弄了个什么电动扶梯……专家不是说了吗？国外许多历史古迹附近都没有停车场，游客还要步行很长一段路才能到达。我国的旅游者为什么就那么娇嫩呢？

停车场之类的兴建，实际上涉及的是复建者的“动机”问题：是为了弘扬岭南画派文化使之成为后来者“朝圣”的所在，还是为了最大限度发挥它的经济效益而使之成为门庭若市的所在？我想，复建后的十香园无论以怎样的姿态出现，对于普通的游客都不可能产生很强的吸引力；但这不妨碍它的复建，它的文化意义是它可能带来的经济效益所无法比拟的。这一点，有关方面应当有足够的心理准备才行。倘若他们看中的正是文化这一点，则可谓十香园之幸。

（2005年7月27日）

怪异的“状元礼”

德庆孔庙前天举行了广东首个“状元礼”。江门籍的今年高考单科“状元”黄陀身穿“状元服”，跨棂星门、走泮桥、进大成殿，在“老先生”的引导下，“状元”和众学子向儒学先师孔子像朝拜、上香、献锦帛，并宣誓热爱祖国、成才报国。报道说，举行这种活动旨在“激励广大学子好学上进”。举办动机当然是无可非议的，但是感觉上这种“状元礼”比较怪异。

怪异在哪里呢？

首先，它在试图把当年的科举与今天的高考在形式上等同起来，好像后者是对前者的承继。我们都知道，高考固然还没有完全摆脱“应试教育”的一面，但其与科举在本质上也完全不是一回事。“高考状元”原本是对优胜者的借指，饶是这样，这个称谓也屡屡为人诟病。而近年来一些地方的做法，似乎有意要坐实二者确实存在“薪火相传”的关系。今年陕西的高考文理科“状元”还被装扮成“唐朝状元”，伴着“唐朝古乐手”喜庆的乐曲游了回街。仿佛高考就是科举的延续，则状元的“加冕”礼仪就要遵照科举的模式，这难道不让人感觉怪异吗？

其次，这种“状元礼”不知是何朝何代的礼仪。报道说，古时读书人获取“状元”功名后，都要到孔庙大成殿行古礼参拜孔圣、诵读孔圣经典语录、缅怀孔圣训诫等，久而久之，形成传世礼制。手边正有一册吴宗国先生的《唐代科举制度研究》，里面专门谈到了进士及第后的“谢恩”礼节，但那是谢宰相而不是谢孔子。届时，状元作为代表向横排站立的宰相们致词，说今年某月某日，“礼部放榜，某等幸忝成名，获在相公陶铸之下，不任感惧”等等。然后，自状元以下一一通报自己的姓名。这种谢恩，表明座主、门生关系的建立，加上三天之后进行的“曲谢”，唐朝后期就这样通过进士科建立起了一张官僚关系网。不消说，这个关系网对进士们日后的前程才是最实际的。检索《明会要》，亦不见状元取得功名后须祭祀先师孔子的记载。那么，所谓行“状元礼”的古时究竟是何时，不妨作一明示。

第三，这种“旧瓶装新酒”的所谓仪式着实不伦不类。当然，这一点今天非只对待高考如此。比如去年，山东曲阜孔庙为了“重新构建民族精神和民族性格”而公祭孔子诞辰 2555 年，“300 多名身着古装的表演者再现了清朝乾隆年间祭奠孔子的盛大场面”。不过，有专家对“古装”很怀疑，因为分辨不出是什么朝代的，觉得滑稽可笑。可惜，黄陀“状元服”的尊容我们无缘得见，不知是参照什么图样加工出来的。话说回来，毕竟是 21 世纪了，即使要让高考状元“激励广大学子好学上进”，兼且一定要告慰孔子，我们难道不能拿点儿现代的也就是符合时代的仪式“继承传统”吗？

到今年为止，科举制度已经整整废除了一百年。但显而易见，科举的幽魂并没有随着时间的流逝而消散，在一些人看来，它不过穿着高考的外衣在继续游荡。这种认识是不对的。“状元礼”系列活动还将在明日和11日继续举行，在我们看来，这种非驴非马的怪异活动还是早点刹车的好。

（2005年8月8日）

《广州大典》靠什么“千年不腐”

昨天的《新快报》报道，目前正在整理编纂中的《广州大典》第一辑40册将在年底前正式出版，编委会考虑用印钞纸来印刷该套丛书，目的是可以保证“千年不腐”。老实说，看到这则消息，第一感受只是其出手阔绰的“豪气”。幸而现在编委会是在“考虑”之中，处于“拟用”阶段——姑且这样认为，多少留下了尚可议论的空间。

编纂《广州大典》的积极意义不可低估。作为国内首部系统整理的地方城市历史文献，在规模上，它将有煌煌1000册之巨，不仅集现有关于广州的历史文献之大成，而且还要面向海内外广泛发掘相关的民间收藏。在时间跨度上，它将上溯汉代，下迄帝制推翻，纵横两千余年。在地域跨度上，它将以1911年之前的广州行政区划为依据，这就等于把今天的广州、顺德、三水、东莞、台山、宝安、清远、中山等，悉数容纳在内。从种种角度来看，用工程浩大和意义深远来概括《广州大典》，实不为过。

尽管如此，在我看来，《广州大典》还是不必采用印钞纸印刷。印钞纸，名称上已告诉我们那是用来印钞的，而不是印书的。看报道里说明该纸质量的理由，有点让人发笑——在地下可埋20万年、在洗衣机里洗30次仍可烫平复原。我知道那是形象说法，但却很不恰当，也很不实际。购买这部书，即使并非耗费不小，买的人或单位也不会把它埋起来，留待后人考古；而且除非有意，否则再怎样糊涂的人，也不会把它们扔进洗衣机里，别说30次，一次也不会。也就是说，用印钞纸印出来的书就是具有这种“不腐”的功能的话，也毫无必要。

追求载体上的“千年不腐”，难免有过于追求形式之嫌。如今的图书市场上，有多少装帧得美轮美奂的书，甫一问世即无人问津，已经“腐”了？反观优秀传统文化典籍，比如四书五经，都历经了两个千年，仍然焕发着旺盛的生命力。这就是真正意义上的“不腐”，在今天我们看不到它们的原始版本没有关系，毫不妨碍对其精髓的理解以及继续影响后世。因此，对《广州大典》这种非原创性的图书来说，真正做到“千年不腐”，就要在诸如文献选辑、编校质量等方面多下工夫、下硬工夫。这些才是维系图书生命乃至“寿命”的重要保证。退一步说，即使《广州大典》一定要用印钞纸的话，等到修订完善了、被社会和学术界认可了的时候也不迟。理论上看，编纂这样一部大型文献丛书，不可能一下子做得很圆满。

《广州大典》首开由地方政府斥资、由地方文化部门主持编纂大型文献丛书的先河。作为一个榜样，《广州大典》的每一走向，都将为今后可能出现的同类图书起到示范作用。用印钞纸印书同样如此，它所涉及的问题不止是该纸价格比普通机械纸贵三倍的问题，可能开启的是竞奢的风气，广州不应该带这个头。《广州大典》编委会在这个问题上还应当仔细斟酌一下。

（2005 年 8 月 24 日）

“国宝”故居该成“国保”

早就听到过坊间的一个传说：读过《四库全书》的人，只有广东新会的陈垣先生。陈垣先生究竟是不是“唯一”，其实并不重要。完成于清朝乾隆时期的《四库全书》是我国历史上规模最大的一部丛书，从其所收录的 3461 种 79309 卷图书的“量”，即可知翻阅一遍的强度，更不要说陈垣先生还留下了《四库书目考异》五卷；又利用乾隆御制诗文，著有《编纂四库全书始末》。前两天，细雨蒙蒙之际突然被朋友告知要去拜访位于棠下镇石头村（新会撤市后，改属江门市蓬江区）的陈垣故居，颇有喜出望外之感。

看得出，当地政府为修缮故居做了很多工作。因为没有任何文字资料，不知道低矮通透护栏围住的故居面积究竟有多大，总之，主要建筑即有一字排开相对独立的 3 幢各两层青砖楼房，其中一幢内有"陈垣居室"，其余的陈列着陈垣各个历史时期的照片资料；庭院正中有一尊铜像，由"受业启功"题写"陈垣校长像"。参天大树、新植的草坪，整个环境整洁、清幽。一位专程赶来开门的管理员说，建筑和占地面积都是当年的遗存。虽然不收门票，但除了我们，故居并没有别的游客，恐怕是宣传的力度还不够，人们或对陈垣先生本人，或对故居的存在与否不明所以。作为地方名宿，陈垣先生有新会"文人三泰斗"之一（另为陈白沙、梁启超）的美誉；放眼全国，则与陈寅恪先生并称"史学二陈"，在目录学、年代学、校勘学、史讳学等方面卓有建树。陈寅恪早年论之曰："近二十年来，国人内感民族文化之衰退，外受世界思潮之激荡，其论史之作，渐能脱除清代经师之旧染，有以合于今日史学之真谛，而新会陈援庵先生之书，尤为中外学人所佩服。盖先生之精思博识，吾国学者，自（清代史家）钱晓徵以来，未之有也。"1951 年 11 月全国政协一届三次会议后，毛泽东在怀仁堂举行国宴时向同席的人们介绍："这是陈垣，读书很多，是我们国家的国宝。"

故居现在是广东省文物保护单位。在我看来，"国宝"故居该成"国保"——全国重点文物保护单位。自去年下半年开始，第六批全国重点文物保护单位开始了申报、评审工作，不知道陈垣故居有没有申报，但愿已有。无论就清代建筑本身、保存的完好程度，还是所承载的文化内涵，它都具备这种资格。由国务院公布全国重点文物保护单位，是我国文物保护工作的一项基本制度，也是一项重要举措，自 1963 年以来，迄今已有 5 批共 1272 处这个级别的保护单位。通过它们，人们能够领略到洋洋五千年中华文明的精华，触摸到文化发展脉络的各个重要环节。这一称号同时也是这些遗产最好的身份证和最有力的“护身符”，因此，即便在文革期间，全国重点文物保护单位也能得以安然渡过浩劫。陈垣故居跻身“国保”，无疑将使这种无价的文化资源亘古长存。

通过广泛推介，陈垣故居一定能引来游客的步履，使之成为后人凭吊、景仰一代学者的重要载体，成为文化交流的重要使者。通往石头村的道路正在拓宽，相信“国宝”故居终有成为“国保”的一天，与先期已为“国保”的梁启超故居在五邑大地相映生辉。

（2005 年 8 月 29 日）

开学交柴，谁家的“老规矩”？

今年秋季小学开学，听到了几则不该听到的“新鲜”事。甘肃的一些小学，以课本的黑白和彩色之别，区分了学生家庭的贫富；本埠则有一家小学在新学期伊始，学生要上交木柴。

事情发生在增城市中新镇联安村育才小学。所交的木柴并不构成对学费的冲抵，而是交费注册之外的“附加”义务，单纯地交给学校做燃料使用。于是每到开学之前，上山砍柴都成了学生们必不可少的“功课”。当然，也不是所有的小学生都要交，起交班级为三年级，不同年级有不同的标准，逐级递增，分别为每人交 25 公斤、50 公斤、75 公斤，六年级就要交 100 公斤。

据当地人说，这是一条老规矩了，还是从上世纪 50 年代沿袭下来的。《现代汉语词典》释义说：规矩，是一定的标准、法则或习惯。老规矩，当然就是老的标准、法则或习惯。但是，这条老规矩究竟合不合理呢？恐怕不合理。至圣先师孔夫子说过：“自行束脩以上，吾未尝无诲焉。”意思是说，凡是能带上见面礼（十条干肉）的，他都愿意收为学生。他的那个见面礼，实际上就相当于学费，舍此之外，他考虑的只是如何教诲学生。我们看到，增城这家小学的学生都是交了学费的，要他们另外交柴，应当属于额外负担，可能合情——学校烧火煮饭、烧水时需要大量木柴，但并不合理。

不合理的事情为什么还要延续？笔者认为一方面为主观因素，因为是老规矩，多数学生家长见怪不怪，机械地遵守着（要不是有人报料，到现在我们也不知道）；同样，因为是老规矩，学校校长认为“不存在任何故意多收费的问题”，尽管交不了木柴的学生明确可以用现金折算。另一方面为客观因素，学校的“财务开支不能独立解决燃料问题”。但这两方面的因素，也并不构成其可以继续存在的当然理由。尤其是当我们知道，这个老规矩已给学生及其家长造成了极大的经济和精神负担时，当我们知道学生上交的木柴几年累计下来要毁坏上百亩树林时，这老规矩更是非改不可了！

规矩是死的，人是活的，人可以改变规矩，尤其是不合理的规矩，而不是任由死的规矩把活的人生生地束缚住。在增城这家小学，显而易见，要想改变学生交柴的老规矩，首先得改变学校烧柴的老习惯，燃料问题和环境生态问题的轻重在今天已经很容易衡量，照片上那些碗口粗的树砍倒只是当了柴烧，让人心痛不已；其次要改变或者换一下无偿使用、安之若素的老脑筋，毕竟，交柴不是学生的义务，不要习以为常之后以为：那就是他们的义务。

现在，不少学生家长都在呼吁废除交柴，这个时候，即使是老规矩该改也得改。所幸当地镇政府已经关注了此事，表示特别重视。这是个好消息，因为，从校方让学生交木柴的理由来看，这条老规矩能否改掉，关键在于能否解决学校购买燃料的资金，这恐怕最终要政府出手帮助。

（2005年9月2日）

尴尬的并非影星评选结果

由广东电影家协会等单位联合举办的中国百年经典电影广州观众评选系列活动遭遇了系列尴尬。所谓尴尬，不是评选的过程，而是评选的结果。正如一家报纸眉题所画龙点睛的：“中国十大电影明星”为港台明星所包揽，内地的无一上榜。

不要说业界人士，就是我们这些“旁观者”也觉得不好意思，内地那么多老艺术家、大腕以及准大腕，居然都被广州市民看不上眼，胳膊肘全然外拐。据说，当初的“十大导演”评选因故取消，也是因为入选的尽皆港台人士，取消之，旨在避免双重尴尬。平心而论，“数万张选票”当然不能代表数百万广州市民的民意，但至少代表了参加投票者的总体取向，代表了对中国电影兴趣犹存的那部分市民的民意。因此，所谓评选结果遭遇尴尬，实乃因为这个结果与主办者的预期不同；岂止不同，简直是差得太远！按照寻常逻辑，既然是评选中国十大明星嘛，总要讲究个兼顾，说白了就是“平衡”。怎么平衡呢？据经验来看，港、台应各占三分之一，大陆得占三分之一强，这才算得上“正常”的结果。一个都没有，怎么说得过去呢？

不过，静下心来分析问题，谁都大可不必对此结果过分在意。从投票者的年龄构成看，15 岁到 35 岁的年轻人毕竟占了大多数。我们知道，每一代人都有每一代人的大众偶像，对电影演员也不例外。老一辈人愿意“陶醉地”回忆当年的“美男子王心刚”，新一代更感兴趣“眼睛会放电的梁朝伟”，都正常得很。所以，面对遭遇尴尬的评选结果，如果一定要怪，首先得怪主办方工作做得不到家，没有把视周璇、赵丹等为偶像的人们大量地动员出来投票，那些人——至少 35 岁以上的人——“按兵不动”的话，单纯地“要求”新生代们树立中国电影的大局观、全局观，不是一种奢求吗？

一位不愿透露姓名的影评人直言，评选结果违背了主办方“向中国百年电影致敬”的初衷，反映出当下年轻观众对老艺术家的隔阂和淡漠，这样的结果令人遗憾。恕我再直言，这3句话只有中间那句说得在理，其余的值得商榷。我们太习惯于预知“结果”，显然，这个评选在进行之前，一定“自信”地认为会达到那样的初衷。但是既然要由市民投票，不管怎样，都得认可这个结果了；虽然令人遗憾，但却是一定程度上接近真实的结果。那么，该找原因的不是投票的市民，而是中国电影主要是内地电影的从业者。从这个意义上说，尴尬的并非评选结果，而是内地电影事业。

央视六套（电影频道）在每周一都有个《流金岁月》栏目，放映给人怀旧的老电影，之后有相关的访问。我比较反感主持人潘奕霖的一句话，动辄该电影“影响了整整一代（或几代）人”。过来的人们非常熟悉那些电影不假，但你得看是因为影片的质量上乘，还是因为人们的选择余地太小，兼且视野封闭。在我们已经广泛接触世界各国电影的时代，该有一些客观的比较研究才对。

我想，这个尴尬的评选结果也在提醒今后类似活动的主办单位：如果评选是为了体现既定意愿，就不要假借民意；否则，尴尬难免会继续发生。

（2005年9月6日）

纪念冼玉清先生

广东省文史馆、中山大学等单位于10月28日联合举办了纪念冼玉清诞辰110周年学术研讨会。虽然冼玉清先生是本省南海人，虽然“史学二陈”（陈垣、陈寅恪）对她都推崇有加，但在今天，知道这个名字的人也已经很少了。那么，纪念冼玉清先生，一方面表明逝世40年后，蕴藏在她身上的价值魅力依然不减；另一方面表明，这个价值具有很强的现实意义。

冼玉清在多个方面造诣颇深：诗、书画、文献学、文史考证，等等。陈寅恪先生评价她的《流离百咏》：“大作不独文字优美，且为最佳之史料。他日有编建炎（南宋高宗年号）以来系年要录者，必有所资可无疑也。”秦牧指出：“说她是近百年岭南杰出的女诗人、国学学者、广东文献专家，是恰如其分的。我想来想去，想不出有哪一位妇女在这方面的造诣超过了她。”如果把冼玉清的学术贡献归结为一点，那就是她的文化价值。冼玉清大半生研治岭南文史，取得了丰硕成果，《广东女子艺文考》、《广东文献丛谈》、《广东鉴藏家考》、《粤东印谱考》、《广东丛贴叙录》、《广东艺文志题解》、《岭南掌故录》等，从篇目上，也不难看出她对岭南文化的强烈关注。她说过：“如毁弃自己的文化，其祸害不啻于亡国。”在一定程度上，她所承担的是文化守护神的角色，那是像精卫填海一样的守护。

诚如研讨会上的专家所言，人文学科的价值评判，没有固定的标准，该学科的杰出人物就是标杆；每个时代文化所达到的高度，就通过他们的成就、他们的人格魅力来体现。冼玉清的一系列文物考证、掌故辑录、史志撰述著作，都非常具体，属于最基本的工作，可能考订还不够精，也可能还存在疏漏，但那正是一个文化守护者对待文化的态度，体现了她对自己民族历史与文化传统价值的薪传与发扬，尤其在那“旧学渐荒新不进”的时代，更显现了其“维系文化精神于不坠”的功德价值。也正是因此，她的成就不仅为她的同辈学人所推崇，而且至今仍为激励后学的精神力量。

遗憾的是，今天的一些人以为弘扬文化也是可以毕其功于一役的事情。投它一大笔钱，搞个什么工程；订它个若干年内培养若干大师的计划，就能够迎刃而解。在学术界，导致浮躁之风盛行，一些学者忘记了学术的目的，或急功近利，粗制滥造，或媚于世俗，热衷炒作，有的人甚至以抄袭剽窃的手段换取一时的名利。“学术”被蒙上了一层阴影。作为一个文化人、一个学人来纪念冼玉清先生，就是要学有所本，耐得住寂寞，耐得住“市场”的喧嚣，使自己的“等身著作”在后人看来是财富，而不是在时人看来已成垃圾。

广东在建设文化大省，以冼玉清等人为代表客观上构成了文化的化身，他们的文化品格，同样是广东一笔不可多得的宝贵文化遗产，值得我们代代守护下去。毋庸置疑的是，冼玉清们的文化气质在今天的社会里已经变得相对陌生，唯其如此，纪念她就有了更深一层的现实意义。

（2005 年 10 月 31 日）

教育需要神圣感

11 月 12 日，是母校中山大学 81 周年校庆日。在这一天，1200 多名已离校数月的 2005 届本科毕业生从四面八方赶回母校，穿上全新的学士学位袍，走上红地毯，来到校长黄达人面前，由校长轻轻地将他们学位帽上的流苏从右方拨向左方。据介绍，像这样为当年毕业的本科生专门举行学士学位授予仪式，在国内高校尚属首次。而在校庆这天举办这样一种仪式，将成为中山大学今后的一项传统。

余生也“早”，假如晚上十几年，也可以与师弟师妹们共享这激动的一刻了。固然，母校“也欢迎毕业多年的校友回来”，但过了“激情燃烧的岁月”，心境毕竟不比当年。细细回味自己，从小学到中学，到技工学校，再到大学，居然每个学习阶段的结束都想不出一个可资纪念的毕业时刻，记忆之中大抵只是一顿胡吃海喝之余，大家便各奔东西。只留下这个记忆是可悲的。一个人在某个阶段所受教育的结束，预示着他在成长道路上此一阶段的结束，对个人无疑具有标志性意义，那么，理当通过必要的礼仪形式加以体现。这种礼仪形式，绝不等同于备受人们诟病、抨击的形式主义。如母校将要形成制度的学位证书授予仪式，通过它，首先表明了校方对颁发证书的严肃态度，同时典礼现场散射出来的庄严感、神圣感，对于初次放飞的学子而言，现实和潜在的意义都不可小觑。教育是需要神圣感的。学子们一一登台，看上去会占用不少时间，但重要的是能够历经这样的场面，长存于记忆的心底。这正是体现教育神圣感的仪式。

咱们中国是举世闻名的礼仪之邦。钱穆先生说：“礼是中国文化的核心”，是中国人文精神的体现。但是毋庸讳言，咱们这个礼仪之邦在礼的“品种”上是存在不少阙失的。孔夫子所谓“礼失而求诸野”，还有一丝骄傲的成分，但在大学学位授予仪式这一点上，不是咱们这儿发源的，当然谈不上失；以前有过的类似做法也是从人家那儿学的，学着学着还当作糟粕给丢了。所以，中山大学此举旨在重建中国大学礼仪，弘扬大学精神，应当说开了一个好头。众所周知，国外的大学学位授予，从来都是学生心目中一项很重要的活动，被视为人生的重大转折。的确，大学毕业在很大程度上意味着学生时代的结束，新的社会生活的开始。没踏出过国门的人，也可以从新闻及影视作品中领略一二，比如那位智商不及正常人的阿甘，不过因为跑得快而代表学校打了四年橄榄球，根本没学什么东西，但在戴上学士帽的仪式上，还是令母亲备感欣慰和骄傲。学位授予仪式实际上意味着重视每一个学生个体，是对他们过去几年的努力给予肯定和尊重。

中山大学立志办成国际一流的名校，有必要通过借鉴有益的经验建立起自己的大学礼仪，体现鲜明的中大文化和精神。内容须通过一定的形式才能展现，否则就成了无处寄寓的游魂；形式为内容服务，否则就成了空荡荡的躯壳。一位参加过国外毕业典礼的前学子说，当学校的老师和你一起分享毕业喜悦的时候，你可以深切地感受到来自老师们的祝福和肯定，因之不由得对未来的生活豪情万丈，激动不已。我想，前天同样经历了这一切的母校学子，也一定产生了同样的心声吧。

（2005 年 11 月 14 日）

为小学生出书热泼冷水

《深圳商报》昨日报道，深圳小学校园里涌现出“出书热”，许多孩子出版了诗集、文集、科研报告等各种著述。对此，社会各界人士赞弹不一。笔者的态度则很明确，这种热应该泼盆冷水降温。

小学生出书，早不是什么稀奇事。韩寒在出版《三重门》时是17岁；后来就越来越低了，金今出版《再造地狱之门》时16岁，蒋方舟推出《正在发育》时12岁；再后来，窦蔻鼓捣出——实在不想用“写”这个字——长篇《窦蔻流浪记》时，竟然是不可思议的6岁！想起来真恨不得找个地缝钻进去，咱在6岁的时候，大字才识得几个？今年年初，重庆还有41名9－10岁的小学生因为“斗嘴”而集体“斗”出一部43万字的武侠小说。现在，深圳又冒出了一个团队的“文学幼年”，居然增添了调研报告这个新品种。这些听起来颇似天方夜谭的事情，在我们的国度上自然而然地发生着。我承认人是有天才的，然而从南到北、从东到西，呼啦啦一家伙涌出这么多低龄的文学“从业者”，除了目不暇接、目瞪口呆之外，不能没有一点思索。

我想小声地问一句：现在创作一部文学作品或者进行一项调研，真的到了轻巧得很的地步了吗？既不需要实践积累，也不需要生活感悟？那么小的年纪能出集子，如果没有成人的介入，尽管现在的出版门槛低得已到了给付银两就可抬腿迈进的程度，那些孩子的智力恐怕仍然得有相当水准。但是我想，倘若他们不是智力超常，别的地方的孩子恐怕也不难办到，之所以办不到，参照《深圳商报》的报道，一个可能是他的家庭没有钱，再一个可能是他的学校没有组织。总之，孩子们能够“轻易地出书”，却未必“是一种进步”。如果这出版了的书只是给自家留个纪念，孤芳自赏，谈不上丝毫的社会价值。恕我直言，这种出书现象也许恰恰是成人中盛行的浮躁风气，不可避免地在小学校园中留下的一个投影。由此则生出一种担心，担心孩子们长大之后，仍然以为花了钱就没有办不成的事情，担心哪个学校的孩子出了多少本书，演变成学校间相互攀比的“政绩工程”。

小学生出书可以热，还可以热度再高，甚至可以就此形成少年出书从个体走向“集团”的趋势，但社会需要以冷静的态度审视之，以认真的而不是制造噱头的态度审视之。小学生不是一定不能出书，谁都可以出书，但不应该是“一手交钱一手交货”，什么东西一旦可以“买”来，味儿就变了。其实，那些诗歌或调研报告，即使不轰轰烈烈地出版，如果他们能够从中体会到思维的乐趣，不也足够了吗?

对文学或学者少年们的作品，我都没有拜读，也没有拜读的欲望。但我建议研究儿童问题的专家们一定去读一读，从字里行间中发现点什么，把握一下他们的心理。由专家们降温，比我们更有科学依据一些。当然，前提得是没有猫腻什么的，否则，专家介入的结果很可能和我们的愿望恰恰相反。

（2005 年 11 月 29 日）

广州花市，一种独特的民俗

如果有人问起，广州的过年民俗中最与众不同的地方是什么？很多人可能都会脱口而出：花市。即便是没到过广州的人——比如当初笔者，也略知一二。当年，秦牧先生的名篇《花城》，使广州花市的声名不胫而走。“几乎全城的人都出来深夜赏花的情景，真是感到美妙”，境况今日依然。

在这个人们开始注重生活质量的时代，相信别的城市也有如此怡情的花市，历史沿袭下来的，或者新近这几年催生的，但是显然都不及广州的著名。“花市”二字与“广州”这个地名，已经形成了水乳交融的关系。按照文化人类学里的“文化圈”理论，“文化圈”之所以有别，在于“圈”内文化特质的区别。花市，无疑于以广州为中心的“文化圈”的一个文化特质，构成广州一种独特的民俗事项。

浏览史书，知道早在宋朝的时候，洛阳已有花市。据《邵氏闻见录》及《闻见后录》记载，届时，“四方伎艺举集，都人士女载酒争出”；先是“择园亭胜地，上下池台间引满欢呼”，玩个痛快，也喝个痛快，至于到了“不复问其（园亭）主人”的地步。等到天黑，则开始游花市，卖花的人们把花装在竹篮子里，“虽贫者亦栽花饮酒相乐”。当时有人还就此赋诗曰：“风暄翠幕春沽酒，露湿筠笼夜卖花。”可以想见，那也是一派欢乐祥和的图景。对广州花市的历史渊源，本人还所知甚少，但从逻辑上推断，用“悠久”来形容是不会错的，如秦牧先生所言，它的历史文化内涵，“正是我们热爱那些古老而又新鲜的年节风习的原因”。

民俗是约定俗成、世代积累、长久稳定的，往往超越历史阶段而存在。花市，作为广州的一种民俗事项，也是如此，它不可能因为什么人的主观意志而改变。所以，去年 11 月，越秀区花市要改换地点、“西湖路不再承办花市”的消息传出后，立即引起了极大反响，不少市民对已有近 50 年历史的西湖路花市将要消失表现出很多的不舍，更有人大代表提交建议，希望有关部门能够“收回成命”。取消的原因其实不大能立得住脚，无非是那里路窄人多，存在安全隐患。这个问题，考验的是城市管理。如同禁止烟花爆竹一样，一刀切去，隐患倒是降低了，人们过年也过得没劲了。毕竟广州的花市中，以越秀区的西湖花市最为“正宗”，也最为著名。客居广州 20 余年，每年我逛花市，也都去那里。有时候，这种“顽固”是没有道理可言的，但是决策者却要尊重之。

今年春节，广州同时亮相了十大花市，好在越秀花市的地点没变。它所以成为中心花市，可能不仅是因为规模最大，人流最多，而且是因为它本身坐落在广州的中轴线、承接着广州的龙脉吧。一种深入人心的民俗，不要轻易去改动它；况且，它也是由不得什么人、什么力量能够轻易改动的。我想，广州花市之所以长盛不衰，在于它对延续至今的这些古代民俗给予了现代诠释，再用秦牧先生的话说，“花市盘桓，令人撩起一种对自己民族生活的深厚情感”。

（2006 年 1 月 28 日）

历史上就是文化大省？

据本埠媒体报道，全省非物质文化遗产调查揭开了“鲜为人知现象”：从民间传统文化角度看，广东历史上就是文化大省。因为广东的民间文化蕴藏丰富，且早已绝迹中原的四个稀有剧种——正字戏、白字戏、西秦戏和花朝戏，独存于广东。

广东正在建设文化大省，这应该是个振奋人心的消息。不过，振奋之前，前提问题得明确，即便是“从民间传统文化的角度看”，历史上的文化大省也有值得商榷之处，与今天所要建设的不可等量齐观，更不要有今天的乃是历史上的回归的错觉。对前一个，因为是“历史上”的，更需要用一点“历史”的眼光，审慎看待。

先扯得开一些。按照学界比较一致的看法，汉语有八大方言，其中的北方方言涵盖了以黄河流域为中心，包括东北和长江流域中部及西南各省的绝大部分地域，而剩下的小部分地域集中了另外七个。为什么？原因当然很多，但交通不便、相互隔绝而缺乏交流、融合是一个重要因素。寇准《送人使岭南》的诗句说得最形象：“到海只十里，过山应万重。”也正是因此，方言里保留了许多古音。我在定居岭南前，对入声字总是不明所以，概因为在我自幼所浸淫的北方方言里，它早已经消失了；“入声短促急收藏”，怎么“收藏”？一旦听懂了粤方言就知道，这其实是个很简单的发音问题。

所以要举方言形成的例子，在于广东今天保留下来的稀有剧种，其性质大抵与之一样。这种现象，在文化人类学理论里叫做“文化残存”(survival)。根据人类学之父泰勒(E. B. Tylor)的观点，文化残存乃“新文化状态所源出的旧文化状态的物证和实例”。作为文化发展道路上的一个个标志，文化残存有助于探索人类文化的发展过程是无疑的，类似“礼失而求诸野”。但片面提升它的存在意义，则是不严谨的。

再打个也许并不十分恰当但能够形象说明问题的比喻。江南水乡周庄今天成了旅游胜地，但仅仅在20世纪80年代初，这样的古镇却在江南随处可见，周庄赖同济大学阮仪三教授的百般努力才得以幸存而已。因为片面地追求发展，填河、拆桥、开路、造厂，一座又一座古镇就消失了。阮教授至今感慨，当年“比周庄漂亮的镇子多去了”。在今天，周庄也是文化残存而已，我们不可能无视当年的历史，说周庄才代表水乡文化。

明白了这些道理，我们就知道，广东保留了稀有剧种，值得骄傲，但必须以理性的态度认识和对待这些“活化石”。认识不到这一点，就可能陷入沾沾自喜乃至盲目自大的误区。这对今天建设文化大省没有积极意义可言。

(2006年2月7日)

该禁的是“普”转“方”

广电总局日前表示，非经批准，各级广播影视播出机构不得擅自开办使用方言播出的节目。目的是为了规范广播影视节目的播出语言。在他们看来：广播的“声情并茂”和影视的“声画和谐”都离不开规范的语言文字。

不用说，禁令的制定者属于讲标准的普通话的人群。之所以下这样的结论，是因为那话外行，方言在其所通行的群体中能够引起强烈共鸣，即说明也是能够“并茂”与“和谐”的；只有不懂方言的，听或看起来不知所云，才会那样认为。这里面晃动着的多少有一点儿“文化中心主义”的影子，尺子一量，别的于是就有排斥的必要。

方言也是一种文化，这一点在今天恐怕没有异议。当普通话没有通行之时，对使用者来说，方言才相当于真正的“母语”。任何一种语言都有自己独特的魅力，有其他语言所不能替代的神韵。笔者现在看国外影片一定得看原声的，听不懂宁可看字幕；而如果配成普通话，感觉是在拿腔拿调，接受不了。方言的魅力同样如此。每年春节晚会上出彩的小品，基本上都是用方言来表演的。怎么不用标准的普通话呢？表现不了那种味道嘛。

因而，广电总局在对待方言问题上不应该一刀切去，像劫法场的李逵，管你官军百姓，挡路的就砍。真正该禁的，是把用普通话拍摄的、好端端的影视节目，硬生生地转换成方言。这在广州的粤语电视频道上天天可见。于是乎，康熙、雍正他们也动辄一口白话——广东话，别扭至极。而且，配音的总是那几个以不变应万变的声音，包打了粤方言的荧屏天下，令人生厌。普通话表现不了方言的魅力，方言同样也替代不了普通话的魅力。笔者作为“新客家”，对方言没有丝毫的排斥态度；甚至发现，掌握了粤方言，对一些唐诗的理解还深入了一层。但我还是以为，方言的“公开”使用，应当“局限于”表现本群体的独特文化事项，而没有必要奉行方言的“文化中心主义”。

广电总局的禁令，显然仅注意到了普通话的推广一面，而漠视了方言的文化一面。在方言还在大量使用的地区，激起比较大的反响——主要是不满，几乎是自然而然的。全面禁“方”，既不够明智，也不可能取得应有的效果。

（2006 年 4 月 4 日）

也谈职称外语考试

自从上周日今年职称外语考试进行以来，非议之声一直不绝于耳。对职称外语的态度历来见仁见智，但昨天新华网搞的“本网综合”，却完全是“一边倒”的否定意见，令前几天也参加了考试的笔者感到有几句话要说。

多数反对者以为，外语没有用。所谓没有用，其实就是在工作中直接用不上。这种实用主义观点是不值一驳的。干什么只学什么，否则就没用的话，人可能就成了机械。然而试想，比如，关云长倘若没有秉烛夜读《春秋》之类的举动，那么，只会耍大刀的他还会不会被后世尊为武圣？怕要成为疑问。“汉语才是我们真正的母语”，把问题提升到民族主义高度，爱国主义情结，固然可嘉，可惜帽子戴得不是地方。重视外语就是排斥母语，这个非此即彼的逻辑成立吗？

倒是某位副教授“外语考试无法真实衡量申报职称者的专业技术水平”的说法，还有一定的商榷意义。他认为：“一个人的外语水平低，并不一定缺乏专业水平，同样，外语水平高也无法说明其专业水平就一定突出。”这是对的；但是笔者以为，外语水平和专业技术水平关联不到一起，前者是一种素质要求。而且，专业水平突出的，如果外语水平同样突出，他还可能达到另外一种高度。钱钟书先生的《管锥编》、《谈艺录》，对古今中外的材料信手拈来，倘若他不能直接使用数门外语，那是绝对不可想象的。

当然，目前的职称外语考试无疑有不少可诟病的地方，比如借考试之机大捞一把的嫌疑比较明显。那么高昂的报名费不说它了，考试成本有多大咱也不大清楚，但考试用书总不该堂而皇之地宰人吧。同样的开本、页码，别的书定价多少，大家还是会比较的。另外，先前已经通过的各种外语等级考试，概不算数，必须过此一关，也值得商榷。但这都属于完善考试本身的问题，而并非取消与否的问题。不要说我们在绝大多数领域还都要向发达国家学习，就是我们有朝一日什么都领先了，也还有吸收知识的必要，直接吸收的总比间接吸收的要具备优势。

在今年的职称外语考试中，笔者参加的是最高级别的A级考试，与一道参考的几位朋友一样，并不感到有多困难，这个门槛其实是很低的，远没有到"迫使大家苦学"的地步。须知这是专业资格的一个条件，连这道小小的门槛都不能跨过，拥有专业职称甚至是高级职称，不是变成了一件可笑的事情吗？

（2006年4月14日）

从第六批"国保"名单看广东

第六批全国重点文物保护单位名单昨天正式公布了。这是自1961年我国首次公布全国重点文物保护单位以来，批准公布全国重点文物保护单位数量最多的一次，总计1080处，接近于前5批数量（1271处）的总和。

在名单里反复数了几遍，发现我们广东有20处。其中，南越国木构水闸遗址要归入第四批全国重点文物保护单位秦代造船遗址、南越国宫署遗址及南越文王墓，马坝人遗址要归入第五批全国重点文物保护单位石峡遗址。那么，实际算来是增添了18处，这是值得我们欣慰的。但是跟兄弟省市比一比，还真不能算多。居全国之首的山西，新增数量达152处；另外，陕西有50处，北京有38处……

这至少说明，广东还不是文物大省。文物大省与文化大省，一字之差，两个概念，二者之间不可以直接画上一个等号，但文物与文化之间却有着千丝万缕的关联。文物本身就意味着文化，是文化的深厚积淀。广东不是文物大省，历史积淀的不同是一个重要的前提条件，即所谓“先天不足”。但是，我们现有的文化资源还远远没有开掘出来，还远远没有被认识到，也是一个事实。比如，去年底笔者在新会拜谒了陈垣故居，那个地方不知道为什么没有成为“国保”，敢是不符合评审标准?

前几年，广东提出建设文化大省。据年初中国社会科学院召开的“2006 年中国文化产业发展形势发布会”透露，目前全国已有几乎三分之二的省份都提出来建设文化大省，所有的省都已经把发展文化产业列为“十一五”规划的一个重点。这意味着，广东的文化大省建设面临着兄弟省市的严峻挑战，何为“大省”之“大”，将存在鲜明的横向比较。按我的未必正确的观点，文物大省在文化大省的竞争中有着天然的优势。因此，广东如何在“文化”的竞争中取胜，除了文化产业上的独辟蹊径，独树一帜，恐怕还丝毫不能放松对岭南历史文化的发掘。历史文化更有“根”的意义。前年，《南方日报》曾推出大型报道《广东历史文化行》，对广东著名的历史文化进行了全面梳理。今后要做的，该是致力于发掘不著名的、尚未为世人知晓的历史文化。

一次公布了 1000 多处“国保”单位，由国家把文化建设放在了更突出位置这个大环境所决定。不过，文物保护单位数量的增加，等于文物保护的担子在加重，这一点也是欣喜之余必须想到的。

（2006 年 6 月 9 日）

不要让地域歧视一再上演

昨日《南方都市报》报道，深圳市龙岗区岗贝村因为对存在安全隐患的老屋村进行清理整顿，要求原来租住在老屋村的居民搬出。别的租客都好说，很快另觅到租处，而来自河南的一批人却至今还没有着落，主要原因是“河南人在岗贝口碑不佳”，房东一致不租给他们。

有人说这是村委会的集体决定，村委会负责人则说这是村民的个人行为。无论属于哪一种，这样的举动笼罩着浓浓的地域歧视色彩是无疑的。去年，龙岗曾经发生过轰动一时的公开针对河南人的“横幅事件”；现在，又发生了性质相近但却“暗地”的同一类事件，让人感到太不应该。很有可能，若干河南籍人士的行为严重地伤害了岗贝百姓的心，或者给当地带来了不稳定因素。尽管如此，我们还是应当明白一个浅显得不能再浅显的道理：在任何地方都有害群之马；恨乌及屋，不仅非常不理智，而且势必株连无辜。

德国地理学家拉采尔有个曾被我们严厉批判的地理环境决定论。他把人说成是环境的产物，因而活动、发展都受环境的严格限制。这种理论反映的，实际上是人对大自然的敬畏态度。这理论用我们的话说，其实就是“一方水土养一方人”。我国地域辽阔，在漫长的历史进程中，不同的地域繁衍出了各自不同的文化特色；但这些不同的文化特色之间没有高下之分，相互也不能取代，这是不能否认的。比如说河南的豫剧和广东的粤剧，分得出孰高孰低吗？分不出。二者可以并存不悖，且相互吸收、相互借鉴。与此同时，任何一种文化都不是十全十美的，既有值得骄傲自豪的一面，也都有值得反思的一面。但是从古到今，此地人往往注意到的——或拿着放大镜看的，大抵是彼地文化的“缺憾”，或者借用一两个典型事例、一两个典型人物，以偏概全，人为导致地域歧视的陋习产生。

在对待地域歧视问题上，倒是清朝雍正皇帝的认识值得推崇，别看他制造了多起骇人听闻的文字狱，残暴无比。据《永宪录》记载，雍正有一天晓谕群臣：“如江、浙则诋山、陕为蠢，山、陕更诋江、浙为柔靡”，这种现象是很不正常的。怎么办呢？他做了个设想：“若山、陕之人佩服江、浙之文，江、浙之人推重山、陕之武，则文武并济，各效所长，岂不美哉！”说白了，大家各自取长补短，多好！可惜，在 21 世纪的今天，我们一些地方的人还没有封建皇帝的识见高明。

龙岗那里连续发生地域歧视现象，是值得引起重视的。这是和谐广东建设中的不和谐音。龙岗面对的，首先是应该不要让地域歧视的腐朽观念一再上演现实版本。

（2006 年 6 月 14 日）

让球迷放纵一回如何？

在德国世界杯开赛之前，广州市有关部门即已明确表示，世界杯期间将严格执行凌晨两点以后酒吧不得营业的规定。现在，对酒吧的强制清场开始实行了。此举招致球迷的极大反感基本上是预料之中的；在反感之余，强制清场的执法依据委实值得商榷。

如果没有世界杯，酒吧的“身份”想必没人去关心，但现在，“身份”的认定是决定它在深夜两点以后命运的重要因素。3 月 1 日实施的《娱乐场所管理条例》规定，每日凌晨 2 时至 8 时娱乐场所必须关门。问题的焦点就在于酒吧是不是娱乐场所。可是对这个概念，不要说我们，就连不同的执法部门也存在理解分歧。文化部门的态度很明朗，酒吧不属于娱乐场所；而公安部门则认为，酒吧属不属于娱乐场所关键看其内有无娱乐设施，如客人到里面自娱自乐或酒吧请人表演，就算娱乐场所。可惜，在解释并没有达成一致的情况下，深夜两点以后，广州的球迷被强制不能在酒吧看球了。

娱乐者，欢娱行乐也。说白了，就是大家高兴。表面上看，观看世界杯比赛是一种娱乐，是球迷四年一度的狂欢；往深里看，世界杯却也并不仅仅属于娱乐。新一期 *National Geographic* 有一个关于德国世界杯的专题，那组文章就很能给人启迪。其中一篇认为，足球固然能够煽动暴力，但另一方面，在消除民族偏见等方面的功能也是独一无二的。上届世界杯由韩国和日本联合举办就是一个实例；再过 50 年，也许我们可以看到世界杯由现在势同水火的以色列和巴勒斯坦联手举办。如今谁家都有电视，但球迷讲究的是看球的气氛。如果单纯地只是猫在家里看球的话，可能就属于央视张斌先生所说的“伪球迷”，足球也就不成其为足球了。6 月 10 日，英格兰队首战巴拉圭队这一天，聚集在法兰克福的英国球迷就达 4 万之众。可以想见，电视机前的气氛肯定不如现场的，而孤零零观看的又肯定不如识与不识的人们聚集在一起的。

因为时差的关系，此后越来越多的比赛都将在凌晨两点以后进行。不准深夜在酒吧看球，无非是为了防止球迷们情绪激昂之时大呼小叫，对周围居民构成骚扰。尽管如此，对一项“身份”尚未界定清楚的严格执法，还是慎重的好。因此，在酒吧“身份”尚比较“模糊”时，执法部门权且默认酒吧不在娱乐场所之列，让球迷先放纵一回如何？如果说的确扰民，那么，在没有居民的酒吧“一条街”，让他们放纵一回如何？

（2006 年 6 月 16 日）

纪念金应熙先生

刚过去的这个周六在中山大学参加了“金应熙教授藏书捐赠暨史学论文集首发仪式”。在广东史学界，金应熙先生以通才见称于世，著名史学家周一良先生把他列为陈寅恪三大弟子之一。作为公认的才华横溢的学人，金应熙先生这一点是无可争议的；可争议的是金先生在政治运动中的表现，尤其是“北京一家久负盛名的出版社”10 年前出版了陈寅恪先生晚年的作品之后，“其中竟以专门的篇幅肆无忌惮地对金应熙教授进行了恶意的人身攻击”（金应熙之子金冬雁语）。

6 月 25 日是金先生逝世 15 周年纪念日，去今并不久远。仪式后还举行了座谈会，参加者大抵都是金先生的师友。感受得出，人们凭借一件件生活中发生过的事情忆往，莫不饱含深情。间或亦有人谈到了“驯服工具”、“刀笔吏”问题，以为加诸金先生乃大不妥。一位来自中国人民大学的老先生的发言，给我的印象尤深。他说他和金先生那一辈人，读中学的时候赶上抗战，走上社会的时候赶上解放战争，因而对新社会具有强烈的向往。金先生一生多次并非因为自己的缘故而转变学术方向，他都欣然接受，专注地投入工作本身就是一种美德。

会后重读了10年前对金先生“进行了恶意的人身攻击”的那本畅销书（即陆键东先生的《陈寅恪的最后二十年》），以为除了个别用语偏激之外，“攻击”而且“恶意”似乎还谈不上。毕竟，在金先生的“痛处”，作者都有当年的档案材料为佐证，不是全无依据。那么，争议双方的焦点，实际上一个是从“过程”出发，就金先生日常的为人处事，来印证他究竟是怎样一个人；另一个则是从“结果”出发，就金先生留下的白纸黑字来说话。怎样才是客观的评价？我以为两者要有机地结合在一起。老一辈学人，严格地说，经历了解放后历次政治运动的老一辈学人，大抵都面临这个问题。参加过“梁效”写作班子的周一良先生，在《毕竟是书生》中谈到自己在1976年11月曾收到“一个老朋友”的信，里面只有四个大字：无耻之尤。然而，他“并未像家人所想象那样受不了，而是淡然处之，付诸一笑”。我比较欣赏的是，周先生“一度还曾把信压在书桌玻璃板下，以资警惕”。

对经历了那么多政治运动的老一辈学人的表现，不必“为尊者讳”是无疑的，但正如蔡鸿生先生所言：“回首当年，对处于风口浪尖上的金先生，如果缺乏了解之同情，只见其风，不见其格，就未免过于皮相了。”对金应熙先生如此，对整个那一代人又何尝不是如此？

（2006年6月26日）

白云山清坟确应慎重

28位专家昨天向广州市政府递交了一份呼吁书，就白云山管理局拟在一个月内清除坟墓一事提出建议：暂缓清拆辛亥革命前的墓穴。这个建议值得引起高度重视。白云山要彻底清坟，使其发挥窗口作用和市肺功能，出发点无可非议，但是避免在清坟过程中同时把文物毁掉，更是非常必要的。

坟墓，是丧葬文化的一个组成部分。历史上的丧葬规制、习俗，大抵可以通过坟墓的形制、陪葬品及其摆放等表现出来。前几天新华社的一则消息说，在西安南郊发掘的一座大型墓葬中，发现了“天子六驾”等，考古学家推断陵墓主人很可能是秦始皇的祖母夏太后。在新中国的重大考古发现中，多数都属于坟墓发掘。殷墟妇好墓、满城汉墓、长沙马王堆汉墓，以及我们广东的南越王墓等等，举世震惊，出土了大量珍贵文物。所谓重大考古发现，在于这样的发现能够改变或修正我们先前对历史、民族和文化发展的一些认识和看法。南越王墓的发掘成果，等同于生动地展示了南越的灿烂文明，与此同时还订正了《史记》记载的第二代南越王的名字错误。现在好多人那么急着要把秦始皇、武则天等人的墓挖开，其中一个目的也是想看看里面究竟藏着些什么惊人的宝贝。

大型墓葬的存在价值，不仅在于通过发掘能够印证并丰富史书的记载，更重要的在于能够让后人触摸到历史，通过具体的实物感知历史，与前人直接“对话”。即便不具备以上意义，一个历史名人的坟墓——归根之所，从其问世的那一天起，无形中也就成了一个文化符号，一个文化标志。几年前笔者在山西夏县拜谒司马光墓，那种文正公就在身旁的感受，哪怕读那些描写再生动的传记也无法体会得到。其实，不要说如假包换的真迹了，杭州西湖的苏小小墓早就被毁了，现在又重修了一个呢，非议归非议，不妨碍不了解底细的人们络绎不绝前去看看。名人墓就具备这种天然的吸引力。

固然，白云山现在31处已经发现的有价值墓葬，被列入广州市“内控文物保护单位”，但以白云山千百年来即为葬身之所而言，发现更多的具有历史文化价值的坟墓是非常有可能的。这是一项细活，不要指望能一朝厘清，明末著名歌妓张乔的“百花冢”，人们找了那么多年，不是上世纪80年代才在白云山找到吗？发现一座未知但存在的名人墓，更需要史识、学识。把辛亥革命前的墓穴暂缓清拆，就在于能够防止倒脏水连孩子一起倒掉。因此我建议，清拆的步骤不妨由易及难，一眼就看出不是文物的先清，其他的慢慢来。

（2006 年 8 月 8 日）

“大锅饭”，怀旧还是恶搞？

广州新开了一家“另类”餐馆，店名“大锅饭”；店内墙壁满是上世纪五六十年代的标语，还陈列着那个时代使用的粮票和肉票，收藏着近百枚不同款式的毛主席徽章；服务员则一律身穿军绿色制服、佩戴“红卫兵”袖章……

此一类的餐馆不是第一次出现，但每一次出现基本上都能成为新闻。当“恶搞”还没有大行其道的时候，人们把这叫做“怀旧”；现在，它究竟属于“怀旧”还是“恶搞”，就有些看不大明白，抑或二者兼而有之吧。怀旧与恶搞，当下在社会上都比较流行，要么试图用往事勾起人的缠绵或伤感，要么试图以无厘头的方式“颠覆”什么而寻开心。这看似没有关联的两种行为方式，一不小心——比如模糊时空界限，是可以由此及彼的。你看，这家“大锅饭”餐馆门口的对联上写着“翻身不忘共产党，幸福不忘毛主席”，横批却是“广阔天地炼红心”，就有些“恶搞”的意思。因为“过来人”都知道，对联和横批的文字分属于不同的年代，讲的也是两码子事，根本拢不到一起来。

关于恶搞，舆论已渐有微词，尤其是“红色经典”成为它“颠覆”对象的时候。关于怀旧，却仍在乐此不疲。打开电视机，大量的节目取向都是在忆往；连电视剧似乎也懒得创作了，重拍完这个又重拍那个，好像那些“影响了整整一代人”的作品，借用个片名，然后添点儿佐料，大量注水，就可以不断地影响下去。就个人来说，一个人如果老是怀旧，人们会说他心态“老了”，才会不断回望来时的路。也有人说，一个人如果逃避现实就会怀旧。现代人为什么那么喜欢恶搞，论者见仁见智，给出了不少答案；但现代人为什么那么喜欢怀旧，看起来值得社科工作者认真研究一下，倘若这确实是一种普遍存在的社会心态，肯定不是三言两语能概括得了的。

另类餐馆的出现，充其量是吸引顾客的一种招数，包括餐馆主人在内也不会希望回到大锅饭时代，起码个人开餐馆在那时就是不被允许的。但怀旧就该像一点怀旧的样子，不要有意无意地戏说历史，像东北的一道菜一样一锅乱炖，客观上沦为恶搞。前天晚上看本地电视新闻，其中一个专题讲“长征路上的广东人”，旁白居然说里面广东籍的主人公（一位医生）“在文革时被划为右派”！这种驴唇不对马嘴的解说，知道的，不屑一顾；问题在于，不了解那段并不久远的历史而又认真看了节目的呢？

（2006 年 9 月 18 日）

公务员申论考试须防八股化

昨天，2007 年度上半年广东省公务员招考笔试分别在全省各考点举行。共有超过 9 万名考生参加角逐 7000 多个省直机关公务员职位，平均考录比为 12.8∶1，个中的竞争激烈程度仍然可见一斑。本次公务员考试的笔试科目分别为行政职业能力测验、申论两科；其中申论一科，觉得有议论一下的必要，因为搞不好，有沦为八股的趋势。

举申论的第一题来说吧，“给出六合彩在农村盛行的原因，包括文化生活困乏、文化设施少、农民投资途径不足等，要求考生根据原因写出对策”。毋庸讳言，六合彩在广东农村已有成为痼疾的趋势，在一些地方愈演愈烈，加大整治力度也只是使之偃旗息鼓一时，不能治本。给出这样一道题目，看看准公务员们能献出什么灵丹妙药，能显见出题者的良苦用心。然而我们须知，如果一个对六合彩并没有什么认识的考生答这样一道题目，无论他申论得多么精彩，给出的“原因”都是想当然的原因，给出的“对策”也都是想当然的对策，属于典型的纸上谈兵。况且，卷面上已然有提示性的原因，他只能就此发挥，从而只能使答案八股化。考试未几，即见北京的专家给出了“参考答案”，比如对策，他是这么答的：其一，大力宣传六合彩的危害和揭露其本质；其二，加大对六合彩的打击力度；其三，丰富农村的文化娱乐活动，正面引导农民业余生活；其四，发挥农村党组织的作用。每个“其”的后面，当然还有如何如何。这个参考答案，可谓标准的八股答案。

试想，如果一个外地的根本不了解广东地方实情的人，如此轻易地就能给出六合彩的成因及其对策，事情本身不已有了十分可笑的成分吗？这样的申论答案往好的一面想，能够考察出准公务员们的“大胆假设”；往不好的一面想，通过这种直接的灌输，则可能为即将走上岗位之后的他们定型了八股思维模式。大力宣传、加大力度、必须高度重视，诸如此类的干瘪语言，我们在现行各类报告中不是见得太多了吗？

答案八股化，根子在于题目。题目既可以发散考生的思维，也可以局限考生的思维。公务员考试的命题应当是一门学问，考察他们潜在的行政办公能力。记得有一年国家机关公务员考试中行政职业能力方面的试题类似于“脑筋急转弯”，尽是些稀奇古怪的问题：为什么南极没有熊？鳄鱼遇到食物掉眼泪是怎么回事？英国二战时为何停止天气预报？……舆论曾经为之大哗。在我看来，申论之类暂时没有滑稽到那个程度，人们就还不太关注吧。

常见人们拿高考与科举类比，其实二者有本质上的不同。高考录取只是跨进了学校的门槛，仍然处于学习阶段；而隋朝开始就以“试策”取士的科举，考生却是连过三关之后就能成为国家工作人员。这么说来，公务员考试倒是和科举尤其是进士科有几分神似。科举文章后来演变成了八股文，破题、承题，格式一样少不得；公务员申论如果可以设定答案，就难逃八股化的嫌疑，只是形式变化了而已。

（2007 年 6 月 18 日）

那个为世界擦脸的老人走了

一代漫画大师廖冰兄先生的遗体今天将要在广州火化。那位个性率真、试图通过手中的画笔来改造社会——用他自己的话说是“为世界擦脸”——的老人，真的要走了！

那么多的人自发地为这位老人送行，这位老人一定有其震撼人们的心灵之处。的确，那是一位荡涤旧世界的勇士，也是一位新社会的“清道夫”。“我有一枝笔，唔（不）值二分银。可作大扫把，专门扫瘟神。”廖老在早年的一组自画像中表白得最清楚不过。干了 70 多年的“义务清洁工”，已经靠在轮椅上时，冰兄老人还在念叨如何“给世界擦把脸”。和廖老接触过的人都知道，他敢思、敢言，敢爱，也敢恨，无论解读社会还是剖析自己，无不入木三分，毫不留情。他的那幅著名的《自嘲》，埕破之后仍然蜷缩一团、不敢动弹的人，又岂止是他自己？去今 10 年来，笔者在《同舟共进》杂志工作时，还领略过老人由《自嘲》衍生出的另一幅作品：那位蜷缩的老人已经伸展手脚，迎着初升的朝阳兴高采烈地在做操；但是，蜷缩者依然那副尊容，并且扭过头，道一声“呸！自由化”（发表之时，记得删去了“自由化”三个字）。

在这位也许是耳聋而成就的“大声公”身上，洋溢着激浊扬清、弘扬正义与良知的凛然气概。老人一生所绘就的，看上去是一幅幅漫画作品，但人们只有在细细品味时才会恍然大悟，那分明是不止于漫画的漫画，“丹青图中有谏书”！这位不停地“给世界脸上洗白白，搞卫生”的老人，其 91 载的人生历程，留下的也分明是无比忠贞的清晰足迹，冷峻的笔锋之中折射出的是一腔热血热肠。笔者所以在耳聋前面加上“也许”二字，在于相信，即便是耳聪目明，以冰兄老人疾恶如仇、锋芒毕露的禀性，同样会是一位“大声公”，令那些意欲作奸犯科之人，闻其声，而头皮发麻。正像方成先生所说的：“见了他，不敢做坏事。”

廖冰兄之所以为廖冰兄，首先因为他是一个善良的人。他的良知，他的正义，始终笼罩在人道精神的光环里。即使到了暮年，廖冰兄也丝毫不改忧国忧民的本色，一直对少年儿童的教育事业及社会上的弱势群体给予了不遗余力的支持和帮助，而他自己却长期过着极其简朴的生活，家里的空调开动，因为电表转得太快，老人都觉得心疼。然而，他又是如此地关注民生民情，如此地好管“闲事”，因此得了个“业余市长”的雅号。十几年来，他陆续向社会捐出了 60 多万元，还筹得资金 80 多万，发起成立了以自己名字命名的专项基金，用于帮助困难的群众。尽自己的可能乐善好施，成了他最后的欣慰。

冰兄先生的老朋友黄苗子、郁风夫妇曾在一篇文章中谈到：“有目共睹，冰兄的创作具有非凡的正义感和艺术感染力。这抹布和扫把不是敝帚自珍，它已为世界共赏。”其实，“给世界脸上洗白白，搞卫生”，同样生活于世界中的我们，又焉能置之度外？它理应成为我们共同的义务。当这位可敬的老人离去之后，我们更应该觉得肩上有这样一副担子。冰兄老人用自己的画来当擦脸布，这样的擦脸布，其实我们每个人手里都有一块，无论我们所操的是哪一种，都应该不遗余力地用起来，清洗社会每个角落的污泥浊水！但是，显而易见，只有把握了亿万普通民众的情感，我们手中的这块擦脸布才能成为净化社会的物质力量。

冰兄先生，请一路走好！

（2006 年 9 月 29 日）

《三字经》作者之争，非遗惹的祸?

顺德和宁波在争《三字经》的作者归属。此前，人们一般倾向于是宋儒王应麟，今天出版的《三字经》都是这么署名的，像《西游记》的作者署名吴承恩一样。但是现在，广东及顺德的学者经过十多年的研究认为，《三字经》的真正作者是南宋末年的顺德人区适子。前天，佛山电视台干脆把顺德、宁波两地学者找到一起，面对面地进行辩论。

不要说一场辩论不可能有任何达成共识的结果，照这种态势，无论再找多少人，无论再辩多少场，除了热闹非凡，这也可能是个无法理清的问题。尽管双方专家均随身携带了大叠资料上台，旁征博引以支撑己方观点，但基本上跟常见的高校辩论赛一样，鸡同鸭讲的意味更浓。古书上就是这么记载的，于是乎，每一方都盯住或截取对自己有利的那一点，而忽略对别人有利的那一点。或者说，同样是历史记载，己方的就言之凿凿，人家的就疑问颇多。老实说，这种“等闲平地起波澜”的文化事项之争，在物质文化遗产领域我们已见得颇多。争夺的双方或多方至于争红了眼，争得失去了理智，不是连仅仅属于神话传说中的人物也逐一“安家落户”了吗?

《三字经》作者之争所以骤然而起，不在于谁已经研究了多少年，成果似乎“水到渠成”，而在于顺德要把《三字经》拿去申报国家非物质文化遗产，借此打造成顺德的一张世界级文化名片；宁波方面显然认为这是横刀夺爱。那么，《三字经》作者归属之争，是国家保护非物质文化遗产惹的祸吗?看来是的。2005 年起实施的《国家级非物质文化遗产代表作申报评定暂行办法》，其目的是为了“推动我国非物质文化遗产的抢救、保护与传承”，“加强中华民族的文化自觉和文化认同，提高对中华文化整体性和历史连续性的认识”。但在事实面前，这样一个良好的出发点显然已被异化得面目全非了。

《三字经》作者之争如此热闹，强化了一个不大好的信号，预示着见怪不怪的物质文化遗产之争向非物质文化遗产之争转移的加剧。毕竟武大郎祖籍之争、梁祝故里之争等等，还没有这么夺目耀眼。倘若《三字经》争赢了，接下来要不要争一争《西游记》呢？开头说了，现在出版的《西游记》都把作者署名吴承恩，实际上早就有作者为元朝道人邱处机说、明朝“青词宰相”李春芳说等等。就算《西游记》涉及的社会风俗习惯大抵是明朝的，邱处机说有“宋版元史”之嫌，李春芳呢？偏偏他是今天江苏兴化人，与“通行”的作者淮安人吴承恩只是大同乡而不是小同乡。其他类似的情况呢，或者来个所谓双赢，或者争个水落石出？

对根本不可能弄清楚的问题可能有弄清楚的必要；即便有，也还是让它回归为学术之争吧。话说回来，即便是学术之争，学者们也应当抛弃“本土情结”，学术研究嘛，总应该尽量让客观事实说话，而不能从狭隘的地域观念出发，甚至沦为本地的御用工具，结果先行，罔顾其他。其实，《三字经》作者之类的归属之争，看上去像是文化之争，骨子里却属于经济之争。

（2007年4月12日）

“广州饮茶习俗”落选遗产实属正常

广州市第一批非物质文化遗产已于日前正式公布，包括“五羊传说”在内的35个项目跻身其中。名单的公布，标志着广州市非物质文化遗产保护工作进入了一个新阶段。与今年3月份的公示名录相对照，细心的人们会发现，名录中不见了“广州饮茶习俗”。

“饮茶粤海未相忘。”广州人喜爱饮茶，尤其爱饮早茶。早上见面，其他地方的问候语大抵是“吃了吗”，广州人则往往是“饮咗茶没”（喝茶了吗）。广州人所说的饮茶，实际上指的是上茶楼，不仅饮茶，还要吃点心，一盅两件，优哉游哉；不仅饮早茶，还要饮下午茶、夜茶；不仅填饱肚皮，还顺便传播新闻、叙说友情、洽谈生意。由此可见，饮茶在一定意义上已经超越了单纯“茶”的范畴，已经成为社会交际方式的一种。既然饮茶构成了岭南文化别于其他文化的一个显著特质，为什么“广州饮茶习俗”又会落选广州市首批非物质文化遗产名录呢？想一想也是正常的。

按照国务院关于加强文化遗产保护通知的定义，非物质文化遗产是指各种以非物质形态存在的与群众生活密切相关、世代相承的传统文化表现形式，包括口头传统、传统表演艺术、民俗活动和礼仪与节庆、有关自然界和宇宙的民间传统知识和实践、传统手工艺技能等以及与上述传统文化表现形式相关的文化空间。根据这一定义，各地的非物质文化遗产项目完全可以用浩如烟海来形容。因而现在事实上针对的，主要是那些在社会生活现代化和外来文化强烈冲击下处于濒危状态的文化遗产。旁证一下，现在谈到非物质文化遗产，不是往往都与“保护”二字相连吗？这两个字，已然形象地道出了名录上的非物质文化遗产的处境，其着眼点在于“抢救”，在于其“濒危”，现在再不保护，很可能要失传，很可能要被遗忘。细数广州市首批入选的35个项目，正具有这样一些共性。从这些角度来看，尚在兴旺之际的“广州饮茶习俗”并没有显露丝毫疲态，将其列入遗产名录至少在目前非为急所。

从“广州饮茶习俗”的落选中，我们也可以得到一点启示。非物质文化遗产诚然是一块金字招牌，但不等于生活中需要重视的一切文化事项都必须得贴上这个标签。有一些地方，甚至为那些“产权”模糊不清的非物质文化遗产的归属争论得不可开交，因为谁都知道，争成了，等于盘活一笔可资开发的文化资产……种种现象，或神化或异化了非物质文化遗产的功能，或多或少地背离了评选的初衷。

跻身非物质文化遗产名录本身并不是目的。保护非物质文化遗产，不是把旧有的东西当作“活化石”仅供展览，也不是简单地复制到现代生活中，重要的是使国人借此能充分认识和理解蕴含其中的中华民族特有的精神价值、思维方式、想象力和文化意识。因此，只有政府和民间都能充分重视文化遗产研究和保护的重要性，并拿出实际行动，才是保护工作正常有序的开始，才能使前人的文化创造得到继承和开发，在新时期焕发出绚丽的光彩。

（2007 年 5 月 19 日）

文化名人，岂可少了黄飞鸿？

日前，广东省人民政府文史研究馆、广东省地方志办公室等单位联合主办了“广东历史文化名人巡礼图片展览”，上起南越王赵佗，下迄音乐家吕文成，共有 116 人入选。人们感到诧异的是，这么多人里面，偏偏没有黄发垂髫尽皆耳熟能详的佛山黄飞鸿，倒是他的徒弟林世荣赫然在列。理由呢？主办方说：“黄飞鸿的故事大部分是民间传说，有史料记载的事实很少。”

对这个解释我感到不能接受。广东评选历史文化名人，岂可少了黄飞鸿？“无影脚”之类可能只是传说，但正史记载的其实也未必不是传说。见诸《史记》的三皇五帝，就无一不是传说，却并不妨碍我们把其中的炎黄认作中华民族的祖先，也不妨碍我们认定正是因为“神农尝百草”而发明了中药。秦始皇时的徐福渡海求仙，也完全是民间传说，可是在日本，却有徐福墓、徐福祠，若有其事。当代学者汪向荣先生有一篇《徐福东渡》（载《学林漫录》四集），从中日关系史和日本古代历史的发展过程来进行观察、探讨。汪先生旨在表明，传说有如此旺盛的生命力，必然有其存在的理由，不能轻易地加以否定。那么，对黄飞鸿这一“人物真实、故事杜撰”的态度，又何尝不该如此？

另一方面，传说所反映的也未必不是历史。活字印刷是我国的四大发明之一，我们都知道发明者叫做毕昇。但毕昇的事迹却在正史上没有任何记载，只是北宋沈括在自己的著作《梦溪笔谈》里提到而已，“庆历（宋仁宗年号）中有布衣毕昇，又为活版”，就这么简单的一句话。按道理，这只是沈括的一家之言，然而却足以成为活字印刷发明权归属的最有力证据。其实，即便是民间传说同样也可以构成历史。本该成为信史的东西，可能因为种种原因导致了当时的记录缺席，那么它就转而会以传说的方式保留下来，植根于民间的内心深处，浸染着此一文化圈内的人们的思维意识。再比如说，那些历史上没有文字的民族，其文化正是靠口头传承下来的，这是他们的唯一传承方式，其内容自然以传说的成分居多，而其传说不正等同于其历史吗？倘若我们这时要“本着对历史严谨的态度”，许多丰富多彩的精神世界就要变得虚无了。

在评选历史文化名人层面，确实需要“本着对历史严谨的态度”。否则，连诸葛亮出山多少年也要大张旗鼓地搞庆祝仪式，难免遭到舆论的非议。前两年我的故乡评选燕赵历史文化名人，“四美”中居然有罗敷、崔莺莺，“八英”中甚至有梁山好汉行者武松这些主要靠文学作品走进人们视野的人物。问题是，“本着对历史严谨的态度”，不能仅仅盯住官修正史的一面。从广东历史文化名人之中抛弃黄飞鸿，等于自动抛弃了一个深入人心的文化符号，当是一种得不偿失之举。实际上，即使围绕黄飞鸿的多是民间传说，即使他今后仍然不能入选广东历史文化名人，但他的存在价值恐怕并不会因此而有任何改变。

（2007 年 6 月 5 日）

改名，从文化变身经济

前几天，20 亿只东方田鼠大闹湖南洞庭湖区。原本以为这件事情与广东没什么紧密关联，最多是防患于未然。谁知道，忽地有消息传出说，当地乱窜的山鼠、田鼠被人捕捉后连夜运抵广东，流入了野味市场。对此，7月14日下午，岳阳市疾病预防控制中心副主任何华先予以否认：东方田鼠不存在作为野味外流的可能性。

我们宁愿相信这一表态是真实状况，但是从媒体报道来看，番禺、肇庆、东莞、南海等地鼠宴已经卷土重来，可能也是事实。广州市白云区一家批发市场被曝光“地下”交易田鼠后，六家涉嫌交易的摊位不是均已闭门谢客了吗？不过，在田鼠外流与否的事件中，最绝的，我以为还是鼠肉的名称在一些餐厅摇身一变，成了“天鹿肉”。这虽然只是一起民间行为，但我们可以由此领略“改名经济学”的强大“影响力”。

无论怎么改，改名本身该算是一种正常现象。孔夫子早就说过：“名正言顺。名不正，则言不顺；言不顺，则事不成；事不成，则礼乐不兴；礼乐不兴，则刑罚不中。”瞧，名字或名堂该有多么重要。如果细分改名，我以为可分为政治因素的、文化因素的和经济因素的。比如今天广东罗定所在的地方，从前叫做泷水县，明朝万历年间，以罗旁为中心的瑶族起义被镇压后，始改泷水为罗定。这显然是政治方面的因素。文化方面，用人家的例子来说，韩国的“汉城”改成“首尔”就很有代表性。论者以为，虽然韩国方面认为“汉城”存在着翻译上及使用习惯上的混乱问题，其实，骨子里是他们努力摆脱汉字文化对其深厚影响的一种尝试。

出于经济因素的改名，应该主要是今天的、中国的行为，虽然也时常挂着文化的招牌。耳闻目睹，那么多蕴藏深刻历史内涵的地名毫不惋惜地抛弃了，而赤裸裸地径直以当地的特色或特产来改名，长此以往，柴米油盐酱醋茶，大有行将粉墨登场、一一亮相的态势。最近，苏州“西山镇”改名为“金庭镇”，理由是日落西山、日薄西山之类的成语意思不好，影响了投资者前来投资。在经济因素作怪的同时，又让我们看到了文化自信丧失的标本。西山镇的千年声名，因为一些人觉得不够“吉利”，就可以毁于一旦！

改名的因素，从政治或文化变身为经济，很难判断是文化观念的进步还是倒退。但是，衡之以今天此起彼伏的改名现象，却可以并不难判断为正常还是不正常，是不是大权在握的人们在发昏。显而易见，如果改名的动因在于丧失了文化自信，那么应该属于倒退无疑。

中国大地的改名潮一波未平，一波又起，看把民间浸染的，连田鼠都“高雅”起来了。在岭南大地上，百越先民固然已有食鼠的习俗，然而彼时有彼时的生存状况局限。专家早已指出，田鼠容易传播疾病，建议市民不要吃，市民恐怕不应以胆量为能事，也不应以习惯来支配行为，而应以健康为第一。田鼠成了天鹿，固然雅了不少，但也如同赵本山小品所云：小样儿，穿上马甲儿我就不认识你了？这句经典台词，用之于田鼠改名可以，用之于林林总总的各个领域的改名莫不可以。

（2007 年 7 月 16 日）

葛剑雄先生的话有点儿没文化

在上一周的“岭南大讲坛”上，复旦大学教授葛剑雄先生语出惊人，认为刚刚成为世界遗产的广东开平碉楼，造得“不中不洋不伦不类”，所以如此，是因为开平早期的华侨“大多数人是没有什么文化”；“如果这里出去的人都是秀才、举人”，开平大地上留下的可能是另一番景观了。度葛先生的语意，至少建筑式样应该或中或西，泾渭分明吧。

此论尽管白纸黑字第二天面世了，初初也以为是记者的断章取义；直到看了前天《南方都市报》刊载的报告全文，乃知不虚。这就要轮到我们惊讶一下了：葛先生如此武断，不嫌轻率吗？果然，昨日《南方日报》即有了专业人士的回应，开平碉楼文化研究所所长谭金花认为葛先生“根本不懂得碉楼背后的文化和历史”。谭所长还具体给出了实例：“升峰楼”的主人拿的是美国大学的正规文凭，楼本身也是由法国建筑师设计的，这两位有没有文化呢？其实，即便没有谭所长举出的实例，开平华侨们果真就是连小学都没念过，碉楼沦落到了“说得好听”的时候方算得上“中西合璧”吗？恰恰相反，我想，如果开平走出去了那么多的华侨，回乡竖起来的仍然是标准的岭南建筑，那才是值得奇怪的，至少说明文化保守乃至文化封闭已经到了何种程度！苟如此，广东“四地”中的“近代革命策源地”说，一定无从谈起。

葛先生在公众论坛上讲出这样的话，倒真是欠缺一点儿文化。所以这样说，在于“从事文化史”研究的葛先生，完全忽略了人类学里还有“文化濡化”和“文化涵化”这两个概念。按照专业人士的研究，文化涵化是文化变迁的一个主要内容，是指不同民族（或族群）相互接触引起原有文化的变迁，这种变迁通常是双向的。我们看到，开平碉楼群足以成为印证“文化涵化”的经典范例。这就是体现其文化价值的地方。它们的主人可能没有文化，但他们留下的物质遗产却正是典型的文化见证。退一步也不难设想，世界遗产何以青睐“不中不洋不伦不类”的货色，难道是像我们的诸多评比一样，搞平衡，或者拉去凑数的吗？葛先生不知道是不是世遗的评委，可能不是，是的话，广东的首个世遗够呛能够问世。葛先生研究的方向是历史地理，“到过百余处世界文化或自然遗产”，是见过世面的人，开平碉楼可能他最看不上眼；这其实一点儿也不要紧，好多世遗项目在我们眼里也不觉得有什么了不起，××国家的××，算啥呀，人同此心。但是学者尤其是著名学者讲话跟我们寻常百姓不同，他们身上还应该同时体现出一定的社会责任，图一时畅快恐怕不行。

严嵩的儿子严世蕃当年索贿是出了名的，他向人吹牛皮——也确实干过，说“天子儿尚行金我，谁敢不行金者？”所以接他爸爸担任首辅的徐阶讲过：“世蕃真天大胆也。”如今一些学者说话，渐渐地也有了“天大胆也”的味道，观点不惊人？死不休。《出师表》如何传达“愚忠”，该从中学教材里撤出去；司马相如怎么骗财骗色、涉嫌“包二奶”，都被他们阐发出了“新意”。只是这些“新意”令我们颇想掀开他们的“皮袍”，不像鲁迅先生要“榨”，而是“瞧”，瞧瞧里面究竟藏着些什么玩意。

（2007 年 8 月 9 日）

猎德改造，文物情何以堪？

还有不到一个半月的光景，广州珠江边具有 900 年历史的猎德村就将逐渐不复存在。作为村庄的猎德，最后会彻底地融入城市化进程；而作为历史曾经存在过的猎德呢，是否也将彻底地消失，不留丝毫痕迹，仅仅在未来的广州地图上留下一个令感兴趣的后人进行发微的地名？

猎德村我没有深入进去过，偶尔路过，也瞥见有几座古旧的祠堂。不过想来，猎德的 900 年历史不会浪得虚名，何况此前已有专家建议保留猎德村的有价值建筑，更说明猎德像岭南的诸多古村落一样，早就打上了浓浓的乡土文化印记。但具体到怎么保留呢？前两次公布的改造方案曾经让人看到希望，设想中有一条“岭南历史风情街”；而从如今网上公示的改造方案看，这个风情街将变为商业金融用地。这就不免又让人担心，目前还是现实中的猎德，过不了多久真的就将荡然无存。

城中村必须改造，这一点是毫无疑义的。笔者曾经有幸跑上中信广场的最高层眺望灰蒙蒙的广州，猎德、冼村、杨箕等城中村分外刺眼，像城市的一块块补丁。不仅如此，无数新闻报道也告诉我们，城中村不仅是城市的治安难点，而且几乎是所有问题的蕴藏地、聚集地、爆发地。但是，改造乃至消灭城中村，却不等于简单地拆旧房建高楼，更不等于把脏水和孩子一起泼出去——这里面的“孩子”，就是浓缩乡土文化精华的物质建筑。它们本来只是村落发展的见证，倘若有幸能够继续存留，则将是广州城市变迁的见证。人为地消灭了这些见证物，也就等于人为地在抹掉原本生动多样的历史片断。

在改造城中村的同时，广州也在改造旧城区。如何对待文物保护，面临着同样的问题。比如说正在改造的恩宁路，此前我们看到的改造方针是：做到既保护旧城特有的传统、文化、历史风貌，保留满洲窗、骑楼、石板路等传统优秀建筑元素，又加快改善群众的居住生活条件。这个出发点绝对是正确的，但是在执行的过程当中，难免背离初衷。《羊城晚报》日前报道，恩宁路发现一座中西合璧的船屋，基本结构保存完好，华工大的一位专家观察后表示具有一定历史文化价值。报道说，这座船屋免不了被拆的命运。拆成一张白纸进行建设，倒是没有负担，但是写出来的却未必是最新最美的文字，画出来的也未必是最新最美的图画。这不是要存心跟伟人抬杠，而是世易时移，在这个到处都在大讲文化的时代，自己主动放弃特色，甘愿面貌与人雷同的城市，不是显而易见的得不偿失吗？

广州有138个城中村。作为改造的第一个城中村，“村民满意、政府不花钱”的猎德模式，在许多方面无疑都具有标本意义。那么，猎德不妨在文物保护方面同样产生示范意义。然而，前提须是有关决策者要认识到传统文化的珍贵性和不可再生性，不是像“曾剃头”一样，改造到哪里就把“剃刀”指向哪里，格杀勿论。诚然，一个城市没有文化也能生存下去，但可能生存得档次低下，更可能生存得缺少教养。一个国家一个民族要保护自己的文化，延续历史；一个城市其实也是一样。而国家、民族的文化，何尝不是由涓涓细流汇集而成？

（2007年9月4日）

还没到可以糟蹋东西的时候

十一黄金周期间，佛冈县“森波拉奇妙世界”搞了个广东首届豆腐狂欢节。活动一开始，森波拉人（不知是什么人）率先向场内的游客投掷、涂抹豆腐，表示他们热情、友好的欢迎。按他们的说法，哪个游客身上被涂抹的豆腐越多，就代表他越受欢迎，得到的祝福也就越多。无独有偶，东莞不久前也上演过一场“西班牙番茄大战”，主办方弄来15吨“经过软化处理”的新鲜番茄作为“弹药”，游客们在番茄池里狂欢作战，弄得现场番茄满天飞，到处红彤彤一片。

在豆腐、番茄构成的“枪林弹雨”中，“勇士们”狂叫、躲闪、阻截，非常刺激是一定的。不论男女，不是都顾不得自己平时的绅士风度和淑女形象了吗？但刺激之余，难免使人产生若干本能的疑问。

疑问之一，这是不是糟蹋东西？那些可都是可以入口、可以吃的东西。刚开始，我甚至像东莞开战前的人们一样狐疑这些番茄是否能吃，因为没有身临现场，不敢肯定；不过，转念从逻辑上推断，虽然我们培育了很多番茄的品种，有机的无机的，可能还没有专门为玩儿、为狂欢而生产的豆腐、番茄吧。那么，这就有了糟蹋东西的嫌疑。

疑问之二，这是民俗吗？东莞的扔番茄显然不是，“西班牙番茄大战”，已经开宗明义，属于引进，洋玩意。佛冈的掷豆腐呢？应该是。看一则材料，说正月十三是佛冈县高岗镇社岗下村村民最快乐的一天，因为这一天村民们以互相投掷豆腐来闹元宵。对历经沧桑演变至今的民俗事象，可能不可理喻，但是娱乐民俗的起源一定有其赖以产生的文化基础。据说，佛冈的这一民俗起源于明朝万历年间，有一年虫害特别严重，观音娘娘派燕神前来吃掉害虫，当年庄稼就获得了大丰收，淳朴的村民认为是燕子的功劳，因此纷纷把豆腐掷到瓦檐上，让燕子啄食，并永久留下来。再后来，就演变成人们互相投掷豆腐，祈祷新的一年风调雨顺，五谷丰登。剔除传说里面的荒诞成分，可以肯定的是，豆腐与佛冈先民的生产生活发生过千丝万缕的密切关联。

然而，作为小范围存在的民俗事象，是否有光大的必要，首先就值得商榷。其次，发生在特定地点的民俗一旦被移植，演变成游乐园里吸引游客的一个项目，使豆腐为掷而掷，为抹而抹，还能否认为这是一种民俗呢？我个人认为不是，就像张艺谋高高挂起的大红灯笼一样，披着山西大院文化的外衣，看起来是一种内涵的补充，热闹得很，诱人得很，其实只是一种伪民俗。全国许多地方的游乐项目都充斥着这种伪民俗，什么背新娘，什么闹洞房，弘扬的招牌叫得挺响，盯着的是游人的荷包而已。话说回来，如果在奇妙世界里的掷豆腐算不上民俗，那么我就认为这种行为是在糟蹋东西。

诚然，国外不少地方都有互掷东西狂欢的民俗，不过，人家那是真民俗，历史动辄有多长，是数得出来的；另一方面，人家搞这种活动严格遵守时令；再一方面，他们可能有足够的东西供给糟蹋。现在，我们从国外引进人家的，照猫画虎，东施效颦；再把自己的不分时间场合，什么所谓再现，二者归结到一起，已有了暴殄天物的嫌疑。提倡节约型社会的我们中国，恐怕还没到可以如此糟蹋东西的时候！

（2007 年 10 月 9 日）

给梅溪牌坊提一点儿建议

周六慕名参观了珠海市的梅溪牌坊（陈芳家宅），整体印象非常之好。一进门，未进入主题前，先见左手边汇集了一些原本散落于珠海各村落的代表性建筑，用原材料复建而成，虽然像澳门的大三巴一样只是一堵墙而已，但还是能够借此窥见珠海旧时的乡间建筑风貌。

牌坊的雄伟与精美无须赘言，家宅系列建筑以及宗祠等的“陈列”利用，也颇具匠心。通过这些，游人能够大致了解家宅主人——清政府首任驻檀香山总领事陈芳的家史、中国的各种牌坊模型，尤其领略了从珠海走出的享誉全国乃至世界的著名人物：中华民国第一位内阁总理唐绍仪，华南地区第一位系统传播马克思主义者杨匏安，省港大罢工领导人苏兆征，清华大学第一任校长唐国安，我国第一位在美国取得博士学位的留学生容闳，画家、诗人、文学家苏曼殊，中国近代著名实业家唐廷枢，我国第一位世界冠军、第 25 届世乒赛男单冠军容国团，等等。各个领域的杰出人物，为市龄不足 30 年的珠海打下了深深的文化烙印。

但参观之后，觉得还是要给梅溪牌坊提一点应当改进的建议。一个是需要规范一下商贩的经营手法，他们太喜欢对着游人吆喝。出售纪念品或本地手工艺品、弄点儿毫不搭干的娱乐设施助兴，是许多类似地方的做法。不过，游客如果对此感兴趣，自然会自己凑过去，吆吆喝喝的徒增反感。再一个也是最重要的，是应当注意文物的环境保护。我在其中一座单层建筑的背后看到，几乎紧挨着正在兴建一座民宅，已经三层高了，屏风一样挡在后边，阻碍了文物的开放空间。不久前游览潮州的“韩文公祠”看到的也是一样，祠之台阶一侧建了不少居民楼房，构成严重的视觉污染，而印象之中，那里原本只是山坡、杂草，什么都没有。在视文物为敝屣的时代没立点儿什么非驴非马的东西，正该值得庆幸，很遗憾，他们并没有珍惜。而梅溪牌坊后面的民居正有步其后尘的意味。

旧址类文物的环境保护，也就是同时保护其周边原有的文化生态，看起来国人尤其权力在握者还需要一个认识过程。不过，如果这个过程太长，等到文物都变成了“盆景”，也就无所谓认识不认识了。5 年前广州市就规划要恢复“三元古庙”原貌，建广场、建纪念馆，在我看来，基本上没有可能。古庙周边密密麻麻地早被各种建筑占满了，哪里还下得了脚？去年年底我到那里走了一趟，觉得这个排名第一位的“全国重点文物保护单位”实在可怜，充其量也就是个孤零零的破庙而已。我不大明白，为什么并没有多少年历史的高架桥，当初一定要紧贴着凌空经过这里？倘若需要付出巨大的拆迁代价来刻意复制一些假古董，恐怕也没这个必要了。

梅溪牌坊在去年有幸跻身于第六批全国重点文物保护单位，珠海市从此拥有了“国保级”文物，值得高兴。但在荣耀得来的同时，也意味着增加了相应的责任，文物保护的责任，这块“金字招牌”不仅仅是用来招来“金子”的，而是要把传统文化的精华很好地传承下去。那么，今后所做的一切，都应该是为之增光，而不是使之减色。

（2007 年 12 月 3 日）

过几年再看“南海Ⅰ号”也不迟

前天，在被发现整整 20 年之后，“南海Ⅰ号”终于在阳江海域重见天日。沉睡海底足足 800 多年了，人们都想尽早一睹它的“真容”，但专家告诉我们，世人实现这一梦想，还需要等上 5 到 10 年。因为“南海Ⅰ号”进入“水晶宫”后，仍会被“浸泡”在海水中进行保养，海水温度、微生物生长情况等都要与之前的海洋环境相同。这个回答是对珍贵文物的非常负责的态度，值得推崇。

在我看来，“南海Ⅰ号”即使到了可以参观的那一天，人们——主要是游客们也得有足够的心理准备，因为它不具备观赏性，不可能“好看”。它已经浸泡在海水里那么多年了，早就失去了当年的光彩，一定会令许多人失望至极，不过如此嘛。可以肯定的是，它不如去年来访的瑞典“哥德堡”号仿古商船那么漂亮。而且最重要的，观赏也不是“南海Ⅰ号”出水的本意。我赞同专家的一种观点，“南海Ⅰ号”的价值主要在于它的文物层面，如果突出作为旅游景点的一面，那就是在贬低它，可能真就辜负了先后投入的 1.6 亿元人民币。“南海Ⅰ号”作为迄今为止世界上发现的海上沉船中年代最早、船体最大、保存最完整的远洋贸易商船，能让我们直接触摸宋代，透过它提供给我们的大量信息，填补认识空白，印证或校正现存的文字记载。至于船体实物，则很可能就像许多城市规划者眼中的文物建筑一样，属于“破烂”货色，根本不堪入目。

在文物价值和旅游价值的衡量上，我们的各种博物馆也面临着同样问题。现在，除了免费开放的博物馆可能门庭若市之外，多数则难免沦为门可罗雀的尴尬境地。博物馆如何提升自身魅力当然是主要原因，从参观者方面来看，也需要摒弃头脑里的“宝贝”意识。记得早几年有记者近距离观察北京故宫博物院某个馆里的人头涌涌，发现人们在用来自祖国各地的方言谈论哪个是“小燕子”用的什么，哪个是“五阿哥”用的什么。博物馆成了印证影视道具的地方。平时我们在许多博物馆也看到，参观的人们大抵都是匆匆而过，在“镇馆之宝”之类的地方才会停下来满足一下好奇心。这样的情形太多，势必就贬低了博物馆的应有功能。

“南海Ⅰ号”整体打捞出水，代表着一种非凡的成就——世界首创的整体打捞古沉船方式。然而，从“南海Ⅰ号”浮出水面之时起，能否将它像在水底一样完好地留存于后世，却仅仅意味着一种新的开始。专家说了，按照考古发掘的标准和规范，把“箱子”里面的文物清理好，保留尽可能多的历史信息，难度不会亚于它的打捞。而根据先前的报道，“南海Ⅰ号”上前期出水的瓷器，由于侵入瓷器釉面的盐分结晶撑破原有的光滑釉面，已经出现了裂痕。这就是说，挑战已经到来了。

因此，即使我们仍然有足够的好奇心，也还是再耐心地等一等，等“南海Ⅰ号”适合露出“真容”的时候再“零距离”吧，无论这个时间有多长都不迟。800多年它都挺过来了，可别让祖宗留下来的好东西，在我们这个时候糟蹋了，像当初十三陵之一的定陵发掘出的文物一样。

（2007年12月24日）

“天字码头”之搬与不搬

几天前有一则消息，有着近300年历史的天字码头要来个彻底搬家，“大限”就在明年6月。其所遗留的沿江地块将被建设成亚运会重点的市中心景观节点。甫一听到消息，心中一凛。不过，昨天又有消息说，天字码头是否要搬仍是未知数，航线是否要改变还有待商定。不管是不是未知数吧，事情有了松动的余地总是可喜的。

不要说天字码头是老广州人的深刻记忆，对我这个新客家来说同样如此。上世纪 80 年代笔者就读中山大学时，经常乘坐从中大北门到天字码头之间的轮渡，当时那是一条重要的出行航线。不像现在，航线重要是因为两岸景观可观赏了，夜幕降临即为豪华游船所垄断或曰霸占江面。不过，以前对天字码头并没有特别的感觉，后来不记得是看了郑君里、岑范导演的电影《林则徐》，还是看了谢晋导演的《鸦片战争》，里面有个镜头记得清楚：钦差大臣林则徐登陆广州禁烟，就是从天字码头上的岸！从那时起，它在我的心目中就不再是一个普普通通的码头了。虽然它并没有被认定为文物——从当年痕迹荡然无存来看，今后也不可能被认定。但是这个地名还在，通航的功能还有，就仍然可称之为“活”的文物。

天字码头要搬走，是为了后年的亚运会，要建设“景观节点”。我虽然不知道“景观节点”的所指究竟是什么，但从“节点”的原意——电路中连接三个或三个以上支路的点——来推断，应该就是“东风夜放花千树”式的热闹吧。为了办好亚运会，广州在城市的“漂亮”方面进行了不懈努力。庆祝承办成功那阵，从中山大学北门到广州大桥的江边事先被刨开一溜沟，埋上电缆，然后在每棵树的树干或树杈上绑上一盏方灯，这样夜晚看起来仍然是“绿树”。白岩松、张小莉那天晚上在江面游船上主持节目，两岸的景象也果然壮观。然而未几，就见到树灯开始陆续丢失，我因为每天都要从那里经过，眼见着丢得一干二净。大概是上个月吧，又见树灯在重新安装，现在夜晚重又绿意盈盈了。天字码头可以这样折腾吗？人为地挪个窝之后，它还能不能继续叫这个名字也有商榷的必要。

其实，富有历史文化内涵的天字码头何尝不是广州最好的城市景观节点之一？当然，它的现状虽然比以前——比如 80 年代堂皇不少，遗憾的是少了点儿文化氛围，多了点儿酒肉之气。就算为了亚运会

第三部分

“把脉”传统节日

洋节的魅力从何而来

据新华社报道，三天前的圣诞平安夜，广州市几乎所有的西餐厅、酒吧、咖啡店都人满为患。其实，此前无论谁出去转转，都不难感受圣诞这个洋节的喧宾夺主。大街小巷，圣诞商品随处可见。圣诞树，乘着雪橇、赶着驯鹿的圣诞老人，连超市、茶楼的服务员也戴上了尖尖的小红帽……不消说，洋节的魅力正日益感染着不止是年轻人的心灵。

圣诞节是西方人一年当中最看重的节日；春节就要到了，这是我们最看重的节日。届时，也会有各种文化活动，热热闹闹。但是不容否认，春节的诱惑正在渐渐淡去。人们搞不清楚为什么如此，实质在于我们的传统节日缺乏属于自己的特色品牌以及对品牌文化内涵的发掘。“生活好了，天天像过年”，那是潜意识中把春节当成了衣食的寄托。禁止燃放烟花爆竹，竟令人们感到手足无措，仿佛春节的氛围只能靠表面上的噼啪作响、火光闪耀来营造和维系。据E龙网站最近的一项调查显示，我国喜欢圣诞的年轻人并非出于宗教信仰，他们的理由是“因为浪漫”、“是一个快乐的借口”等等。其实喜欢麦当劳、肯德基的人们也未必觉得那东西有多么好吃，全在于他们营造出的那一种吃的情调。

“年”是什么？为什么要拜“年”？围绕它的种种神秘的、奇妙的传说如今只能由专家解答了。人们周而复始地过年，却茫然不知所以。对文化内涵的挖掘，委实是我们的弱项。比方赌博，千百年来在我们这里依然是赌博，和了，然后把另外3家的钱收到自己的口袋里；而给西方学者带来的灵感却不计其数，博弈论、零和论、纳什均衡论、囚徒两难论层出不穷，因此形成产业、学问和制度，有人更因此获得诺贝尔奖。春节呢？从前过年是吃顿好的，作揖打拱，如今不过是酒楼、饭店的除夕席位订了个“爆棚”的消息不绝于耳，差不到哪里去。长此以往，与洋节完全失去抗争也不足为奇。

另据报道，广东省这两年为全世界生产了大部分的圣诞树、圣诞贺卡以及其他各种各样的圣诞用品。据海关统计，今年1—11月广东出口圣诞用品的价值达6.2亿美元，对包括欧洲和亚洲在内的各大洲的出口均实现了增长，销售额增幅均超过20个百分点。这对我们是个启迪：开掘春节的文化内涵，从经济角度看，说不定能找到一个新的增长点。

（2002年12月27日）

端午节怎样不被“端”走

今年是闰二月，否则的话，这个月，端午节就该到了。忽然有“可靠消息”说，这个我们的传统节日，亚洲某国家已将其列入国家遗产名录，很快将向联合国申报“人类口头遗产和非物质遗产代表作”。接着又有“独家专访”说，所谓申报纯属子虚乌有，是始作俑者“出于未雨绸缪的心理”。

不管怎么样，消息传来，还是唤起了人们对传统节日的热爱，已有地方——比如岳阳市明确表示，将迅速采取行动，坚决捍卫属于我们的端午节。对这决心，我没什么异议，但我觉得，即便是该国“拟将”端午节列入其国家遗产，也并非人家无端地要和我们“争夺”一个名称，而与他们的文化传承毫无瓜葛。在我的印象里，亚洲地区不少国家的传统节日都源于我们这里，并形成了各具特色的习俗，比方“春节”。因此，果真人家要申报，我们也不必大惊小怪，尽管这节日的“出生证”在我们这里，但谁叫我们这几年连粽子都懒得吃了，而人家却有“规模和气派”地发展起“端午文化”了呢？

在社会由传统向现代变迁的途中，少不了对传统的扬弃，社会要前进，固守传统，抱残守缺，势必裹足不前。但综观我们现在的一些行动，扬弃往往成了遗弃。城市建设中对待古旧建筑的态度说得太多不必再说了，试问一句，对民族重要的传统节日，除了开发其中的商机，这些年我们还注意到了什么？以端午节而言，除了市场上多少个品种的礼盒装粽子骤然多了起来，我们还感受到了什么？不错，也有赛龙舟的新闻报道，但是除了那些局部得不能再局部的地方呢？毕竟这是全民族的重要传统节日，其传承、其发扬光大，凭借局部的力量难以为继，还有可能沦为“文化残存”，成为猎奇的对象。反观西方情人节、圣诞节要到的时候，人们又是被怎样地耳濡目染？我们不是说商机必须跟传统节日划清界限，二者实际上可以实现“双赢”，但是如果一味地仅盯着商机显然是不行的，还需要“文化”。事实上，洋节之所以被一些人崇尚，背后正是由文化支撑。

因为平地而起的“抢报”，那些渐渐淡去的传统节日仿佛一下子亲近起来。但在将来，端午节等会不会被“端”走，根本还在于我们对待传统节日的态度问题，那就是我们对待民族特色的文化是不是热爱，以及热爱到何种程度。态度决定行动。“如果国外申报成功，我们该有多么尴尬”，倘若本着这样的心态，说到底就还是个“颜面”问题。这样的重视传统节日的指导思想，热闹一时是当然的，但效果不敢冀望。

（2004 年 5 月 10 日）

放鞭炮不妨有限开禁

2 月 16 日《人民日报》有一则“视点新闻”，讲的是春节期间，“禁止燃放烟花爆竹”的郑州，街头巷尾却“到处都响”。用河南省人大常委董广安先生的话说：“总体上感觉燃放烟花爆竹的比过去任何一年都多。”在他看来，这使“政府的‘禁放令’受到挑战”。

报道的地方虽然发生在省会城市郑州，其他地方也差不了多少。笔者春节所在的省会城市贵阳即是如此，打电话询问几位生活在不同省会城市的朋友，情形大抵也都差不多。10 多年来，我国先后已有 282 个城市出台燃放烟花爆竹的禁令，那么，由管理得相对严格的省会城市的状况委实不难推知其他城市的状况。也就是说，“禁放令”受到挑战的绝不仅在郑州一地，它有面临“全线突破”的危险。“禁放令”在许多地方是以法规的面貌出现；当内容相近或完全相同的地方法规在不同的地域遭到相同的对待时，该检讨的，除了法规（包括“禁放令”之外的）在民众心目中的尴尬地位，就事论事而言，应当是“禁放”本身。事实上现在有百来个城市已经“坚持不住”了，由全面禁止燃放调整为可在指定时间、指定地点燃放。南京成为第 106 个这样的城市，不可能是最后一个。

人们对燃放烟花爆竹所以乐此不疲，不可以陋习简单视之，而在于它是重要的传统民俗。民俗是民间的风俗习惯，能够为大众广泛遵从并具有相当的生存能力。央视把春节晚会称为民俗，纯属自诩，今年似乎尚好，前几年往往是看完了人们就横挑鼻子竖挑眼，甚至于出现办还是不办的讨论。真正的民俗是不会遭受这般境遇的，否则它不可能得到传承。任何民俗都有其特定的内容和形式，燃放烟花爆竹无疑是春节民俗的重要组成部分，古往今来，原本是不是具有“驱除邪恶”的意味变得并不重要，重要的是它是一个标志性符号。这些年，人们越来越觉得年味儿淡了，固然与生活水平的提高相关，但很大程度上也在于少了烟花爆竹的烘托气氛。因为，禁止之后，它们留下的“空缺”却得不到填补，“春节文化”还没有发展起来，现在的这种热热闹闹，充其量叫做“春节经济”，像另两个黄金周一样，红火的标准取决于银两的进项。

民俗反映出来的是大众的文化心理。越是历史悠久的民俗，这种文化心理的作用力就越强，就越是难以改变。而“禁放令”的出台，恰恰没有顾及于此，强调的更多是客观因素。综合一些城市禁止的理由，无非是能够减少火灾和人身伤害事故，能够防止环境污染，不至于给环卫工人造成工作压力，等等。这么有限的几条，审视之，却都是城市管理方面的问题。城市的现代化对城市管理提出了越来越高的要求，城市管理已经演化为一门艰深的学问，涌现出各不相同的学术观点和理论学派，什么管理方法学派、管理经验学派、行为学派、数量学派，等等。尽管观点不同，但是出发点相同，就是为现代城市管理学提供了科学理论基础，敦促城市管理者积极探索和引进科学管理方式以适应现代化城市的发展需要。和注重道路、大楼等硬件发展相比较，我们的城市软性管理还相当薄弱，“禁放令”是一个代表。通过法规，来个一刀切去，容易是很容易，但暴露出来的问题却始料不及，面临的挑战更始料不及。法规如果形同虚设，不是要影响到它的严肃性吗?

在笔者看来，对燃放烟花爆竹应当有限制性地开禁，这个限制，不仅是限制燃放的时间、地点，而且还要给烟花爆竹的生产制订标准。能够对人身造成伤害，主要是现在一些鞭炮的威力太大，有的已经等同于火药武器，因此，我们还需要一部烟花爆竹生产的统一质量标准。总之，我们不能因为管理不到位的问题，而把放鞭炮从春节民俗中人为地“剥离”出来，变得与春节了不相涉，二者完全可以重新融为有机的整体。

（2005 年 2 月 18 日）

振兴传统节日的关键

昨天是我国传统的七夕节。有全国政协委员提出建议，将每年的七月初七定为我国的情侣节，理由是现在“洋节”盛行，而我们更应该在全社会大力弘扬这样具有中国特色的传统节日；并且建议者认为连节歌都是现成的，就用秦少游的《鹊桥仙》：“纤云弄巧，飞星传恨，银汉迢迢暗渡……”

对这个建议，笔者并没有多少反对意见。况且，把七夕节当作情侣节，在民间早已约定俗成。人们将原本属于上天的星宿——牵牛星和织女星神化以及人格化，就意味着实现了从星辰崇拜过渡到了对美满爱情的祈愿，寄托了无限美好的遐想。不过，每逢一个重要传统节日到来之时，似乎总是听到谁人建议将之立法或放假的呼声。这当然首先表明传统节日面临的尴尬境地，再不引起重视，其所蕴涵的文化特质为后代所遗忘乃至遗弃都是可能的。但立法或放假是否振兴传统节日的唯一途径，很值得探究一下。明摆着的一个事实是，古代社会里的节日都没有假期，更谈不上立法强调，而照样搞得红红火火。

建议者的初衷无非是想解决两个问题：一个是怎样对待传统节日，另一个是传统节日怎样与“洋节”抗衡。这两个问题实际上是相互紧密关联的，传统节日如果像既往那样深入国人内心，自然能够产生抵抗“洋节”的强力。日本作为一个发达国家，它的文化传统就同样得到了继承和弘扬。我们的传统节日所以日渐式微，归根到底是内涵方面的重视不够，“吃老本”，就传统而传统，内涵没有得到提升，或者只是偏重于形式上的张扬。对文化内涵的挖掘，确实是我们的弱项。比方赌博吧，西方学者早已从中发现了博弈论等等，因此形成产业、学问和制度，有人更因此获得诺贝尔奖，在我们这里依然只是赢钱输钱。前一阵，一项关于少儿读物的调查中，说孙悟空敌不过哈利·波特，同样是这个道理。不是孙悟空出了什么问题，而是今人拿不出新东西，仅仅停留在“开发”孙悟空的地步。“你有金兀术，我有岳（飞）爷爷”，是可以对垒的；但人家还有“狼牙棒”，我们只有“天灵盖”，不就只剩下“挨打”的份儿了吗？

就七夕节来说，仅仅用“情侣节”就包容不了它的内涵。比如在昨天的新闻中我们还读到，广州市天河区珠村按照清末民初的记载首次“复原”的乞巧仪式，也是其中的一种。所谓乞巧，是少女们乞求自己也能拥有如织女一般缝制无边天衣的巧手，实际上反映了人们对掌握劳动技能的强烈愿望。在天河区的仪式上，包括来自黄埔区的各路“巧姐们”纷纷拿出自己的手工制品总计 1500 多件，相互斗智斗巧，热闹非常。这一活动的成功举办提醒我们，在传统与现代之间找到结合的精髓之处，是吸引人们融入其中的前提性条件。与此同时，一个传统节日要产生旺盛的生命力，始终离不开公众的广泛参与其中。那么，与其对传统节日的衰落怨天尤人，就不如脚踏实地地去开掘、整理。

拥有两千多年历史渊源的七夕节，印证了国人并不缺乏对浪漫爱情的追求。在市场经济条件下把这些精神遗产继续传承下去，乃是我们这个时代的责任。我想，专家级的人物今后谈论这个问题，拿出具体的可以实施的建设性意见才于事有补。立法或者放假，谁不能脱口而出？

（2005 年 8 月 12 日）

乙酉中秋杂感

昨天是我国传统的中秋佳节。“光辉皎洁。古今但赏中秋月，寻思岂是月华别？都为人间天上气清澈。”南宋张抡的这阕《醉落魄》，今天读来，依然让人感慨良多。年年中秋，但今年的有一点儿特别，格外受到关注：一个是与“九一八”这个“国耻日”恰巧重叠为同一天，另一个是为中秋申报世界非物质文化遗产的呼声日高。

正是因为这两点特别之处吧，中秋未到之时，先已对应着掀起了两个高潮。据说，节前已有超过 100 万的网民签名投票支持中秋申遗，算是赞成的，另一个则是反对的。央视的一些决策人士大约只是盯住了中秋佳节的一面而忽略了国耻日的另一面，原来准备“以拳拳之心、眷眷之情，殷切相邀世界各地华夏儿女和中华民族同胞”，在这一天“回家团圆，一起遥望重逢团圆之月，共度中秋！共同欣赏 CCTV 大型中秋晚会”。这样的邀请函一家伙发出了 8000 万封，号称当今世界上发出数量最多、受邀人数最多的邀请函，晚会组委会还向英国吉尼斯公司总部正式提出了申请。然而令他们始料不及的是，此举旋即引来了媒体的普遍批评。现在，我们看到了批评的成效：央视中秋晚会在“九一七”搞了一台，在今晚——“九一九”搞另外一台。舆论监督的作用，看起来还是不可低估。

乙酉中秋已矣。不知道，人们对中秋申遗的热情会不会减弱下来。因为端午之后，热闹一时的申遗之事似乎没人提了，可能也是与韩国那里没什么动静相关吧。别人逼一逼，我们动一动，这样来看，尚且没人争抢的中秋，其申遗很有未雨绸缪的味道。有位民俗界人士说：“从申报本身而言，别人并没有什么可以指责的地方。”这等于承认，对中秋申遗存在一种反对之声。实际上，笔者对此也持有异议，但我们并不是硬要反对申遗本身，而是异议动辄申遗的目的和方法。我们固然应该建立更加有效的机制来保护自己的重要节日，更好地将传统文化发扬光大，问题是应该怎样保护、怎样光大。目前来看，有两个极端，一个是提不出什么办法，一口咬定就要申遗和变成法定假日；另一个是提出办法来了，但赋予传统节日的是非比寻常的功能。一个“国学研究专家”不是说了吗？中秋申报世遗“既能唤起国人对传统节日的重视，更寄寓家和万事兴、祖国和平、世界大同的深刻意义”。果真如此的话，中秋承载的使命不是过于沉重了吗？拿时尚的词语套入传统节日，貌似对其内涵的提升，实乃虚无缥缈，不着边际。

“古人不见今时月，今月曾经照古人。”千百年来，人世间虽然沧海桑田，但天上的月亮却依然还是那个月亮，超脱了时空变换。它的“光辉皎洁”如故，一定程度上折射出“人间”之气的相对混浊。包括中秋节在内的重要传统节日确需补充新的内涵，但还是不要让它承载太多的节日以外的东西。由此推想开去，春节、元宵节来临的时候会怎么样？如果还要振兴，却还是申遗和放假这两招的话，悲哀的将不只是传统节日的式微。

（2005 年 9 月 19 日）

韩国端午祭申遗成功不是坏事

巴黎时间 11 月 24 日，韩国的江陵端午祭终于被联合国教科文组织正式确定为“人类传说及无形遗产著作”。在此之前，尽管他们的端午祭跟我们的端午节除了名目上近似、实质上不完全是一回事，但当他们提出申报之时，我们这边很是掀起了轩然大波，乃至响起了“保卫端午节”的呼声，颇有点悲壮色彩。

端午祭申报成功不是坏事。放下“正统”的架子，我们得承认，给端午祭这一“闹”，乃至“闹”成了，还是带给了我们许多启示的。其中，最重要的一点是怎样珍视自己的传统节日。因此，我不能同意中国民俗学会理事长、中国社会科学院研究员刘魁立先生评价韩国申报所以成功的观点。他说：“联合国教科文组织对无形遗产申报的要求是每个国家每两年才能申报一项，中国急需保护的无形遗产很多，所以才导致此次韩国抢先申报。”显然，这是认为人家钻了“空子”。如果端午祭的申报成功算是给了我们一个“教训”的话，那么，从这样的观点中我们并没有看到丝毫的警醒意味。身在其中，我们对自己的传统节日是什么态度，是无须多言的；看看人家是怎么珍视的呢？至少不是停留在书本的沾沾自喜上，也不是停留在年岁稍大的人们的记忆里，而是生动地呈现于现实生活中。用另外一位比较客观的专家的话说，“韩国把传统的文化活动注入了现代的元素，成功地实现了现代转型，并得到了国际认同”。也就是说，人家不是像抢注域名那样要和我们争个端午的“名分”了事，而是实实在在地拿出了自己的东西。端午祭申报成功，归根到底在于水到渠成。

对物质宝贝来说，你自己不珍惜，如果还属于你的，就可以攥在手里自我炫耀；而文化遗产，非物质，可以超越种族、国界，起源于你这里又怎么样？同样能够在人家那里传承、创新。因为端午祭

“闹”了一下，为了“保卫”，我们这里才重新重视划龙舟，寻艾蒿斗百草也才又成了津津乐道的所谓内涵。先不要说注入“现代元素”，单就这种“觉醒”本身也实在是给逼的，不是骨子里的觉醒。现在还没人争中秋、争春节，我们这里也就还不慌不忙。在今年这个中秋，除了打击“天价月饼”，实在想不起还有什么文化行为；在即将到来的春节，除了弄台晚会，可有其他文化上的打算？像文物保护一样，放着那么多濒危的真文物不理不睬，营建外表光鲜的假古董各地都趋之若鹜；放着那么多真正的传统节日不闻不问，对越来越多的古人的政府公祭活动却越来越搞得声势浩大。这样下去的话，我们的传统节日再“丢”几个，又有什么可奇怪的？

不久前看到一则消息，中国申报世界非物质文化遗产评审委员会有意将广绣定点到潮州，马上有专家认为“这将是广州的悲哀”。既然你已经承认“目前潮州刺绣比广州发达很多”，外行如笔者就不理解“悲哀”在哪里。端午祭的申报成功告诉我们，躺在“资格”上吃饭，在我们习以为常，在国际上并不认可，认可的是文化的民间基础。诸如让几个混得脸熟的人，走马灯似的穿梭于各种晚会，充其量只是虚张声势。这也提醒广东文化大省建设，应当扎扎实实地从弘扬本省最具特色的民间文化、培育民间力量抓起。

（2005 年 11 月 28 日）

春节也有保卫宣言了

转眼算是去年的事情了，端午、中秋分别到来的时候，“保卫端午”、“保卫中秋”的呼声也相继响起。眼下，春节要到了，逻辑上正该“保卫春节”了。果然，河南大学一位教授推出了一份同样具有悲壮色彩的《保卫春节宣言》。

中国的重要传统节日无一例外地面临“保卫”的境地，折射的是

“传统”在“现时”之中不尴不尬的状况。这种“大面积”的保卫行动，揭示的是传统节日整体面临危机，孤立地进行单个“保卫”，理论上也不可能取得预期的成效；何况我们的所谓“保卫”，拿不出实质内容，大抵纠缠的不过是“名分”问题。比如，《保卫春节宣言》无非就是让春节赢得一个“世界级”的名分。呼吁者是这样说的：“在全国乃至全球范围内争取更多的人保卫春节，将其纳入申报世界口头和非物质遗产，应该是我们当代人的文化使命!”按我浅薄的理解，这当是呼吁者眼中衡量春节保卫成功与否的重要标志。如果像端午节那样给韩国端午祭“硬抢”了去，就是保卫失败。

我们的传统节日果真是因为欠了个“世界级”的名分，才愈发呈现衰落的迹象吗？我不认为是。虽然在多数事项上，我们的什么在国外“加冕”了什么，立马身价倍增。前两天看到一则新闻，说“海归”人员在他们那儿当公务员，补贴 15 万元。我怎么也想不明白，为什么兢兢业业于本土的人们，一定要比暂时披过一件“洋皮”的人矮几头！但对传统节日，“世界级”的名分却未必奏效。打个不恰当的比喻，所谓“世界非物质遗产”，不过等同于注册商标而已；一件商品，即便你注册了商标，而且一度还成为名牌商标，一旦人们用起来不觉得“名”在哪里时，还是会不当作一回事。重要传统节日正是这样，我们且不说中秋、春节凭什么去争取“非物质遗产”，就算是我们争得了，就会爱惜吗？我们的长城早就是“世界物质遗产”了，八达岭那一段还不是给游人“到此一游”之类刻得像大字报一样？

《保卫春节宣言》作者说自己“读了桑德斯揭露美国中央情报局在世界各地插手文化发展的著作，多次同人谈到西方节日对东方文化精神体系的颠覆和销蚀”。把问题上升到这个高度，我以为是故作耸听之语。我也不赞同他把传统节日的式微，归结为“用洋节淡化”了的结果。在我看来，是我们的节日内涵丧失了抗衡的能力，就像一种观点所说的：即使没有洋节，我们的传统节日同样会走向趋冷的境地。传统节日与洋节之争，需要重视的并不是两种文化的冲突，而是我国对传统文化的保护与发掘还不够。

好像是从去年开始，我们本土的《宣言》忽地多了起来，不少地方开完一个什么会，就发表个《××宣言》(××是开会的城市名称)，目不暇接。这跟把“研讨会”改称“论坛”，或者改称“峰会”，不知有没有行为逻辑上的关联。不过，多此一个保卫春节的宣言就算不上多，只是，我们中国人太爱做名分文章，终归有舍本逐末之嫌。

(2006 年 1 月 2 日)

让消逝了的民俗复活

虽然离正月十五还有一个星期，但北京一些商场的元宵已被抢购一空。原因是许多市民怕到了日子买不到新鲜元宵，更怕到了节前元宵涨价。有专家建议，消费者一定要随吃随买，因为元宵不易存放，即便放在冰箱保鲜再食用也会破坏它原有的味道。

专家说得在理，但我由这则新闻所想到的，是如何让消逝了的民俗复活的问题。工业流水线生产出来的元宵供不应求，一时没买到的感到着急，说明家庭制作元宵已成消逝了的民俗；而这种民俗，退回30 年前吧，至少是我成长的京郊农村的常见景象。那时没有人买元宵，家家都是自己动手，我们叫“摇元宵”，那种情形至今记得清晰：把拌好的元宵馅儿倒进装有糯米的大笸箩里；摇动，馅儿就沾上了糯米粉；浸一下水，再摇，又沾了一层；不断地摇下去，元宵就像滚雪球一样越滚越大……

当年的自己动手，有经济条件的制约，家家都不那么富裕；但是仔细想一想，过节的乐趣其实也正在由看上去比较繁杂的准备而带来的期盼之中。现在的人们总是不解年味儿为什么越来越淡了，在我看来，正是少了“参与”其中的环节，食品准备过程的“参与”。就说大年三十吧，多少地方传出酒楼订个爆满的消息？吃完走人，跟平时没什么两样；而年节的特征又主要地体现在"吃"上，时间省出来了，却没有相应的内容填补，这样的节日过起来，感到有滋有味才真是咄咄怪事了！年前我看电视，不记得哪个地方了，人们还有大包小包抢购饺子的，冻过的肉和面皮煮来吃，有什么吃头？但没办法，现代人或因为富裕了，或因为懒了，或因为忙了，总之准备年节食品的能力退化了，即使他闲得无事可做，也已经不得不依赖速成食品。

让消逝了的民俗复活，是传统节日理应承载的文化使命。传统节日在其形成阶段所遵循的尚是自然节律，在发展与演变之中，它的文化意义便逐渐占据了主导。而其文化意义，正是通过节日的各种民俗得以展示。今年春节，我在广州上下九路步行街意外地发现了"鸡公榄"：化着浓妆的汉子，纸扎的公鸡；戴着草帽，吹着喇叭，兜售橄榄。此前，我只是先在阅读广州的民俗方面资料、后在醉心于再现岭南风情的万兆泉先生的泥塑里见识过"鸡公榄"，当此之时，不禁为其"复活"而感到欣喜。在步行街两侧的小售货亭里，还发现了分门别类展示那些具有浓郁岭南特色的物品的，比如南海神庙菠萝诞时才有的"菠萝鸡"等等。借助传统节日的载体，逐步复活并推广那些也许并不属于该节日的民俗事项，我以为这是一个有益的尝试。

传统节日的习俗，能够使浸淫其中的社会成员分享自己的文化认知，与此同时使人们分享情感。倘若现代人特别是青少年，对传统节日习俗和文化懵然无知，一切也就无从谈起。社会分工固然意味着社会进步，但在对待传统节日这一点上，不妨"倒退"一下，成为多面手，真正地"参与"进来的好。苟如此，我们的传统节日何惧洋节，又何愁不会振兴？

（2006年2月6日）

传统节日需要情趣

昨天是中国的元宵节，明天是西方的情人节。两节狭路相逢，败下阵来的自然还是我们。《南方日报》昨天报道，在广州，精明的商家早就炒作起情人节的“文章”，在巧克力和玫瑰的海洋里，传统的元宵佳节仿佛被淹没了。其实，这是一种全国范围的现象，昨天《中国青年报》的一篇报道，也是在谈“洋玫瑰”为何盖过“土汤圆”。

我们的传统节日魅力渐失已是不争的事实，个中因由以及该怎么办，记不清光是自己就写了多少篇文字。当“玫瑰”遭遇“汤圆”之际，又有一点新的感悟，那就是：我们的节日缺乏寄托或宣泄情感的标志物。换言之，我们的节日除了应节食品，少了一点儿情趣。西方的圣诞节有圣诞树、圣诞老人；万圣节有骇人的面具、古灵精怪的打扮；直截了当言情的情人节就更不必说了，有玫瑰和巧克力。因这些节日而产生的动人心弦的影视作品又有多少？我们不得不承认，他们的节日所以魅力不减，在于他们真正发展起了自己的节日文化。“玫瑰”对“汤圆”的胜利，实际上是情趣的胜利。

我们呢？有的节日本来也有这种标志物，比如春节的放鞭炮我以为就是一种宣泄，中秋的月饼就是一种寄托。当宣泄的渠道堵塞了，人们就不知道年该怎么过了；当原本属于象征意义的东西变成了“斗狠”，弄成了天价，情趣顿失，我们对节日不可能不感到索然无味。可悲的是，我们不仅糟蹋了自己的，而且还异化了人家的。这两天，北京的市场上为了迎合情人节，就出现了“一朵由纯铂金打造的玫瑰”，该花重约 258 克，完全按照真花大小制作。价格当然也是让人咋舌的，199999，差一元就是 20 万。铂金固然“具有纯净、坚固、永恒的特性，最适合于表现爱情”，但这种“天价”的浪漫，只属于极少数人。而里面洋溢出来的，难免有拜金意识，远远没有哪怕一小朵玫瑰、一小块巧克力来得更富情趣。

“去年元夜时，花市灯如昼，月上柳梢头，人约黄昏后。今年元夜时，月与灯依旧，不见去年人，泪湿春衫袖。”这是朱淑真笔下宋朝元宵之夜的一个侧面。自西汉以来，元宵观灯即成为一个固定的公众娱乐习俗。所幸的是，这一习俗至今在许多地方依然盛行。民间制灯、买灯、赏灯、送灯，就非常具有情趣。那种“火树银花合，星桥铁索开”的情景所以还没有再现，可能，需要在“灯”的文化内涵上多做提升吧。不管怎样，这是今天的传统节日中少有的公众能够切身参与的活动，而只有公众参与其中，才能调动人们对待节日的热情。

传统节日是保持民族文化认同感的最后一道壁垒。如何让中国的传统节日充满情趣，是一个值得深思的问题。现在，“元宵”不敌“玫瑰”，商家大赚其钱，我们不要归咎商家没有承担弘扬中国传统文化的责任，为洋节推波助澜。套用一句电影台词来说：不是商家太狡猾，而是我们无能。但是显然，商家的“唯利识途”，正是观测传统节日振兴与否的晴雨表。

（2006 年 2 月 13 日）

别什么节都跟“情人”扯上

今天是农历七月初七，也就是我们中国传统的“七夕节”。这几年来，但凡重要的传统节日一到，“振兴”、“保护”乃至“保卫”的呼声都会“循例”响起。此番并不例外。来自中国民间文艺家协会、中国文联、中国社会科学院的数十位专家学者日前聚会河北邢台研讨“七夕”文化，并且通过了《保护“七夕”文化——邢台天河山宣言》。

又是一个《宣言》。记得年初，有个保卫春节的宣言。振兴、保护，单纯的呼声似乎已经乏力，需要郑重其事的《宣言》才有分量。

“七夕节”是一个重要传统节日，今年6月，文化部公布了首批国家非物质文化遗产名录，其与春节、清明节、端午节、中秋节和重阳节并列为六大传统节日。相传，每年农历七月初七的夜晚，是牛郎和“天帝之子”织女在天上一年一度的相会之时。“柔情似水，佳期如梦，忍顾鹊桥归路！两情若是久长时，又岂在朝朝暮暮?”秦少游的这阕《鹊桥仙》，更把牛郎织女的爱情刻画得细腻而传神。织女美丽聪明、心灵手巧，凡间的妇女也在这一天晚上向她乞求智慧和巧艺，所以七夕节又名乞巧节。

也许是因为“七夕”在我国岁时习俗中最富浪漫色彩的缘故吧，于是又被称为中国的情人节。这就让我们发现，我们的重要传统节日并不多，但却有好几个被别称为情人节的：元宵节是，中秋节也是。我们中国究竟想要拥有多少个情人节？笔者无意反对它们中的哪一个，但感觉还是统一一下为好；否则，自己跟自己打架，不仅分散了振兴时的用力方向，而且也削弱了节日原本的内涵和特色。人家那儿过情人节，玫瑰和巧克力；咱们这儿呢？元宵、月饼，再加上黄牛或者喜鹊一拥而上，是不是有点儿大杂烩的感觉？况且，如果只有“情人”才能不断成为振兴或者保卫传统节日的一个亮点，我们要说这是对传统节日的一种浅薄乃至庸俗化的理解。中国的传统节日本来各具特色，其魅力渐失正因为现在稍有特色之处似乎只在于“吃”的东西不同。那么，离开了“吃”和“情人”，振兴传统节日就找不到发力点了吗？

我们还需要多少保护文化的宣言？按现在的趋势，每个节日都来一个是很有可能的；将来如果再“三令五申”的话，无法预计。笔者视野狭窄，从未读过一个完整版本的《宣言》。对这个保护“七夕”的《邢台天河山宣言》，现在知道的也只是“建议国家立法部门应尽快为‘七夕节’等传统节日建立法律保护”。倘若这就是《宣言》要义的话，恕笔者直言：了无新意。

（2006年7月31日）

找准一个发力点

丁亥年春节就要到了，申遗的声音又出来了。南京大学一位教授发问：“中国现在还不启动春节申遗工程，还要待到何时？”这实在不是什么新声音。每逢重要的传统节日来临之际，类似的声音都会循例响起。说老实话，这声音已让人听得乏味，有点像鲁镇上的人听祥林嫂唠叨她的阿毛，一开始“倒颇有效”，还有人站下来听；后来“全镇的人几乎都能背诵她的话，一听到就厌烦得头痛”。

对我们这些非专家而言，其实早就本能地知道春节该申遗了。我们所不能预测的，只是由哪里的专家、哪个专家“率先”说出而已。申，是一定的。重要的传统节日就那么几个，掰掰指头能数过来，春节之外，元宵、端午、中秋，不是申报呼声都已经喊了个遍，有的甚至喊了两轮了吗？在一些所谓专家看来，保卫传统节日与申报成功世界遗产，简直就是一对孪生兄弟，前者就是要以后者为前提。此一次发出者就说了，“只有申遗成功才能遏制年文化的消失”。申遗，被当成了传统节日的救命稻草，二者居然成了因果关系。我们所不好理解、十分想就教专家的是，千百年来，在世遗尚不知为何物的年代，为什么我们的“年文化”却从无消失的忧虑呢？

振兴传统节日，一定要找准发力点，这个发力点笔者认为并不是申遗。传统节日曾经带给人们身心的愉悦；衡量振兴与否的标志，就应该是这种我们必须承认已经消失了的愉悦能否得到“回归”。显然，即使传统节日纷纷戴上世遗的炫目桂冠，也仅仅是得到了国际上的认可而已，与国人在节日时的愉悦与否仍然是两回事。发力点找对的话，申遗就不应作为根本目的。当然，振兴与申遗，二者并非截然对立，但这里有个“动机”问题，究竟是要振兴还是要申遗。不难想象，如果我们的各个传统节日都能搞得有声有色，申遗就可能是水到渠成之事，就像韩国的端午祭，尽管用一些人的观点来看是他们把我们的抢了去，不太仗义，但毫不妨碍其申遗成功。而如果以节日的现时状态去申遗，不客气地说，则是诸多领域的“跃进”思维在传统节日振兴问题上的表现，不在内涵上做足文章，却急于取得徒具象征意义的什么符号。

动辄申遗，要么就是应该划定为法定假日，我们的专家面对传统节日所舞动的，仅仅是这两板斧，暴露了在保护重要传统节日思维领域的黔驴技穷。我想，如果对传统节日振兴真正负有使命感的专家，就应该拿出具体的、缜密的振兴方案，而不是年复一年、节复一节地咀嚼别人嚼过的、毫无味道的馍。诸如申遗之类的话，我也会说，我们大家谁都会说。

（2007 年 1 月 22 日）

调整春节放假时间没那么难吧

除夕该不该纳入春节假期，早已经不是新话题。旧话题被不断提起，是因为始终得不到解决。现在这种放假法，是“根据《全国年节及纪念日放假办法》和国务院办公厅有关通知精神”定出来的，“有关通知精神”不得其详，法规却明摆着。《全国年节及纪念日放假办法》第二条“全体公民放假的节日”是这么规定的：春节，放假 3 天(农历正月初一、初二、初三)。

人们所要求的，是农历大年三十也就是除夕再增加一天假期，至少，一连三天的假期应该从除夕开始。在刚刚结束的全省两会上，这个问题又成了一个热点。全国人大代表、广东省人大常委会副主任李兰芳表示，她将响应媒体和市民心声，在全国两会上进行呼吁。再加上 10 家媒体联合倡议，原本应该欢乐祥和的除夕假期，俨然已染上了一点儿悲壮色彩。其实，修订一个法规，不是那么容易的。1999

年 9 月 18 日国务院修订发布的《全国年节及纪念日放假办法》，取代的尚是 1949 年 12 月 23 日政务院发布的相关办法。但在法规新修订之前，通过调整来解决除夕放假问题却是一件很容易的事情，容易得不能再容易。容易办的事情办不到，说得严重些，是掌握着调整放假时间的部门对民意的呼声充耳不闻。

怎么个容易法呢？春节假期固然三天，但我们早就惯于前拉后拽，凑足七天，拼成所谓长假。那么，让长假提前一天不就完了吗？不就什么都解决了吗？况且，今年的除夕本来就是周六，是正常的休息日，谁让你多此一举，非要把它硬往后挪！这是一个强调以人为本的时代，在春节假期安排上以人为本，就是要顺应民意的呼声。除夕是中华民族最重要的传统节日，“放一天假吧！让我们能安安心心回家吃一顿团年饭！”在任何人看来，这个要求都不能算高；既然这么个小小的要求都满足不了，那些掌握着调整放假时间权力的部门就应当站出来，解释一下，为什么他们一定要固执己见，或者说一意孤行。难道你们发现不了，除了特殊的窗口服务单位，不少部门在除夕这一天都已经事实上放假休息了吗？

如今在网上，关于除夕放假的建议已成最热新闻。除夕该不该放假，网络调查 99.1%的放假支持率已说明了一切。放假能不能拯救传统节日，笔者一向存疑，但是作为人性化的重要举措，掌握着调整放假时间权力的人们，还是要认真思索一下。应该把此举上升一个高度，把它作为关注民生，尊重民意，体恤民情，弘扬民俗，乃至建设和谐社会的举措来看待。这样的话，转不动的脑筋可能就转动了。

（2007 年 2 月 9 日）

老年节遇到了新问题

明天就是除夕，后天就是春节了。传统春节的一个重要内容，是人们见面互致问候，表达祝福。从前——很早以前——的拜年，晚辈要向长辈跪拜，平辈人之间要作揖打拱。年味儿不知从什么时候开始淡了之后，特别是手机通讯勃兴之后，短信拜年就成了时尚，一度还被称为“古老节日的新亮点”。

然而，新鲜劲儿过去了，亮点就暗淡下来了。广州不少网友在新年来临之际正在发起“抵制短信拜年运动”。在他们看来，短信拜年显得很虚伪，其中“透露”出的温情是一种廉价的温情。所以如此，在于大量短信都是转发别人的或者是从网站上抄来的，同样的段子大家转发来转发去，索然无味。抵制者显然认为，短信拜年已经变成一种偷懒的手段，一种应付了事的手段。这可真要算是老年节遇到的新问题了。这个新问题其实早就有了端倪。去年春节，中国社会调查所的一项调查显示，有41%的被访者选择发短信拜年，36%选择打电话拜年，只有18%的被访者选择传统的上门方式拜年。而占据多数的短信拜年，无非就是几个版本的内容跑来跑去。

广州这些网友的抵制做法非常可以理解，至少他们非常在意春节这个中华民族最重要的传统节日，希望它能够充满情趣而不是味同嚼蜡。有人把这种重复率高得惊人的拜年祝福，称之为“工业化”大生产，非常恰当。工业化的一个突出特点，正是批量生产、可复制生产而产品毫无个性。人们斥之为虚伪，在于重重复复的短信拜年内容欠缺情感色彩，与流水线上生产出来的产品并无本质区别。然而，幻想从前的种种拜年方式“回归”是不大可能的，也没有必要。面对面地作揖打拱，未必就是诚心诚意的表现。诚与不诚，出自拜年者的内心，不应由接受者以个人好恶来主观评判。拜年，其实更主要地表现为一种仪式。春节拜年很可能会成为中国人亘古不变的习俗，但“俗随时变”，拜年的方式不可避免地随着物质条件的变化而变化，深深地烙上时代的印记。短信拜年正是这样一种过年风俗的演变。退一步说，尽管这种形式体现出来的是虚伪，也不取决于短信拜年这种方式本身。载体无辜，抵制之，就走了极端。需要引导的是发短信的人，如何在撰写拜年用语之际融入个性色彩，融入情感色彩。

其实，收到短信的人，也未必一定在乎对方发的什么内容，只要收到了，知道人家的电话簿里还“存”着自己，应该已经足够了。于是，面对即使是重复的，甚至重复了好多次的短信，往往也会付诸一笑。至于上升到虚伪还是真诚的高度，有一点小题大做。真正值得忧虑的，倒是拜年的日益简单化和快餐化。我始终认为，在对待传统节日的态度上，多继承一点“繁文缛节”，未必是什么坏事。

（2007 年 2 月 16 日）

元宵节需要“闹”起来

昨天是中国传统的元宵节。全国人大代表纪宝成称，今年他将第四次提交有关传统节日列为法定假日的建议，作为传统节日之一的元宵节应该被设立为法定节日。与往年不同的是，今年的建议中他还将提出节假日调整的具体方案。

尽管如此，传统节日应该放假的声音还是听得太多了。相形之下，民俗专家、文化部民族民间文艺发展中心特约研究员吴露生的说法就比较“实”。他说元宵节是“中国的狂欢节”，无论城市还是乡村，过元宵节关键在一个“闹”字。吴先生认为，元宵节融合了浓郁的中国风情、人们对乡土的眷恋以及在第一个月圆之夜的和谐亲情，在经济全球化、农村城镇化的今天，应该张扬“中国式狂欢”，无论是农村还是城市，都闹一闹元宵这个传统佳节。这个“闹”字，该是振兴元宵节需要把握的精髓。

在以前——传统节日勃兴的时代，元宵节正有一点狂欢的意味，因之又称为闹元宵。唐朝有个苏味道，世称之“苏模棱”，因为他“前后居相位数载”，奉行“但模棱以持两端”的处世哲学，时人就给他取了这个外号。别看他当官的时候模棱两可，没有原则，诗却写得很漂亮。“火树银花合，星桥铁锁开。暗尘随马去，明月逐人来。游妓皆秾李，行歌尽落梅。金吾不禁夜，玉漏莫相催。”区区 40 个字，即写尽了古人元夜游观、彻夜狂欢的盛况。今天讲元宵诗，还要以他这首为代表。

“闹元宵”之“闹”，突出了狂欢的特色。在传统节日日渐式微的今天，提出元宵节闹一闹，相对于申遗说或者放假说，算得上实质的振兴行动。申遗或者放假，不过是为传统节日争得了一个名分；即便一定如此，也应该摆正次序，使传统节日不是因为固有“名气”而是因为实质意义，顺理成章地成为世界遗产或公共假日。这是另话。但今天的元宵节如何“闹”起来？古人在这时闹花灯、放焰火、走百病、耍狮子、踩高跷、划旱船、扭秧歌、打太平鼓等等。尤其是观灯，“东风夜放花千树，更吹落，星如雨”；连《水浒传》里都有好几段梁山好汉们看灯的描写，排定座次之后，宋江更要冒着生命危险到京城去看花灯。问题在于，这些属于元宵节固有的文化特质，对当代人还能产生相应的吸引力吗？宋朝人说他们那个时候“爆竹相闻，抑或以硫磺作炸药，声尤震惊”，今天似乎就剩下了这种闹。刚过去的春节，全国各地“闹”得尤甚，大量既成事实对各地“禁放”政策俨然构成挑战。倘若元宵节之“闹”就是恢复鞭炮噼啪作响，可能也属于胡闹。

“谁家见月能闲坐，何处闻灯不看来。”唐朝崔液这首《上元夜》表达出的元宵节心理，在今日丝毫不失其现实意义。人们渴望浸淫于传统节日的沐浴之中，所欠缺者，诸如“闹”之类的精神内核也。

（2007 年 3 月 5 日）

国人对黄金周的态度何其矛盾

国家法定节假日调整方案面世之后，出现了一个比较难于理解的现象。此前，人们对黄金周大抵持贬损的态度。不是吗？每个黄金周过后，除了大把大把"数钞票"的部门，往往都是一片抱怨之声，到处人看人啦，排浪式消费的恶果啦，如此等等。总之，人们历数乃至声讨黄金周的种种弊端，痛陈改革国人集中休假体制的必要。而现在，当还只是五一黄金周尝试着退出历史舞台之际，春节、国庆黄金周仍然保留不变时，人们就已经一反常态，表现得无限维护起来。

据"官方问卷"，超过七成的网友支持国家发改委的这一调整方案；而据"民间调查"，则两天前就有过半网友反对取消五一黄金周，而且，反对的比例还在逐渐走高。数据打架，是咱们国家的一个正常不过的现象，一点儿也不值得奇怪。早在战国时代，咱们的"上计"制度就埋下了"数字出官"的种子，随后历经两千余年，玩儿得更烂熟而已，登峰造极而已。于是今天我们看到，不同部门调查得到的总是对自己有利的数据。今年早些时候，包括广州在内的几个大城市房地产数据打架，想必人们还记忆犹新。因为貌似精确，所以人们说明问题最想凭借数据，忽略了最靠不住的同样是数据。因此，无论"官方问卷"还是"民间调查"，都不妨只是姑妄听之。

无须数据佐证，"网上调查"双方的目的也都非常清楚。一方要试图证明自己的调整新方案拥有广泛的民意基础，另一方则要表明根本不是那么一回事。客观一点，我不知道大家是否都还记得，如此调整正是建立在民意基础上的！回过头去看看，把减少的黄金周天数补偿给传统节日，不正是民间强烈呼声的一种吗？现在，五一黄金周这块奶酪为何又动不得了呢？实在令人费解，这样一种前后极其矛盾的心态，看起来需要来个社会学的专门课题研究了。似乎能够感觉到，反对者的意思并不是不想增加传统节日假期，而是在增加的同时，不能减少，借此一举多得。得陇望蜀，斯之谓也。有一种说法更加露骨，什么把春节假期提到年三十实际上是缩水一天，因为许多单位在年三十事实上已经放假。那也叫放假吗？投机取巧，钻个空子罢了。

实行黄金周时痛遭诟病，取消黄金周时也引起诸多不满，甚至有抗议的意味，黄金周至此真正显示了鸡肋的本色：食之无味，弃之可惜。这一点，已然无须杨德祖在世耍的小聪明。笔者并不反对多一些公共假期，但是恐怕还是得着眼现实。我们的公共假期已经不少了，有人说，比许多国家都多，甚至超过了经济强国美国。不知此说确实与否。不管怎样，国人对待黄金周去留问题的态度，以及现在的针尖对麦芒，实在称不上是理智的态度。

（2007 年 11 月 13 日）

不妨弘扬“人日”

今天是农历正月初七，亦即传统习俗中的“人日”。天津的一位专家昨天隆重介绍了这个节日，有弘扬的意味。其所依据的无外是众所周知的伏羲、女娲开天辟地说：初一他们造鸡司晨，初二造犬看门，初三初四造羊造猪供食，初五初六造牛造马犁田拉车，初七造人使主宰六畜。初一到初七相对应的就是各自的“日”，因为这些传说，汉民族认为，正月初七这一天是整个人类的生日。

落籍广东之前，笔者在北方生活了二十几年，由华北而东北，从没有听到身边的人们谈到过“人日”，因而也没有半点儿概念。当然，这只是我不知道而已，事实上未必不存在。私下里胡乱琢磨，这个节日可能像语言里的入声字一样，只是在北方走出了历史舞台，而在南方，至少在广东，仍然勃兴着。有趣的是，与之相对应，北方的一些过年习俗，南方也没有了，比如腊月二十三过小年，也就是祭祀灶君，在我的家乡仍然看重，而在广州则似乎不见了。地域对传统习俗是否存在“选择”承继的现象，值得研究，可能还是个有点儿意思的题目。

人日在古代，应该是非常隆重对待的节日。南朝梁宗懔《荆楚岁时记》云：“正月七日为人日，以七种菜为羹，剪彩为人或镂金箔为人，以贴屏风，亦戴之头发。又造华胜（古代妇女的一种花形首饰）以相遗，登高赋诗。”也就是说，人们在这一天，或者剪彩纸，或者镂金箔，都弄成人的形状，贴在屏风上、帐上，戴在头上，还相互赠送。“人”，是这一天的主角。与此同时，古人以之为题材，创作了大量文学作品。隋代薛道衡有《人日思归》：“入春才七日，离家已二年。人归落雁后，思发在花前。”唐代高适有《人日寄杜二拾遗》：“人日题诗寄草堂，遥怜故人思故乡。柳条弄色不忍见，梅花满枝空断肠。”宋代苏东坡也有“七种共挑人日菜，千枝先剪上元灯”，等等。另外，《唐诗记事》中的“景龙（中宗年号）三年（公元 709 年）人日，清晖阁登高遇雪”，虽然中宗的诗句不存，但留下了许多大臣的，印证了“登高赋诗”之不虚。

人日来到今天，从内容到习俗都发生变迁是必然的。不独人日，凡事皆然。《清稗类钞》载，以前广州从正月初一到正月十五，“游春之地以河南海幢寺为最盛，寺在珠江南岸”。现在就是另一番盛况了。海幢公园里还有没有海幢寺，倒是要找一天去看个究竟。也许有人要说，什么女娲造人，纯属荒诞不经。结论可能不要这么武断，正如学者所指出，尽管大多数节日传说对节日和节日习俗起源的解释是虚假的，是后人的附会或杜撰，与真正的起源并不是一回事，但是节日传说之所以产生并得到长期保存、流传这种现象，却不是偶然的，其与节日传说在节日中的功能有着密切关系。也就是说，起源的真假是次要的，重要的是要借助节庆实现某种文化功能。在我看来，诸多传统节日的日渐式微，正是其原有文化功能的日渐式微，而在节日演变的进程中又没有发展出新的功能填补空白。长此以往，退出历史舞台就只是时间问题。

今天弘扬人日，还是有一定积极意义的。概因为民俗的状况如何，一定程度上反映并制约着社会的风气，我们的文化建设应该充分借助民俗事象中的有益成分。

（2008 年 2 月 13 日）

传统节日不能只剩下吃

昨天是传统的元宵佳节。这几年，每当传统节日到来，都能听到议论之声。有网友说应该将元宵节增补为法定节假日，因为清明、端午、中秋都是法定假日了，不能厚此薄彼；支持这一观点的网友纷纷补充了各种理由，使这种说法看起来很该很必要。还有专家担心元宵节成为春节的“附庸”，因为许多人把主要精力都放在了过春节上，到了元宵已有“节日疲劳”。人们关注传统节日的兴衰，不管有没有关注到点子上，总归都是一件好事。

不过，今年的这些声音在我看来都没有来自中国商业联合会的消息更能吸引眼球。报道说，我国首部元宵产品的行业标准计划将于今年年底前正式出台，引人注目之处不在于标准将对元宵产品的馅料、总糖和水分含量做出哪些要求，而是元宵的外观，须“表面呈白色”，媒体解之为“必须是白皮”。寥寥 5 个字，刺眼得很。只是不知，这一回是否又是“媒体的误读”。在年初的时候，“馒头国标”曾经被误读过一回。那回说馒头必须是圆的，方的不算，引来舆论大哗。元宵不存在方圆问题，但存在颜色问题，一个不该进入人们视野的问题，可能又要“等闲平地起波澜”了。这种一再的喧宾夺主本身说明了什么，不知道该就教于哪个领域的专业人士。

不久前，致力于中国传统文化保护的冯骥才先生发出担忧，担忧中国的传统节日沦为美食节。元宵节，尽管是节日食品上了节日名称的唯一一个，但由于元宵外皮黏性高、不易消化的特性，使之不宜多吃，因而沦为美食节大约不太可能。元宵节从前又叫上元节，俗称灯节，概因为节日食品是吃元宵，而节日娱乐则是元夜张灯赏灯。“火树银花合，星桥铁锁开。暗尘随马去，明月逐人来”，古人在元夜彻夜狂欢，这样的节日气氛，即使真的像网友所说的那样放一天假，现在也是营造不出来的。何况清明、端午、中秋有了法定假期之后，国民休假已经比原来增加了一天，元宵节没有“得寸进尺”的可能；更何况，传统节日的兴衰与假期之间并无必然的因果关联。至于所谓“附庸”说，我也认为不是元宵节日渐式微的关键。天安门前的华表与城楼本身，原本是两个独立的建筑，广场扩建的时候，华表向城楼移动了6米，好像是城楼的一部分，沦为了“附庸”，但是现在看起来也没什么不协调的。就元宵节本身而言，自有农历之始其与春节的距离就是14天，昔日为什么没有沦为附庸之虞？我们需要研究的，应该是再现当年的盛况可不可能以及有无必要，如果不可能也不必要，就按“附庸”来重新审视好了。

有朝一日，中国肯定需一个完善的元宵国标，但在当下，国人最关注的是食品卫生安全问题，进嘴的东西，吃得放心就好，形状及其颜色都是次要的。冯梦龙《古今笑》里面有个善谐谑的陆宅之，他常跟人说：“吾甚爱东坡。”有人问，东坡精通那么多东西，文章、辞赋、诗词、书法，甚至还有穿戴方面的东坡巾，你究竟爱哪一样呢？宅之说：“吾甚爱一味东坡肉。”闻者无不大笑。人们当然不是笑陆宅之，而是笑那些舍本逐末的人和事。移之于制订元宵标准的人们，就可以这样说：“吾甚爱元宵。”爱什么呢？“元宵标准”。只是这样一来，不光做元宵的，就是我们这些吃元宵的，也要闻之大笑不已了。

面对传统节日的尴尬现状，冯先生真正提出了一个值得探讨的大命题：我们到底是因为失去了历史精神与文化情感而丢弃了自己的节日，还是因为放弃了自己的节日而淡漠了历史尊严与文化的情怀？这才是值得我们认真思考的根本问题。

（2008年2月22日）

给清明节赋予更多的时代内涵

刚刚过去的清明节，是第一个有了公众假期的清明节。在节前以及节日期间，关于清明节应该怎么过的话题一直不断。在传统节日日渐式微的当代社会，讨论这个话题对于弘扬并振兴传统节日具有积极的现实意义。从清明节期间各地组织的各项活动中，也能看到人们为传统回归所付出的种种努力。

事实上，古代清明节的内容丰富多彩，“清明时节雨纷纷，路上行人欲断魂”（杜牧句），仅仅是清明节内涵的一个侧面；“况是清明好天气，不妨游衍莫忘归”（程颢句），则是清明节内涵的另外一个侧面。今天我们往往忽视了后一个，而强调了前一个，过于强调的话，这个节日就将是灰暗的，没有前途的。在古代社会生活中，每当清明节到来的时候，人们不仅祭扫亡灵，而且也借此机会踏青赏春，进行一次盛大的郊游活动。宋人张择端流传至今的绘画巨制《清明上河图》就让我们看到，画中人物不仅不见丝毫哀伤之情，反倒洋溢着欢乐祥和的气氛。

根据专业人士的考证，本来意义上的清明节仅仅是一个物候节气的标志。祭扫先人坟墓，民间虽然自古就有，但并无统一时间规定，也没有编入国家正式礼典，称为“野祀”。然而渐渐地，人们形成了在清明前三天的寒食节进行扫墓的习俗。清明节获得扫墓、踏青这些实际内容，始于北宋。当时官方规定，自寒食至清明三日，无论官吏士庶，皆须出郭扫墓，以尽思时之敬。这一规定，就把原本出自个人意愿的行为上升为必须履行的义务。宋人孟元老的《东京梦华录》记载了那时清明节的图景，说届时城内几空而“四野如市”，人们“往往就芳树之下，或园囿之间，罗列杯盘，互相劝酬。都城之歌儿舞女，遍满园亭，抵暮而归”。与此同时，人们“各携枣锢、炊饼、黄胖、掉刀、名花、异果、山亭、戏具、鸭卵、鸡刍，谓之‘门外土仪’”。官方也是一样，“诸军禁卫，各成队伍，跨马作乐四出”，“其旗旄鲜明，军容雄壮，人马精锐，又别为一景也”……

今天我们弘扬传统节日，就是要继承传统节日中的这些积极成分、有益成分，同时给它们赋予更多的时代内涵。有民俗专家建议可将植树节并入清明节，这就是一个很好的建议。对北方地区而言，清明正值万物复苏之际，也是春耕春种的适宜季节，民谚说得好：“种树造林，莫过清明。”那么，把传统的踏青郊游，发展成包括植树、环保在内的人与自然和谐的节日活动，达成形式与内容的统一，也可谓一举多得。从历史纵深层面来看，从插柳留春到植树留春，也意味着人与自然的和谐境界达到了一个新的高度。今天的清明节应当具有自己的鲜明特色，由此及彼，每一个传统节日都应该具有自己的鲜明特色，没有了的，需要发掘、弘扬，需要赋予新的内涵。无论如何，不要每一个传统节日的到来，都试图催生像黄金周那样的旅游大军，要赚个盆满钵满。如果什么节日都商业味太浓太浓，就会淡忘传统节日原本的意义，从而蜕变成了没有文化的传统节日。这样的话，传统节日也就可有可无了。

重要传统节日有了法定假期，是恢复节日传统的首要条件，但有了假期本身，还不等于远去的节日立即就会重新回到我们的身边，还需要我们的不懈努力。就清明节而言，在铭记传统的同时，给它赋予相应的时代内涵，使之成为人们亲近自然的节俗，传统节日也就会离人们越来越近，而不是渐行渐远。

（2008年4月7日）

第四部分

品读文化百态

我们错在哪里

站在理智而非情感的立场上看待历史事件，尤其是烙有耻辱印记的部分，我以为是一件很难做到的事。所以这样说，概因为此类文字读到的太少，除了学术性的专著，我们听到太多的同一论调，不过诠释的角度不同而已。所以一册厚厚的《天朝的崩溃》在手，顿有耳目一新之感。茅海建先生这部长达 42 万字的论著的副题是“对鸦片战争的再研究”，按作者的说法，著一“再”字，本身已“包含着对以往研究进行批判的意味”，实际也正是如此。

150 多年前的那场战争我们失败了，然而从那时起直至今天，我们是否理智地检讨过我们为什么失败？我们究竟错在哪里？我们习惯从宏观上谈落后，并悟出“落后就要挨打”的道理，习惯于将责任归到“封建、腐朽、保守、愚昧”等几个抽象的字眼上，而在具体细节上，则满纸渲染广大爱国官兵的力量。这就不免使人认为，倘若没有“投降派”的阻挠，倘若林则徐不遭罢免，倘若多几个关天培、陈化成以及定海三总兵这样的将领，胜负的天平还很难说会倾向谁方——今天广东高等院校通用的中国革命史教材就是这样一种观点。今年 2 月 26 日是关天培殉国纪念日，中央电视台仍然不是从军事上检讨虎门炮台的失陷，而大谈琦善的不发援军，致其孤军奋战，弹尽粮绝。这就是说，直到今天，我们在心底里对当年的“蛮夷”仍然是一种蔑视的气概。用于宣传，这或许是种策略，但用于历史研究，就很不科学。正如茅海建先生所言，对过去了一个半世纪的那段历史，我们反思得最少的是“中国人在这个过程中究竟犯了哪些错误”。这才是今天的人们最该借鉴和警醒的。

《天朝的崩溃》运用大量的第一手材料，包括典籍、奏章、公文、信札等，全面地再现了那场战争中双方各种力量的对比：武器装备、战略战术，人的——主要是高级官吏即将领的思维方式、行为习惯等等，“专门分析中国人尤其是决策者们，究竟犯了什么错误以及如何犯错误的”。它使我们看到，在“天朝”这个腐败的国家机器的塑造、监控之下，任何人的心态包括行动都不可能逾越出这个范畴，甚至像林则徐、琦善这样一对截然对立的人物，其一言一行也无不是从衷心地效忠“天朝”的角度出发的。

不容否认，所有在那场抵抗侵略的战争中牺牲的官兵都是英勇的，是他们的鲜血展示了中华民族的气节，但是我们应以怎样的褒扬来慰藉逝者的悲壮？那些在天之灵，是希望人们一味地称颂他们的英勇，还是希望人们指出他们的错误而避免一错再错？尽管我们已经看到，虎门炮台的失陷、厦门石壁的崩塌、镇海天险的被攻克，一连串的惨败只是时间上的前后不同，性质几乎一模一样。我们在战争中什么也没有吸取，那么在战争之后呢？

有人说，19 世纪是英国人的世纪，20 世纪是美国人的世纪，21 世纪则是中国人的世纪。黑眼睛黄皮肤的人们闻之欣然。为什么 21 世纪是我们的世纪？“风水轮流转，今年到我家”？倘若这一切会成为事实，那么我们将以怎样的姿态迎接自己的世纪？怎样才能无愧于自己的世纪？李泽厚先生说：“中国人很少真正彻底的悲观主义，他们总愿意乐观地眺望未来。”确是。其实中国人又何尝悲观地回顾历史？但是正如乐观地眺望未来并不等于乐观地拥有了未来一样，历史所揭示出的规律性一面并不以人们的好恶为转移，它所需要的更是一种正视的态度。正视历史，才能正视现实，才能正视未来。

（1996 年 3 月 24 日）

保持对珠峰的敬畏

前天下午，中国业余登山队的 7 名队员登上了珠穆朗玛峰。今年是人类登上珠峰 50 周年，这一次登顶成功又有了另一重意义。令广东人民感到亲切和骄傲的是，其中的唯一女性梁群，来自深圳大学。

登上世界第一高峰，在开创性工作以及政治色彩、国家色彩相对淡化的今天，主要是对个人勇气和意志的考验。必须承认，无论成功与否，在整个攀登过程中登山者所体现出的不畏艰险、顽强拼搏的精神，都十分值得钦佩。但是我个人觉得，当人类已经证明能够登上珠峰并印证了一系列事实的时候，更多的应该开始考虑保持对珠峰的敬畏。

如果说攀登珠峰能够证明什么的话，那么，该证明的基本上都证明了。1960 年 5 月 25 日清晨，中国登山队队员王富洲、贡布和屈银华 3 人，从东北山脊登上珠峰。这是我国第一次登上珠峰，不仅在人类高山探险史上具有划时代的意义——因为此前还没有人从这一条难而又险的路线登上过地球的最高点，而且以事实打破了英国人关于“中国人最多也只到达 8700 米高度”的谬论。1975 年，中国登山队第二次登上珠峰，测绘人员与登山队队员一道，采用先进的仪器，首次测定出珠穆朗玛峰海拔 8848.13 米的准确高程。1988 年中、日、尼三国联合成功攀登珠峰实现了双跨——南上北下和北上南下……

不错，珠峰还有许多神秘的面纱没有撩开，登山运动所承载的探索大自然奥秘的使命，伴随登山过程中的高山气象、地质、水文、生物、医学等多学科的考察、试验活动，永远不会止息。但是，单纯地为登而登，只是增添了个人的经历而已，只能证明个人的能力而不是人类的能力。以擅长攀登而闻名的夏尔巴人，在为各种登山队充当向导和背夫的情况下，登上珠峰也是一件稀松平常的事情。在 1990 年 5 月到 2002 年 5 月这整整 12 年的时间里，尼泊尔阿帕夏尔巴即拥有 12 次成功登顶的经历。在这样的奇迹面前，旁的人就不必个个都以攀登珠峰来印证自己。至于前几年甚至有个人和厂家驾驶摩托车攀登珠峰——当然只是上升到一个高度，横竖觉得是对珠峰的一种“践踏”。不过是为了申报一个“吉尼斯”纪录而已，不过是要展示自己生产的摩托车的性能而已，说白了就是要为产品做广告。这种“攀登”则近乎对珠峰的亵渎，人类在感到悲哀的同时，应当予以严厉禁止。

从人类第一次登上珠峰开始，已经证明了人类的能力。装备越来越先进，也使越来越多的人能够登上珠峰。因此我以为，除非是必须，人类还是少登珠峰为好。可以想见，人类对珠峰“征服”的次数越多，珠峰的神秘感、神圣感就消失得越多。假如有一天，大家都可以上去的话，珠峰在我们眼里就将“尊严”不再，圣洁不再，而人类应该需要她在庄严肃穆中永远保持那份天然的神秘。

（2003 年 5 月 23 日）

如果没有“世界遗产”

接连读到这样几则新闻：沈阳故宫的红墙上被涂抹了小广告；苏州要在太平天国忠王府原址扩建新博物馆，忠王府这个全国重点文物保护单位面临搬迁；四川都江堰准备在离“鱼嘴”仅 1310 米的地方，修建一个水库大坝。

几则新闻看起来发生在天南地北，实际上拥有共同的要素，集合点就在“世界遗产”上。在沈阳，“一宫两陵”要申报“世遗”，人们担心这种抹黑的行为可能使这项“举全市之力”的工作功亏一篑。在苏州，新博物馆将严重损害拙政园－忠王府作为一个文化遗产概念的真实性和完整性，人们担心上世纪 90 年代成为世界遗产的拙政园可能因此被除名。在本身已是“世遗”的都江堰，修建大坝不仅对景区环境有碍观瞻，人们担心活的文物可能变成死的遗址。

显而易见，无论最终奏效与否，“世遗”在这些地方正充当着“挡箭牌”或“保护伞”的作用。如果没有它的制约，这些问题也许就不成其为问题，王府拆就拆了，大坝建就建了。拥有“世遗”身份才能得到真正的保护，已是不争的事实。可是，我们的世界遗产一共有多少？算上上个月刚刚申报成功的明孝陵等，也不过区区 29 处；

就算准备申报的百倍、千倍于这个数字吧，我们的祖先遗产又有多少，“世遗”、“准世遗”和“祖遗”构成一个什么比例？恐怕是无法计算的。那么，单纯地依赖世界遗产来保护我们五千年来的祖先遗产，几乎是不可能的。

为什么只有“世界的”才能震慑或影响一些决策者名为建设实则破坏的行为？这个问题讨论起来非一篇小文所能承担。但是毫无疑问，祖先的遗产若要在这个讲“文化”的时代不至于大面积地消失，更多地还是要依赖“中国的”。我们不是没有相应的保护法规，而因为是“中国的”，就被大大小小的决策人物所漠视，敢于漠视。

我曾经撰文不赞成动辄提出申报“世遗”，那不应该成为工作的目的。现在多少改变了初衷，由衷地祝愿我国的“世遗”越多越好，至少从现时来说，这是保护的最佳利器。与此同时，我们也不能不庆幸好在有世界遗产，好在世界遗产的桂冠虽然荣耀，但戴在头上后并非可以高枕无忧。

（2003年8月9日）

另眼看“教授看大门”

一则“教授看大门”的消息最近被炒得沸沸扬扬，人才浪费或贬值的议论之声此起彼伏。细看之下，这却是一单陈年旧事。即使从1997年3月事件已然得到解决时算起，也过了整整6年半了。

翻出这么一件早已得到改正的事情，我认为首先是对当事单位——河北省科学院不够公允。这件事的确是客观存在，但当事双方毕竟各有各的说法：教授“怀疑”领导对他有成见，院方认为单位在1992年实行第一轮人事制度改革后，定编定岗、竞争上岗，不能把“经营不成功想回来搞科研业务”的该教授“塞进去”，而“把别人给挤出来”。究竟哪一方说得有理，大家并没有搞清楚，便异口同声指责院方。我甚至敢断定，无论院方的理由多么充足，因其在个人面前显示出的无可争议的强势地位，人们也只能单纯地看到“教授看大门”的事实本身。

其次，把这件陈年旧事翻出来，对今天高等院校及科研机构大势所趋的人事制度改革不可能产生任何积极意义上的借鉴，相反，却可能成为改革的“绊脚石”，使一些人扯起“职称”的大旗当作“虎皮”，什么改革措施也奈何他们不得，在所谓“职称”的掩护下，继续优哉游哉。真正意义上的职称，的确是考量一个人的能力水平和任职资格的标准。但我们现在评定出来的职称，盛名之下，其实难副，像跑官一样跑职称，而且跑成的，比比皆是。最新的消息说，上海高校已全部停止职称评审，实行专业技术职务聘任制。教授等头衔不能享用终身，正是对现行职称制度有力否定的一种。

在广东省文化大省建设工作会议上，省委书记张德江在谈到北大毕业生卖猪肉时幽默风趣地说：“卖肉没什么不好，这也是一种劳动，卖肉也可能卖出老板来。”与之同理，随着高校和科研机构人事制度改革的推进，若干“教授”级人物要“另谋生路”不是不可能的。有一天，在公开竞争的态势下，“教授看大门”或从事一些与原有身份不大“相称”的工作，也不是不可能的，只要竞争的前提做到了公平、公正，人们就没必要大惊小怪。

（2003 年 9 月 26 日）

纪念梁思成先生

今天，1 月 9 日，是我国著名建筑学家梁思成先生的 32 周年忌辰。这个日子恐怕很难有人记起了。但对于梁先生，关于他主持设计国徽，关于他为保护北京古城的完整而作出的种种努力，人们都耳熟能详。去年岁末，一部《城记》热遍全国。这部 36 万字、300 余幅插图的煌煌大作，与其说是在感怀北京古城的变迁，不如说正是在纪念梁思成先生。

诚如《城记》的作者所言，研究中国建筑与城市规划，是无法绕过梁思成先生的，“是他在兵匪满地、行路艰难的旧中国，跋涉在深山老林里，寻觅着中华古代文明的瑰宝，完成了中国人的第一部建筑史”；“是他为中国城市的理性发展筚路蓝缕；是他搏尽全力为中国古代建筑请命”。白居易《琵琶行》曰：“此间旦暮闻何物？杜鹃啼血猿哀鸣。”历代文人墨客称杜鹃是“天地间的愁种子”，李时珍说它“其声哀切”。梁思成，这位中国近代建筑史上的一代宗师，为了保护民族文化遗产，发出的正是杜鹃啼血般的哀号。

通过《城记》我们知道，梁思成先生并不是单纯地痴迷于“古”，食古不化，抱残守缺，甚至像一些人无中生有地所说的，“连北京城里的垃圾都要保留”。梁思成先生的骨子里，实际上洋溢着对包括民族建筑遗产在内的民族文化的挚爱。正是这样一种真正的赤子情怀，儒雅甚至可以说是孱弱的梁思成先生，当他预感到享誉世界的北京古城将不复完整存在之际，能够鼓足敢于“抗上”的勇气，屡败屡战，痴心不改。也正是这样一种真正的赤子情怀，使梁思成先生令那些当时的以及后来的、趋俗媚世的“明星科学家”相形见绌。

梁思成先生对民族建筑遗产的态度，是非曲直，已有公论。今天的北京城，“夺回古都风貌”活动正在热烈开展着，其中一项重要的任务，竟然是恢复一段当年北京的旧城墙。这个时候，我们没必要感叹“何必当初”，但历史的悲剧决不应该重演。正是从这个意义上说，纪念梁思成先生，具有强烈的现实意义。人们，尤其是那些权力在手的人应该反思，自己对待民族文化遗产的态度是不是真正改变了，文物保护意识是不是提高了，是不是还在重复当年的蠢事；如果提高了，提高了多少，还有多大的偏差？

（2004 年 1 月 9 日）

向雷锋学习什么

今天，3 月 5 日，是毛泽东主席“向雷锋同志学习”题词发表 41 周年纪念日。每年的这个时候，各地学习雷锋的活动都会不断掀起高潮。这是很自然的。雷锋身上所体现出的精神境界，早已超越了他个人，超越了他所处的时代，而成为民族精神境界的一个象征。

41 年来，“学习雷锋好榜样”是全社会达成的共识。而具体到学习雷锋什么，在不同的时代曾被赋予不同的内涵，甚至有过曲解。但可以肯定，雷锋精神是永恒的，值得我们这个民族永远汲取养分。今天我们怎样学习雷锋呢？日前读到本地的一则新闻，某区搞“学雷锋活动周”，一群青少年在街头义务劳动，于是，周围的群众都称赞“雷锋又回来了”。不必点明这件事具体发生在哪里，对类似的活动和赞誉，谁都不会感到陌生，具有相当的普遍性。组织起来的一两次学习雷锋活动，便“充分调动了”参与者的积极性，便“极大地提高了”参与者的思想素质，翻开报章，比比皆是。实际情况是不是如此姑且不论，但倘若主办者仅仅津津乐道于此，就难免失之于对雷锋精神理解的浅薄。

雷锋生前是一个普通士兵。他没有干过什么叱咤风云的大事，但是他干了自己认为应该做的一些小事。正是从这些小事上，能够让人感悟到雷锋崇高的人格魅力。因此我以为，学习雷锋，至少有两点应该少不了，一是学习他做好事——小事的自觉意识，二是学习他的一以贯之。或者可以说，因为他的自觉意识，促成了他的一以贯之。也正是这两点，使雷锋所做的寻常好事达到了常人难以企及的高度。雷锋说过：“人的生命是有限的，可是，为人民服务是无限的，我要把有限的生命，投入到无限的为人民服务中去。”十几年前，在北京中国人民革命军事博物馆的展厅里，我见到过陈列的雷锋日记，翻开的正是那一页。当年，毛主席看罢雷锋日记，说他“懂哲学”。我想，雷锋之所以令社会不能淡忘，在于他不仅懂哲学，更在于他实践了自己的哲学。

对照起来看，各地的不少学习雷锋活动很多，“乱花渐欲迷人眼”。但是毋庸讳言，更多的活动逃不脱大肆张扬的前提，逃不脱花架子、走过场的嫌疑。有句话不是这样说的吗？“雷锋三月来，四月走。”伟人告诉我们，一个人做点好事并不难，难的是一辈子做好事。而且我们都知道，雷锋做好事从不张扬，许多事情是受益者找上门来才真相大白。那么，学习雷锋，“活动周”、“活动月”只是一个载体，并不等同于在此期间出动了多少次，做了多少件好事；重要的是通过这些载体，在人们尤其是青少年心灵中培养了多少助人为乐的意识，那种自觉的意识。能达到这一点，人的素质就有了飞跃，这也该是各种学习雷锋活动的终极目的所在。

通过寻常小事，雷锋赢得了人民的尊敬与怀念。正是因此，雷锋精神超越了时空，雷锋精神无论放在任何时代，都值得推崇和效仿。在市场经济时代，我们需要更多的雷锋。相信有一天，雷锋精神能够融入我们的灵魂深处，像血液一样，成为我们的一部分。所以，今天我们学习雷锋，就应当求真务实，尤其重视从平常的小事干起，脚踏实地做好应该做的每一件事情，坚持不懈地做好。谁这样做了，谁就具有了雷锋的品质。

（2004 年 3 月 5 日）

外语，什么叫用不上？

在今年的全国两会上，有委员对我国现行英语教育体系提出了质疑。认为英语是一种语言工具，不应该普遍性地成为继续接受教育和人才使用的必要条件，而现在，英语充当着“一票否决权”的角色。

这个老问题拿到两会上去说，似乎是第一次，显然已越来越受到人们的关注。对此，笔者也想发表一点看法。

首先应当明确的是，现行教育体系的要求是掌握一种外语，并非只是局限于英语。本人当年参加全国高考，考的就是德语。不过，英语既然占外语语种的绝对比重，笼统称之也算可以吧。我同意该委员“主要问题不是要不要学，而是如何学，学多少”的观点，但不同意接下来的“多少人应该学”。多少人应该学，潜台词是什么人应该学，不用说，是从事与外语有关的人应该学了。那么，学不学外语之先，是不是要确定好职业呢？有代表认为，“欠发达地区用不上这个东西，就没有必要”，把“多少人应该学”实际上又引申为什么地方的人该学。诸如此类，我以为着眼的都是学习外语的功利性一面。

我们不能混淆一个概念，掌握外语，就一定是要“直接使用”(该委员语)。比如说，在最近的一次冬季大学生英语四、六级考试中，全国共有 415 万名考生参加，不等于这些人将来都要去当翻译，英语才算派上了用场。我们应当看到，学习外语是一种素质要求。欠发达地区的人现在用不上，不等于以后也用不上。不要说知识经济时代对人才的综合素质要求越来越高，单从地球趋于成“村”这点来看，谁要成为真正合格的地球村村民，谁就必须多接受新事物，多与国际接触，而外语不啻为最重要的交流工具。也许有人要说，人家并没有全民要求学汉语。这话不错。可我们别忘了，改革开放的初衷正是本着学习的态度，学习发达国家有益的东西，少走弯路。地球变“小”了，人们眼中的世界却应该是博大的，不能因为狭隘的心理把自己变得渺小。

在职称的评定上，我以为对外语的要求尤其不能含糊。尽管现在的职称制度存在许多弊端，需要改革，但一个人的能力高低，毕竟要通过一些硬性的条条杠杠体现出来，空口无凭。即便你从事的领域表面上可能与外语毫不搭干，但是掌握外语，至少可以直接了解国外相关研究的进展怎样、成果怎样。考古学与外语偏离得够远了，但诸如法国福柯《知识考古学》一类的著作，是被推崇的经典。有学者认为，现在三联书店出的这个译本几乎完全没有读懂福柯的论述。显然，只有能够直接运用法语的人才能认识到译文的弊端。所以，在职称外语这个问题上，我极力赞成“一票否决权”。设想一下，一个即将拥有职称甚至高级职称的人，视野怎么能只在方块汉字内打圈圈呢？

因此，现行外语教育的全民化不该是要不要的问题，而该是怎样要求的问题。我以为至少是要能够阅读。我们没有那个语言环境，不必对听和说要求得那么一丝不苟，“哑巴英语”就哑巴好了。如今，英文原版的《时代》、《新闻周刊》、《国家地理》在邮局都可以公开订阅，这些享誉世界的杂志，无论你从事什么职业，浏览起来不仅能增长见识，而且开阔认识问题的视角。许多人把外语当成负担，是因为他们对外语从来只是被动地学、被动地用，好像是在给别人学，不是自己的知识积累。如果有了学习的自觉意识，不待扬鞭自奋蹄。

调查显示，中山大学学生赞成学位与英语挂钩的超过 80%，这样的结果令人欣慰。它至少说明，外界学与不学的争论还没有动摇学子们的思维。

（2004 年 3 月 13 日）

“长城”照片告诉我们什么

欧洲航天局展示的那张“长城”照片，可真是赚足了世人的眼球。太空上用肉眼到底能不能看到长城，在基本上倾向于否定之际，忽然人家有照片为证，那是“普罗巴”卫星在距地球 600 公里高空用高分辨率摄像机拍摄的，照片清晰地显示出长城的轮廓，以及周围的山川，你还敢不信吗？然而仅仅过了几天，他们就道歉说存在误读，“这实际是一段河流”。5 月 26 日，我们的专家把这张照片与航空遥感照片、测绘地形图进行对照，又发现他们拍的“长城”应该是北京市密云县的一段山间公路。

不到半个月的时间，“长城”先变成了“河流”，再变成了“公路”。在科学家方面，是因为照片分辨的失误；而对于民族自豪感相当强烈的人们而言，未尝不是受了一回愚弄，相当于被“涮”了一把，虽然欧航局认错的态度倒是满诚恳。在我看来，肉眼能不能看到长城的问题，已经不再是科学问题，无论我们承认不承认，对那张原本“正读”而实际“误读”的照片如获至宝，相当多的媒体辟出重要版面刊登，牵涉的实质上都是民族自豪感的问题。欧洲航天局为什么也要莽莽撞撞地前来添彩、助兴，我们弄不清楚，但国人对待这照片的态度从另外一面告诉我们：尊重科学的道路还很漫长。

在“看长城”问题上的科学态度是什么？是绝大多数科学家建立在理性基础上的科学分析：航天器的飞行高度一般是 300 至 400 公里，在这个高度，地面物体只有长、宽都达到 500 米才能在人眼中表现为一个点，从而被人看见；而平均宽度仅 10 米左右、狭窄而不规则的长城，在 36 公里的高度，就会从人们的视线中消失。但我们很多人，尽管口头上宣称相信科学，但骨子里还是相信“奇迹”的。不是吗？尽管所谓辟谷绝食多少天被多数中西医专家认为是根本不可能的，而且人们对进行辟谷绝食 49 天破了所谓“世界纪录”的老中医的质疑声言犹在耳，又有人宣称要辟谷绝食 60 天来挑战新纪录了。辟谷者们开口闭口也讲“科学”，但科学在他们那里是可以肆意揉捏的，揉捏成他们需要的模样。在未明真相之前，国内那么多媒体迫不及待地“隆重”对待欧洲航天局的“长城”照片，那意思，很有跟杨利伟示威的感觉：你看不到，不等于别人也看不到，可能你不会看。其实，即便有一天真的拍到了长城又怎么样？卫星拍到的，并不等于肉眼能够看到的，按现在的水平，太空中的间谍卫星不是连地上的行人吸烟也拍得到吗？

有许多问题的原理，科学是能够明确解释的，无须再去钻牛角尖。比如“永动机”永远不可能制造出来，人的有限的精力硬要执迷于此，就是不智。同样的道理，试图突破科学的解释，热衷于所谓辟谷绝食多少天，热衷于所谓在太空中肉眼看到长城，在我看来已经变成了一种很不明智的纠缠，毫无必要。

（2004 年 6 月 5 日）

文明古国的文化资本

撩开了神秘面纱的雅典奥运会开幕式，充满了创意和激情，有颇多的难以忘怀之处。比如全面介绍奥运会主办时间和地点的方式，由一名手持奥运会旗帜的男运动员跑步出场，依次冲过一道道形同冲刺的横幅，每一道横幅，代表着某一年在哪里举办的第几届奥运会。突然，运动员扑倒了——原来，第一次世界大战中，列强热衷于相互屠戮，奥运会被迫取消；到了 1936 年时段，当运动员第二次止步之时，稍为关心历史的人们马上就已明白，那是遭遇了迄今为止人类历史上最大的战乱浩劫——第二次世界大战。这个表达创意真是令人拍案叫绝。不过，给我本人留下的最深印象，还是表演过程中所不断展示出来的丰富多彩的希腊历史文化。国际奥委会副主席巴赫也说，他看了很激动。应当承认，希腊人把自己在文化传统上的优势发挥得淋漓尽致，这是文明古国的文化资本。在文明古国举办奥运会，赖以自豪的文化资本理当成为一个优势所在。

我们看到，在开幕式的四个“段落”中，始终围绕着希腊文化做文章。在开篇的“欢迎奥运”中，两名击鼓的打击乐手，一个古代，一个现代；一个在屏幕里，一个在现实中。两人相互配合，完美同步，由慢至快击出优美的节奏，寓意了 108 年之后，奥运会回归故里，完全能够达到高度的和谐一致。在“寓言”这一幕里，则借用三座典型的希腊雕塑来表达文明的发展：塞克拉蒂克头像——最早雕刻在大理石上的人的形象，其纹理平滑的程度令人惊叹；克罗斯——水远是正面裸体、左腿稍向前的人体形象；古典雕像——公元前5世纪的风格，在这个历史时期，古希腊艺术家们创作出了有动感的人像，他们也开始探索人体运动的机理。三座巨大雕塑不断运动，分裂、组合，不仅显示了人类认识自身之美的进步过程，而且在它们分裂的碎片上，分明同时让人看到了五大洲四大洋的轮廓，看到了人的多样性和对人类的赞美。在"历史年轮"那一幕，利用10幅画卷讲述了从公元前2000年起，希腊文明中最辉煌灿烂的篇章。阿伽门农、赫拉克勒斯这些传说中的勇士，建立了跨欧亚非三大陆大帝国的亚历山大大帝，1812年希腊独立战争中的英雄，以及著名的雕塑如掷铁饼者，都出现在这一幕的画卷中，表现了人类发展历史的代代相传，像年轮一样不断更新、累积。

由雅典开幕式的成功，想到下一届的北京奥运会开幕式。我们中国也是一个文明古国，就绵延的时间以及丰富的文化内涵而言，都丝毫不逊色于古希腊。正因为文明古国的同样身份，这一个刚刚成为历史的开幕式，与4年之后的那个开幕式，必然会为人们所比较，所评头品足。当然，雅典的未必对北京的就构成了挑战，正如国际奥委会委员施密特所指出，各届奥运会之间实际很难比较，因为他们体现的是不同的民族文化，所以各届奥运会开幕式之间不存在谁最好，只是各具特色而已。但雅典开幕式的成功应当令北京的开幕式感到一种压力。我以为，届时当然不必要刻意模仿雅典，但我们固有的文化资本，怎样利用短短的开幕式得以尽情地展现，让国人强烈地提升民族自豪感，让外国人充分地认识和了解，是一个从现在开始就值得高度重视的问题。

（2004年8月15日）

重奖运动员需要规范

被寄予厚望的王皓在奥运会乒乓球男单决赛中输给了韩国的柳承敏。丢了“分量最重的一面金牌”，也“毁了乒乓球队的‘三满贯’”。王皓输球之后，人们在“宽慰”他，说他尽力了、“应该笑”的同时，仍然把这两顶大“帽子”戴在了他的头上。赛前，王皓曾经表示，不论是谁，站在他的面前，他就要击败他。在我看来，王皓现在要重新恢复信心，只有用一次高级别赛事的胜利——尤其是对柳承敏的胜利来证明了。

王皓输球之后，我注意到，柳承敏在例牌与对方教练握手的时候，跑到刘国梁面前伸手前的一刹那，高举了一下拳头。转播镜头给的是柳承敏的背影，不能确定他的拳头是挥向观众以示兴奋，还是在向刘国梁示威；刘国梁的表情镇定自若，颇有宠辱不惊的大将风度，让我无从判断。这个逻辑上成立的示威镜头，或许的确是我不大服气之余的多疑，或许假以时日，刘主教练自曝斯时感慨予以澄清。退一步想一想，柳承敏即便是在挑衅，也有他的道理。剔除其小国寡民的心态不提，“得志便猖狂”，或许也正是人的本能。当年，孟郊先生雁塔提名、进士登第后，不是声称要“一日看尽长安花”吗？那种得意之情也是溢于言表的。

王皓输球之后，我们还知道，他的家乡吉林省原本极其期待这枚金牌，不仅省领导和长春市领导前往王皓家中加油助威，而且省政府还决定一旦金牌到手，将重奖王皓 100 万元人民币。给奥运健儿重奖，是从国家到地方的一个通行的做法，没记错的话，我们广东省好像是奖 20 万元，各市奖不奖、奖多少尚不清楚。恕我胡乱猜测，奥运会所以如此引起国人的关注，奖金之高而异乎其他赛事也是一个原因。应当说，对于任何为国家赢得了荣誉的体育健儿，予以重奖都是并不过分的，也是应该的，他们的成绩的取得，毕竟使自己的身心都付出了超乎寻常的代价。

但是，对运动员们应该奖励多少，我以为还存在一个规范的问题，存在一个由“谁”来决定的程序问题。现在的一个感觉是，每一个级别的地方政府要奖励多少，是一件很随机的事情，是一件本地公民事先毫不知情——似乎不必知情、只能静待结果的事情。然而，事实上他们却有理由知道，主要是奖励的原则所在，金额厘定的原则所在。毕竟，政府拿出来的钱，是财政的钱；而财政的钱，又是纳税人的钱。那么，政府在决定奖励之先，是不是要经过诸如人大的审议呢？

随着我国体育事业的飞速发展，越来越多的运动员将在国际赛场上一展英姿，为国家争取荣誉，赢得荣誉。也就是说，这个问题在今后将日益突出。我想，通过法定程序来明确对包括奥运健儿在内的运动员的奖励政策，比那种“灵机一动”的拍板显然更符合法治政府的本意。

（2004 年 8 月 25 日）

奥运金牌的分量一样重

雅典奥运会已曲终人散，中国体育代表团战绩显赫，令国人欢欣鼓舞。可以想见，在相当长的一段时期之内，国人都将兴奋地咀嚼之，回味之，诸如刘翔“飞翔”时的镜头等，令人百看不厌。金牌一旦拿得多了，就有人想到了排“座次”。8 月 30 日，一家权威电视台谈到了金牌的分量问题，援引读者来信认为，中国队获得的 32 枚金牌中，分量最重的是女排那块。为什么呢？因为这是中国集体项目的唯一一块金牌，印证了“中国人团结起来也是龙，而不是以前所说的虫”。

这就要让人哑然失笑了。至少在我从未想到过，一场赛事居然还承载着如此功能。按这样的逻辑，不免有一丝后怕，因为进行到第四局的时候，俄罗斯 23∶21 领先，大局 2∶1 领先，好在俄罗斯姑娘们手软了，没能再取两分，否则这两分不仅是她们赢球的问题，而且关系到我们的民族性的走向问题。那么这赛果，当真是老天有眼了！但这样的逻辑，说得通吗？比较金牌的分量，有实质意义吗？况且，32 枚金牌来自不同的项目，具有可比性吗？

刘翔赢了。男子 110 米栏，12 秒 91，平了世界纪录。曾几何时，在短跨项目上，黑头发、黄皮肤的人站在决赛的起跑线前，也是一个遥不可及的梦想。而这一切，伴随着刘翔旋风般的速度，伴随着刘翔的怒吼，化成了活生生的现实，同时，长期垄断该项目的欧美人也从百年美梦中惊醒，他们不能不睁开眼睛审视不断崛起的中国人了。这块金牌的分量轻吗？李婷、孙甜甜获得网球女子双打冠军，成就了中国网球历史性的突破；王旭将女子摔跤 72 公斤级的金牌挂在自己脖子上，成就了中国摔跤历史性的突破；孟关良、杨文军以超过第二名不到 1 秒的成绩夺冠，成就了中国皮划艇历史性的突破。这些金牌的分量轻吗？除此之外，王磊的男子重剑、谭雪的女子佩剑、江永华的女子自行车、邹市明的男子拳击，尽管他们获得的不是金牌，在各自的领域也无不具有里程碑的意义。这些奖牌的分量轻吗？

凡体育赛事，我以为就是在梦与非梦之间的不断转换。每一个参赛的运动员，都怀有自己的梦想。梦，在这里可以理解为是理想，甚至是神话；非梦，就是从理想、从神话变成了的现实。赛事的结果，实质上就是梦与非梦之间是否实现了转换的结果。因为运动员代表了各自的国家和地区，他们个人的荣誉无疑也就是他们的国家和地区的荣誉；在梦想的层面上，二者同样可以重叠。然而，在梦与非梦之间，并不存在必然的转换。也就是说，梦做得好，醒来可能依然是梦。饮恨、憾别、痛失、惜败等常见于失利者的词语，就是此类情形的同义语。奥运会开赛之初，曾有形形色色的所谓"梦之队"，逻辑上看，他们的实力绝对超群，实现梦想只是时间问题。事实上，大浪淘沙，许多“梦之队”彼时如“梦幻”，此时却似“梦游”。典型的莫过于美国男篮“梦六队”，小组赛时已经跌跌撞撞，半决赛中更被阿根廷队痛快淋漓地斩于马下。

在梦与非梦之间，看似简单的转换，中间实际上隔着一道鸿沟；跨越这道鸿沟，可能意味着一个历史的跨越。因此，金牌的分量一样重，片面突出哪个没有意义。女排这块金牌固然是她们团结拼搏、拧成一股绳的结果，但仍然与民族性毫无关联，退一步说，毕竟集体项目那么多，我们只获得了一枚；再退一步，女排金牌的获得可谓惊险，那么，循此逻辑，本当根深蒂固的民族性岂不是一时间变得摇摆不定？

（2004 年 9 月 4 日）

从平遥城墙坍塌事件中悟出什么

不久前，山西平遥古城南城墙瓮城东侧部分突然坍塌 17 米，尽管坍塌面积只占古城墙总长 6400 米的很小一部分，但因其“世界文化遗产”的身份，立即引起了国内外广泛关注。事后查明，此坍塌属自然坍塌，使人感到诧异的是有关人士给出的坍塌原因：古代城墙是“豆腐渣”工程。

得出这个结论，主要是因为从坍塌的部分来看，墙体内的土杂质特别多，一种推测认为，可能因为修建年代经济情况不好，因陋就简。尽管如此，这个结论仍然显得过于轻飘，甚至可以说完全没加思考，说顺了嘴。按他们自己的话说，坍塌的这一段墙体修建于明清时期，那就不妨算笔小账：明朝建立于 1368 年，清朝覆亡于 1911 年，时间跨度长达 543 年，那么，不管平遥城墙修建于明清的哪一时期吧，即便从年代的下限——1911 年算起，她也已经挺立了差不多百年！别忘了，“百年大计，质量第一”，是今天仍然叫得很响的洪亮口号，作为衡量建筑质量的一个宏观尺度。轮到至少已经百年无损、近日才坍塌的平遥城墙，怎么就成“豆腐渣”了呢？

相对于投入巨资修了不到一年即崩塌——“豆腐渣工程”从此得名的长江九江大堤，相对于剪彩前一天一股小小的洪水就把桥头堡冲个七零八落的徐州弘济桥，相对于那些形形色色、此起彼伏、令百姓切齿痛恨的劳民伤财，平遥城墙不仅与“豆腐渣”毫无干系，而且称得上是不折不扣的优质工程。

从平遥坍塌的城墙中究竟该悟出什么？我以为不应是对这个为中国赢得了无上荣誉、为地方带来巨大经济和社会效益的载体本身说三道四，更该是就此关注对文化遗产的妥善保护和如何才是合理开发利用的问题。在平遥居民中，对于城墙坍塌的原因流传着一个“民间版本”：从去年年底开始，为修类似“下沉式广场”的工程，南门城墙那里一直在挖土，挖开那么深的地基，然后却停工了，南门也一直锁着。后来，雨水都积在挖开的地方，再后来，墙就塌了。有专家认为，文物保护，应该有严格的巡视制度，以便出现问题及时修缮。平遥城墙如果做到了这一点，本来是可以避免坍塌的。这就是说，平遥城墙的隐患有被忽略之处，掺杂着人为的因素。

平遥评上“世遗”后，每年有数百万元的旅游收入，城墙是平遥不可或缺的重要组成部分。当她因为种种可知或不可知的原因倒下之际，今人首先要感到羞愧，愧于对之利用有余而关怀不够，倘能起古人于地下而问之，他们对这种归咎想必也会是愤愤不平。如果平遥城墙属于“豆腐渣”，今天那些不胜枚举的伪劣工程又该怎么称呼呢？

对已然的惨痛教训，我们应当多一点思考，所谓痛定思痛。对文物的利用必须以长期利益为重，照顾到代际公平，以发挥其永续作用，绝对不能急功近利。不止是平遥，我们现在对待许多文物的态度，实际上都有竭泽而渔的味道。

（2004 年 11 月 12 日）

帝王陵，不发掘也是保护

昨天，西安市市长孙清云在国务院新闻办公室举行的新闻发布会上表示，秦始皇陵、武则天和唐高宗合葬的乾陵这两颗中国历史文化遗产中的明珠，鉴于当前技术条件并不成熟，将暂不发掘，留给子孙后代。这个表态值得称赞。

该不该惊醒这几位沉睡在地下的帝王，实际上从新中国成立以来就争论不休。上世纪60年代，陕西方面曾经打算发掘乾陵，周恩来总理批示道："我们不能把好事做完，此可以留作后人来完成。"这种善意的劝阻，对乾陵起到的保护作用不可低估。1997年3月30日，国务院在《关于加强和完善文物工作的通知》中也强调："对大型帝王陵寝暂不进行主动发掘。"并且说，"考古发掘坚持以配合基本建设为主。"

条例这么清楚，人们仍然热衷于对帝王陵墓的发掘，我看主要还是出于一种"宝贝"意识。陵墓里面究竟埋藏着什么，容易引起人们的兴趣和好奇心。别说普通百姓了，大科学家也不例外。当年，时任社科院院长的郭沫若听说乾陵计划开挖的消息后，特别兴奋，盼望在有生之年能亲眼目睹传说保存在地宫内的《兰亭序》手迹，失落之余还写下了"待到幽宫重启日，延期翻案续新篇"的诗句。暂不发掘，对大众尤其是一些考古工作者的"热情"固然是一种打击，但对文物却是实实在在的保护。地下文物出土之后，毕竟是留下了许多教训的。十三陵之一的定陵发掘后，万历皇帝被红卫兵焚尸扬灰尚属于荒唐年代的荒唐之举，但那些陪葬的艳丽丝绸也很快变得类似树皮；马王堆汉墓出土的漆棺、帛画，都不能完好地保存如初；秦始皇陵兵马俑有相当一部分仍然保留着原来的色彩，但见了空气之后很快卷起、龟裂、起泡、脱落，成了灰不溜秋的模样。这就是说，如果对出土文物不能在技术层面妥善地加以保护，发掘便有了破坏的意味。

这几年，随着大众精神生活需求的迅速增长，原本冷僻的文物考古与百姓之间的关系密切起来。北京老山汉墓、杭州雷峰塔地宫、南京泗水汉墓等的发掘，都采用了电视现场直播的形式。这种做法是否值得推广当然值得商榷，比如遗址的发掘操作速度慢，未知因素多，专家在短时间内作出判断容易产生误导等，但文物考古日益激发了大众的兴趣乃是不争的事实。因此我的一位业界师兄撰文呼吁：中国亟须建构“公众考古学”，使之成为考古学中的一门显学。我赞同他的观点，不过必须明确的是，考古学的大众化绝非仅仅是为了满足大众的好奇心，而是为了提高大众的文化素质，借以焕发民族精神，增强民族凝聚力。

当帝王陵寝成为一种旅游、文化资源时，开发者的“开发”兴趣可能难以遏制，在这个时候，泼一点冷水就十分必要。实际上，孙清云市长的表态，正是对一段时间以来再起尘嚣的所谓“抢救性发掘乾陵”的盖棺定论。在现阶段，对两陵的不发掘，无异于最有效的保护。我相信，秦始皇陵、乾陵一旦发掘，里面的丰富埋藏一定是震惊世界的。然而，我们还要思考的是，在震惊世界之余，我们同时失去了什么？“得到”与“失去”，这两个问题同等重要。

（2005 年 7 月 6 日）

怎么看公众“茫然”黄昆先生

昨天《中国青年报》有一篇《中国科学家为何远离公众》，就黄昆院士辞世而“许多普通公众相当茫然”提出了我国的一个“现实”问题：公众享受着科学家带来的科技成果，却不知道科学家是谁。不知道我是不是感觉错了，这话听起来有一点儿责备公众没有良心的意味。假如感觉不错，我却不这么看这个问题。

黄昆先生走了，是科技界的一个重大损失；作为我国固体物理学事业的开创者，尽管先生在世界学术界赫赫有名，真正称得上是重量级的科学家，然而国内普通公众“相当茫然”还是一种正常的现象。无他，先生的研究领域注定他不可能为公众所熟知。老实说，笔者也是在2002年初，国家最高科学技术奖颁奖的时候才知道先生的名字，记得同时获奖的还有王选院士。从当时《人民日报》上的一篇介绍性文字中更知道，黄昆先生早年（1945年到1951年）在英国求学期间，即有一系列创新性的重大成果：“黄漫散射”、“黄方程”、“黄一里斯理论”等；因为时代原因沉寂近30年后，在先生的领导下，“针对国际上在多声子无辐射跃迁理论中出现的疑难问题重新开展了研究，终于证明在消除康登近似带来的不自洽性后，绝热近似与静态耦合是等价的”，“‘黄一朱模型’就是那个时代的代表性成果”。首先声明，笔者毫无用语不恭敬的成分，但即使读到这些普及性的介绍文字，对于我们普通公众而言不是仍然感到在读“天书”吗？

按照上文言者的意思，“只有重视每一位科学家、每一个具体的研究领域，才能推动科学的发展，才能在全社会营造一种良好的科技氛围”。在我看来，这既是不可能的，也是不必要的。让我们缩小一下科学家的范围，把目光集中在堪称我国科学家队伍杰出代表的两院院士身上，这个数量也有近1400人。他们分属于不同的研究领域，受到的关注度自然也不同。与公众“贴近性”相对较强的，公众耳濡目染，自然熟悉，比如说有几个人不知道研究杂交水稻的袁隆平院士呢？另一方面，从关于黄昆先生的文章中我们知道，他是很低调的。获得国家最高科技奖，成了新闻人物后，他对采访他的记者说：“得奖我很高兴，但也很不习惯”；“我是一个普通的科学工作者，没有什么神奇和惊人的地方”。这当然是先生的自谦之辞，但也同时表明，黄昆先生并没有博取公众瞩目的意愿。

社会正在努力营造科学家乃时代明星的氛围。实际上，任何科学家都不可能是为了当明星才献身于科学事业，有些功成名就的科学家因为充当“明星”作秀，不是还遭受了人们的非议吗？我想，对那些为国家、为社会作出了巨大贡献仍然默默无闻的科学家，公众“相当茫然”他们并不可怕，可怕的倒是那些惯于以显性成果计量什么而忽略基础研究的有关部门。他们“相当茫然”起来，那些研究领域倒真有堪忧的一面了。

公众享受着科学家带来的科技成果，当是科学家引以为自豪的价值体现，也当是他们的愿望所在。在他们自身，未必想到要求公众的回报。钱钟书先生有一句名言：“如果大家觉得鸡蛋好吃，为什么非要看看下蛋的母鸡呢?”钱先生的话，未尝不代表了真正脚踏实地的科学家们的心声。

（2005 年 7 月 14 日）

城市名片应体现出文化特质

重庆市最近评选出了自己的十张名片，依次是：美女、火锅、解放碑、红岩、雄起、三峡、邹容、桥都、钓鱼城、温泉之都。评选的标准是：知名度、美誉度、代表性和独特性。主办者认为，这十张名片是对重庆城市性格和特质的概括。从市民参与海选提名、再经过专家团评审的程序来看，应该说达到了这个目的。比如对我们这些重庆以外的但又对重庆有一定耳闻目睹的人来说，即使孤立地看待前七个，往往也会很自然地联想到重庆，虽然，把“美女”排在首位有噱头之嫌，有先到先得，“独占”、排他之嫌。但通过全民参与来评选城市名片，不失为一件挺有意思的事情。

重庆的评选标准是“两个度”和“两个性”——借助时尚的“归纳法则”，按笔者的理解，不论标准为何，“城市名片”首先应该是这个城市所以别于其他城市的文化要素。这里的文化不是文化部门司职的那种文化，而是文化人类学概念里的文化。文化人类学有一个学派认为，在同一个文化区内，即使自然地理特征有很大的差异，但在文化上总有均一的共性，拥有相似的文化特质；文化特质最多的地方，代表这个文化区的核心。今天，在我们仍然承认此一理论的前提下，城市无疑正是这样一个核心；而所谓城市的文化特质，说白了也正是一个城市自己的品牌和个性。谁都看得出，现在城市的趋同化愈演愈烈，一色的高楼、备受诟病的玻璃幕墙，等等，但那只是面貌上越来越失去个性；历史的浓厚积淀，使每个城市的文化特质还没有那么容易被“同化”，比如方言显示出的旺盛生命力，就是一个显著的例子。而且，文化特质并不是一成不变的，还能够产生新的。举重庆这十张名片而言，解放碑、红岩、邹容属于历史，雄起之类恐怕就属于“新生”。

城市名片不是一个新名词，前些年，好多地方都在打造自己的城市名片，大抵是为城市的发展定位。有的甚至把窗口服务单位——如出租车行业当成城市名片。像重庆这样如评选“××十景”一般评选出十个文化符号作为城市名片，确实还是个新鲜事。它的好处正如前面所言，能够让人自然而然地对号入座。也就是一提到这个城市，就能立刻联想到名片上的那些标志——或城市形象，或文物古迹，或历史名人；反之亦然。因其如此，上了名片的标志，不一定是本地人认为，还应该是外地人同样认为，既然是展示城市，就不必自娱自乐。相信对很多外地人而言，重庆十张名片中的后三个一定不明所以，虽然这是从近100个候选名片中筛选出来的。那么，它们未必代表得了重庆的城市名片。

城市文化是城市的气质。城市名片则是城市文化的具体符号。我想，城市名片评选的积极意义，在于能够激发人们对自己居住城市的热爱。一个有趣的问题是，如果参照重庆的做法，广州评选自己的十张名片，市民们会选哪些呢？

（2005年11月15日）

旁观院士炮轰院士制度

两年一度的两院院士增选结果揭晓之际，传出“众院士炮轰院士制度”的消息。关心院士制度的人们都知道，炮轰的具体内容其实早就算不上什么“新”消息；而当此关口旧话重提，显见院士们对今年的评选过程又是如鲠在喉了。

由院士来炮轰院士制度，没有什么比这更能说明问题的了。理论上看，两院院士是中国最高学术水准的代名词，那是令我们高山仰止的群体——在景仰的同时，又不可避免地添加了道德楷模的元素。这两个方面集合在一起，院士的形象俨然超越了学术范畴，成为一代完人的化身。然而近年来，它那神圣的光环已稍显黯淡，所以如此，除了先天的制度性因素，当然就是个人的因素。前几年，两院都颁发了《院士科学道德自律准则》，据说这是在世界范围内比较少见的现象。为什么要颁发这个《准则》？说明我们的一些院士本身，其行为无以承载学界以及社会的厚望。也许，我们就不应该把学术成就与科学道德乃至伦理道德揉捏在一起，应该截然分开。

我们得承认，能够成为两院院士候选人，说明其人在学术上是优秀的——极个别剽窃上来的当然例外，但是院士毕竟有院士的标准。是回家抱孙子，就此成为“幽谷一叟”，还是登上科研体制的“金字塔顶”，身价陡然倍增，从此穿梭于各种社会活动之间，就取决于多那么一票或数票。这种逻辑前提本身就有值得质疑的一面；何况，为了能够当选，有些个人的行为乃至其所在单位和地区的行为还不那么干净。院士这块“净土”所以遭受了污染，汪品先院士一语中的，院士制度的定位发生了错误：一个是不少院士对自身的定位错了，另一个是社会对他们的定位也错了。按我的理解，前一个主要是指某些学者成为院士后成了“金口玉言”，变异为“学霸”；后一个主要是指社会把院士当成了道具，客观上让他们成了“万能人”。

一项旨在肯定学术成就，进而产生激励来者功效的制度，为什么背离了制度设计的初衷？这是一个值得思考的问题。由此看来，我们的职称评定，“含金量”不可能不大打折扣。耳闻目睹我们自己的周围，名不副实的货色太多了，无须列举，这样的例子不是俯拾皆是吗？倘若现行院士制度可以取消的话，那么至少各类评估、各种职称评定也可以取消了，没别的，太多人为因素作怪，可能评上了优秀的，但也有不少“搭车”。所以，前几天李金华审计长痛斥地方跑“部”“钱”进，一向敬佩他的笔者撰文反驳。因为李审计长应该知道，跑得成，地方才会去跑，根子在“上面”资源分配的随意性！

有人统计，中国院士制度成立至今，只有两名院士因为科学道德问题而被除名。不说别人，就那个“核酸风波”的当事院士，难道没有逾越科学道德的底线吗？显然逾越了。邹承鲁院士认为，最好的办法，“就是把全体院士都置于科学界的监督之下，不管多大的权威都要受监督”。这个建议实施起来，难度应该不大吧。

（2005 年 12 月 9 日）

如果黄禹锡生在中国

昨天，韩国科学家黄禹锡在首尔举行记者招待会，对其论文数据造假一事公开向民众道歉，请求得到宽恕。此前，韩国首尔大学调查委员会公布了“黄禹锡造假事件”最终调查结果，证实黄禹锡及其研究小组除成功培育出全球首条克隆狗外，其余科研成果均系造假。韩国政府随即宣布取消他的“韩国最高科学家”称号，并免去他担任的一切公职。

对昔日的“民族英雄”予以如此严厉的处罚，这是黄禹锡在韩国的遭遇。不妨作一个设想，如果黄禹锡还是那个黄禹锡，但是生在我们中国会怎么样？这是一件比较有意思的事情吧。你我都知道，这个设想绝非没有事实作依托，因为在我们的国土上干出黄禹锡那种事情来的人，怕可以用“车载斗量”来形容了！名字根本没必要点，但凡关心学术界动态的人，谁都知道如今学术腐败者的身份“上不封顶、下不保底”，要哪个层次的就有哪个层次的。那些如此公开的造假者都得到处理了吗？从汕头大学教授胡兴荣因剽窃事发而引咎辞职，竟然赢得了一片赞誉之声，就可印证我们中国对待学术腐败的处理现状了。有意思的是，有位被指责为剽窃的法学院副院长，认为自己之所以被指责，“涉及权力之争、利益分配”，浑然岔开了话题，毫不理会人家指责的是否事实。

因此，如果黄禹锡生在中国，尽管造假，但命运不言而喻。不用捅破这层薄薄的窗户纸，我们谁都明白。对黄禹锡，套用何祚庥先生著名的“不幸论”来表述，最为一针见血：谁叫你不幸生在了韩国！

当黄禹锡辉煌的时候，韩国人的民族情绪和感性战胜了理性；而当黄禹锡败露的时候，则是韩国人的理性战胜了民族情绪和感性。他们对黄禹锡的处理，太值得我们借鉴了。我们对学术腐败的痛心疾首已经痛了多少年？还准备痛多少年？惩处，我们需要惩处。为了所谓学者的身份、所谓学校的声誉，就可以息事宁人、姑息养奸、丧失起码的学术原则底线吗？不论学术腐败出于什么原因，学术道德还是学术体制，没有惩处或者惩处不够严厉，不足以为后来者戒，都是目前我们中国学术腐败的一个根本原因。首尔大学校长郑云灿也已经发表声明，就黄禹锡事件公开向国民道歉，认为“黄禹锡科研组的成员犯了科研人员不该犯的错误，给国内乃至国际科学共同体留下了‘污点’”。退一步看，我们的剽窃当事人尽管厚颜无耻，他们所在单位什么时候培养出一点儿“脸红”的意识呢？

记得新年伊始，《瞭望》周刊刊载了一篇展望反腐败的文章，指出中国反腐败已到了“老虎”与“苍蝇”齐打的阶段。反观学术腐败领域，还远远没有走到这一步。如果黄禹锡生在中国，肯定是一只“老虎”，问题是我们肯不肯打，敢不敢打。连韩国政府在一开始，也不情愿承认好不容易树立起来的榜样有问题呢。但是他们毕竟终于打了，而且打得坚决。我们也需要打这样一只“老虎”，以此来表明整肃学界的决心；可能，打了“老虎”，才会触动“苍蝇”。

（2006 年 1 月 13 日）

“糖葫芦才子”就业了

北大毕业的“糖葫芦才子”武小锋终于在鞍山就业了。仅仅在一周前，屡次求职未果的他还在自家的炕上穿着糖葫芦，因为媒体的关注，不仅一跃成为“知名人士”，而且就业问题迅速地解决了。

媒体称武小锋为“糖葫芦才子”，未必有讥讽的成分。前几年，北大还有一位“卖肉才子”。那是根据他们“待业”时从事的职业叫起来的，属于诨号。作个不恰当的联想，跟梁山好汉曹正被唤作“操刀鬼”、张青被唤作“菜园子”，大抵是一个性质的叫法。性质不同的是承载诨号者的身份：“操刀鬼”们属于草莽英雄，而“糖葫芦才子”们则是在名牌大学里受过良好熏陶的精英分子。这样再看，“糖葫芦才子”虽然构不上讥讽，至少听来有些滑稽。毕竟，才子们所受的专业教育与食品加工或牲畜屠宰了无相涉。

诨号所得，皆由就业造成。“卖肉才子”是因为所在企业垮掉而没了铁饭碗；“糖葫芦才子”由于性格内向、不善于沟通，找不到工作，只有在家帮手。于是，赤裸裸地一把尖刀在手，横眉怒目地剔肉斫骨，与竹签轻动，微笑着穿起一颗颗煮熟的山楂，异曲同工。两位不同时代的北大才子通过媒体表达出来的实际上是一个共同的意思：看我们在干什么？潜台词是：我们该干什么？这一“问”非常有效，两个人的命运旋即得到改观。但我们也看到，得到改观的也仅仅是他们两个人而已；对其他“出身”不高的人来说，高校毕业生的就业形势虽然越来越严峻，但这种“极端路径”虽然奏效却没有可复制性；

准确地说，可以复制，但没有成功的可能。

卖肉、穿糖葫芦的才子都出自北大，不是偶然的。我相信，别的学校毕业的、干更加“低贱”职业的学子或才子也大有人在，不过，没有人感兴趣传播他们的经历，或者传播了也引发不了人们的兴趣而已。原因很简单，反差不够强烈。比如当官干坏事不降反升的不少吧？但前几年陕西有个乡的“毁林书记”当上了县的林业局长，芝麻官还算不上，也引起了全国媒体的讨伐。“毁林”的人干林业，反讽太强。同样，北大才子的“身价”与“低贱”职业构成的落差太大，才引起了社会的议论纷纷。没有这种强烈落差，就不会有人睬你，你信不信？在大众的传统观念中，你是应该的，他是不应该的。正是这个原因，北大继续出现怪趣的“××才子”也不奇怪，只是即使再多，充其量也是茶余饭后的一时谈资，对于社会上类似的问题的解决，不会有丝毫帮助。

“糖葫芦才子”终于就业了，为他高兴。不过，我这个旁观者还有句话不能不说。武小锋本人一定要明确，从其“成名”之前的无人问津，到之后国内多家企事业单位争相抛出“橄榄枝”，个中转变不是大家忽地认识到了人才的重要，要使“野无遗贤”，这一点他无论将来在哪儿都要把握好分寸。“卖肉才子”毕竟阅历丰富，在他的新著中已然承认自己是社会的一个“丑角”。

（2006年1月23日）

期待“完整的雷锋”

3月5日就要到了。这是毛主席“向雷锋同志学习”题词正式发表的纪念日，也是我们纪念这位伟大士兵的“标准时刻”。整整43年过去了，仍然有关于雷锋的“首次”报道面世，是不能不令人感到惊奇的。这一回是有一本关于雷锋的传记将于3月5日出版，新闻点是：300 多张雷锋及初恋女友照片首次被公开。

我首先想说，虽然尚未读到该书，但报纸上作为印证“首次”而先期刊登出来的那 4 幅照片（包括刻意强调的其初恋女友照片），几年前我就看过；这不是说我有内部渠道或与摄影师稔熟，而是在一个公开出版、名气相当大的报纸或杂志上看到的。可惜，因为没想到日后还会面临“首次”问题，当时也就没有刻意记下那家媒体的名字。不过，我要说的问题关键并不在这里，而在于这部传记“从新的角度向人们展示了一个立体、丰满的雷锋形象”。这是不是可以理解成，我们以前看到的雷锋，是平面的，至少是欠丰满的？那么，这本书的问世，算是“以正视听”了。

以前我们看到的雷锋，的确是“遮遮掩掩”的雷锋——这当然怪不得雷锋本人。一个突出的特征是：时代需要什么样的雷锋，就有什么样的雷锋。雷锋适用于任何时代。上面那篇报道现在又告诉我们，“雷锋当年和现在的青年人一样是时尚潮流的追求者”。我不知道写这篇报道的记者年纪几何，是不是本身也是时尚潮流的追求者；但我这一辈人心目中的雷锋形象显然不同，更多的却是他如何艰苦朴素。比如他那个著名的“节约箱”，还有他那双补了又补的千层底袜子，等等。

在我看来，适用于任何时代的只应当是雷锋精神。这种精神才是永恒的，值得我们永远学习。学习雷锋首先该学习他做好事（哪怕只是小事）的自觉意识，其次是学习他的一以贯之。而我们长期以来哪怕是现如今，大抵还都停留在机械的模仿，在方式上做文章，甚至是制造噱头。好多人可能都有这种经历：每年 3 月份，集体组织上街去学雷锋，一年的好事都攒在 3 月 5 日那一天或那个月去做。于是，民间有“三月来，四月走，雷锋叔叔没户口”的谚语。这该是需要我们引起重视而不只是一笑了之的谚语！

同样，在对雷锋本人的宣传上，我以为也没有必要制造噱头。雷锋只有 22 年的短暂生命年华，他是生在旧社会、长在红旗下的。全面认识这个伟大的战士，呈现给世人一个完完整整的雷锋不该是一件难事，我们不该因时代需要而人为地割裂了雷锋。从前强调其“艰苦朴素”而略去“时尚潮流”是一种割裂，现在突出“时尚潮流”而绝口不提其“艰苦朴素”同样是一种割裂。

这部与“以往介绍雷锋的图书不同”的书——《雷锋 1940－1962》能不能让我们认识完整的雷锋，还要拭目以待。我想，如果单纯地只是在雷锋个人身上不断做文章，可能永远达不到这个目的。完整的雷锋很可能也存在缺点，但却是真实的、让人能够亲近的雷锋。

（2006 年 3 月 2 日）

吃特种野生动物的荒唐理由

4 月 15 日起，在上海 5 家著名的宾馆、酒店可以吃到特种野猪肉、野兔肉。这意味着，国家林业局公布的可商业性经营利用的野生动物中，适合市民家庭品尝的野生兽类肉食产品在上海全面上市。此前，上海已经可以吃到珍稀的梅花鹿肉。

以往谈到吃，国人首先想到的会是广东，广东人如何敢吃、会吃，是有一套套歌诀的。今后在吃的问题上，上海人利用“资源”的优势，想必能与广东人分庭抗礼。因为敢不敢、会不会，都在其次，前提是能吃到，巧妇难为无米之炊，看人家吃特种野猪、野兔，哈喇子流下来也没用。当然，上海人这个范围得大大缩小，那 5 家宾馆、酒店不要说装得了多少上海人，爆满又装得了多少人？

我国是保护野生动物的，也立了法。早两年中国野生动物保护协会曾经建议：增加有关禁吃一切野生动物、停止一切为食用而进行的野生动物养殖行为的法律条款。现在为什么连普通的野生动物也保护不了，又要开吃“特种”的，尽管是限量开禁，且“政府主管部门对商业性经营利用野生动物的屠宰、加工、运输、销售实行全过程监管”？理由听起来相当好笑：是国家林业局根据这类野生动物的保有量逐年上升，“从可持续发展要求出发推出的举措”。好嘛，事关“可持续发展”，吃特种野生动物不仅一家伙变得理直气壮，而且意义也相当积极起来。那就是说，这不是满足有钱或者有权阶层的欲望，而是百年大计，甚至是在为国家做贡献了。真有意思！但这个掩耳盗铃的把戏蒙得了谁呢？

笔者是极其认同中国野生动物保护协会建议的。不吃野生动物，与其数量的多少无关，而在于从维护地球生态系统出发，培养一种保护野生动物的意识。正如国际上对象牙及其制品的严禁，我国不是也执行得非常严格，规定携带象牙及其制品进出境都属于违法行为吗？这里的认识无疑是到位的，非如此，不足以达到保护这个珍贵物种的目的。而在对待特种野生动物食用的问题上，则大谬不然了，说到底也是认识问题。

在《新京报》那篇不长的报道里，尽皆肉质、口感的介绍，不由得使人想起前几年才从动物园撤下来的“肉可食、味鲜美”之类的介绍文字。那时是作为观念上的进步来颂扬的。没办法，国人就是这么欠缺记性。

（2006 年 4 月 17 日）

叫停名胜区内的商业拍摄

建设部副部长仇保兴前天在“城镇和风景区水环境治理国际研讨会”上说，“电影《无极》剧组在云南香格里拉碧沽天池拍摄，对当地自然景观造成了破坏”。此语一出，“大制作不能变成环境大破坏”的话题再起。

这里所以着一“再”字，是因为媒体对此事的报道已有一段时间了，说《无极》剧组的到来使美丽的天池犹如遭遇了一场毁容之灾，不仅饭盒、酒瓶、塑料袋、雨衣等垃圾遍地，天池里还被打了一百多个桩，天池边禁伐区的一片高山杜鹃被推平，用沙石和树干填出一条简陋的公路，一个混凝土钢架怪物耸立湖边，一座破败木桥将天池劈成了两半……但是报道了又怎么样？看《无极》制片人陈红的解释，怪当地的善后没做好。现在，仇副部长的介入，不仅加大了“讨伐”的力度，而且“性质”也有从民间转向官方的变化。

在我们中国，性质完全一样的怪现象很多，都可以归纳成为“类”的现象。就拍戏破坏环境而言，粗粗一数，《神雕侠侣》剧组在九寨沟森林公园拍摄时，破坏了神仙池钙化堤、珍珠滩植被；《惊情神农架》剧组在神农架拍摄时，拍摄现场到处扔的是塑料瓶，笑闹声把金丝猴逼得无路可退；《情癫大圣》剧组则在神农架“用水泥浇筑成蘑菇形状，使原有地貌无法再复原”。如此等等。百姓发牢骚乃至痛骂尚可——也只能如此，官员则应当着手解决的办法。可惜，中国各级官员对各种怪现象的指责之声早就不绝于耳，却往往在“怒斥”或“拍案”之后全无下文。

因此，仇副部长如果同样停留在“指责”的层面，意义就不大。我们更关心的是指责之后，这种现象是不是能够得到解决。从近前看，如果当地环境的破坏的确是由拍摄造成的，那么，就要由剧组无条件地恢复到拍摄前的原貌。从根本上看，恐怕要对风景名胜区内的拍摄建立制度，进行规范，不能听之任之，由着哪个剧组想怎么干就怎么干。我以为，对著名的历史遗迹则应当采取坚决拒绝任何商业拍摄的态度，类似故宫的大殿可以钉钉子拉电线、类似成龙先生可以跑到兵马俑坑里“零距离”接触珍贵文物的日子，应该一去不复返了。

假如把困难估计充分，连“近前”的目标都做不到的话，那就不妨干脆来个“一刀切”，把风景名胜区内的商业拍摄全部叫停！

（2006 年 5 月 11 日）

还是让高考移民有学可考

一年一度的全国高考在即。前天，在广州举办的高考咨询会上，场面火暴。每位家长都期盼自己的孩子能够跨进高等学府的大门，能够就读心目中的理想所在。某种程度上说，这是涉及孩子一生中的大事，成龙成虫，此举占有太大的比重。因此，海南传来的一条消息引人关注。消息说，今年海南参加高考的人数约为 4.1 万人，其中根据规定限报的人数约 1000 人，这些被限报考生将严格按照规定参加报考。

按照正常的理解，这 1000 名考生很可能会与今年的高考失之交臂。苟如此，他们将成为新的牺牲品，在令人惋惜的同时，也感到这是对他们的不够公平。

高考移民的产生，源于高考制度的不平等。你看，同样的分数，在此地可以读名牌重点大学的考生，在彼地却可能连大学的门槛还迈不进。正因为差距如此之大，才使得一些不符合此地报考条件的考生，想方设法，通过种种手段将户口临时迁到此地，在此地报名参加高考，成为高考移民——单纯地为了高考而移民。毫无疑问，高考移民试图去钻政策悬殊太大的空子，其所以引起愤慨，主要该是他们挤占了移入地的高考名额，对被挤了的考生不公平。这的确是一个不容忽视的事实。

然而“趋利避害”，实乃人的一种本能。对高考移民问题，我以为不该责备移民本身，其所以能够移成，考验出来的还有移入地的“吏治”建设。这才是问题的关键。任何政策包括法律都有空子可钻，“悻门如鼠穴”，连官场也不例外。因此在这个问题上，那些为高考移民办理虚假档案、出具虚假证明的，才应当负主要责任。对高考移民来说，不管他们此前采用了什么手段，疏通关系或者使用金钱，毕竟他们是经过了移入地规定的层层标准的，至少在程序上，他们是“符合”移入此地的条件的，那么就理应把他们与移入地的考生同等对待。这就是说，杜绝高考移民，应当把工作做在前面，而不能到了临门一脚的时刻，才摆出严肃执法的态势。对那 1000 名高考移民不大公平，道理就在这里。

报道说，去年海南参加高考的人数为 4.5 万人，其中通过各种渠道进入海南的高考移民近 1 万人。一方面可见这个问题在海南的严重程度，另一方面也可见海南有关部门、官员的“把关”程度。指责归指责，眼下还是让高考移民有学可考吧，毕竟他们也是国家的未来。

（2006 年 5 月 15 日）

院士也应有自知之明

《瞭望新闻周刊》记者最近在京、沪、渝等地采访时发现，近年来社会上出现了愈演愈烈的“院士崇拜”现象。随着中国社会科学院高调推选学部委员工作的开展与延后，以及中国科学院、中国工程院院士增选结果的相继揭晓，社会各界对院士制度的议论和质疑一再升温。

院士，从其设置的初衷来说，应当表现为一种荣誉，是对当选者学术成就的一种肯定。在科研领域作出了杰出贡献的人士享有这一荣誉。但对院士到了“崇拜”的地步，就是异化了院士。人类学概念里有诸多崇拜，祖先崇拜、图腾崇拜等等，属于原始宗教的一种。新世纪，社会各界把院士捧得天高，却未必就是崇拜，而更多是捧者的一种利益需求——原始人当然也有这种需求，但毕竟信仰成分更多。对院士，各个地区乃至各个高校、科研单位“崇拜”他们，是为了提高本地、本部门的身价；各种与之专业不搭干的活动邀请他们出席，是需要他们来显示自己举办活动的档次。总之，人们需要院士这面大旗作虎皮，院士不过是道具而已。只不过，因为有崇拜的假象，“道具”的感觉不那么明显罢了。

人们所以对院士渐渐少了高山仰止般的神圣感，还在于少数院士因为参与商业炒作、抄袭论文、鼓吹特异功能，以及学术造假等留下了笑柄。邹承鲁院士说：这些人和事，虽然只是院士队伍中很小的一部分，但是少数人影响了院士的声誉，特别是中国科学家在国际上的声誉。曾几何时，人们视院士领域为学术界最后一方净土，寄予这么大的期望，那就是容不得一粒老鼠屎的！

还原院士的“本来面目”，把这既不是职务也不是职称的称号仅仅作为一种荣誉，就应该把它与待遇、相应的资源和种种好处脱钩，诸如别生拉硬扯什么副部级。汪品先院士说：“应该尽早把知识分子的待遇规范化。”不要因为院士的头衔就忙不迭地大把给钱，因为进入门槛的一两票之差，而使水平难分伯仲的科学家顿时产生霄壤之别。如果院士本身不意味着金钱，不意味着特权的话，也许就没那么多问题了。

就当下的情形来看，与其呼吁社会各界要正确对待院士，不如重提中科院院长路甬祥的说法：院士们也应有“自知之明”，即便在本学科领域也只是提供决策建议。对当选院士的科学家来说，应该想到承担更多的社会责任。

（2006 年 5 月 23 日）

何妨学学朱熹平的低调

两院院士大会开幕当天，“科学道德”问题就成了中国科学院院长路甬祥强调的重点。路院长说，少数院士对院士称号的荣誉和责任认识不够清晰，还存在如何正确对待名利的问题，个别院士中存在兼职过多、活动过多过滥、浮躁浮夸、唯我独尊、福利待遇处理不当等问题。

两院院士大会两年一届，且每届有每届的明确主题。按照常理猜想，科学道德与学风建设问题属于基本的道德原则，不应该还要占用那么宝贵的场合、摆在那么突出的位置、对整体素质那么高的人群去进行强调，理论上看不是有点多余吗？但在现在，我们还真不能说强调这个问题偏离了主题，而只能说问题的严重程度到了不能不引起高度重视的地步。路院长说了，"尽管这只是极少数人的行为，但已经引起社会不满，严重影响了院士队伍的声誉"。那么，中国科学院学部在 2005 年不是已经制定《中国科学院院士违背科学道德行为处理办法》了吗？对照执行不就得了？可能不行。积无数经验来看，谁要是以为一个《办法》或一部法律的出台就可以解决中国的问题，谁就是失之于幼稚。

这几天，中山大学朱熹平教授攻克庞加莱猜想的消息极大地激励着国人。媒体在报道时，莫不强调朱教授的低调。所谓低调，就是不事张扬。朱熹平教授确实如此，他在中科院武汉数学物理研究所取得博士学位后，回到了本科和硕士期间的母校——中山大学，这里并不是全国数学研究的中心，但他却"潜"了下来，深深地"钻"到了研究里，直到做出令世界瞠目结舌的成就。我们那些已经坐不住板凳了、热衷于去各种热闹场合凑趣的专家学者，何妨学学朱熹平教授的低调，拿出一点儿真学问？

当然，如今社会上在各个领域都有多如牛毛的专家学者，让一些人低调是不可能的。没能耐的，要通过"高调"证明自己很有能耐；有能耐的，要通过"高调"证明自己的能耐无边无际，所有领域一概通杀。其实，那些"功成名就"了的，也还是调子降低为好，不要紧紧盯着那点儿蝇头小利。你索取了不当报酬，到处徒挂虚名，参与同自己专长无关的评审和鉴定活动，在眼前以及表面上，可能风光无限，洋洋得意；但是很可能，换来的是人们骨子里对你的蔑视，嗤之以鼻！

由院士来率先垂范"科学道德"，这跟古人在反腐败领域说的"大臣法而后小臣廉"，"大臣污则小臣悉效，京官贪则外臣无畏"，基本上是同一个道理。从这个角度看，院士大会把"科学道德"作为开幕的重头戏，具有极大的积极意义。倘若由上到下层层垂范下来，“科学道德”问题又焉能得不到解决？

（2006 年 6 月 7 日）

高考作文题目可否划一？

看了昨天亮相的今年高考作文题，方知全国各地有那么多的省份单独命题，用五花八门来形容，一点儿也不为过。即便是全国的题目，也划分了Ⅰ、Ⅱ、Ⅲ卷，不同的考卷针对不同省份的考生。比如全国卷Ⅰ，就是针对河北、河南、山西、海南四省的题目。

这种现象，应该是高考命题改革的产物。为什么要这样改革，想来有其一定的道理吧，怪我当初没有留心才不明所以。不过我因此产生了一个不大理解的问题，小心翼翼地想发问一句：全国各地的高考作文题为什么一定要呈现争奇斗艳的色彩？所以想发问，在于以我个人算是有些年头的“写作”经验来看，这些作文题的难易程度差别相当之大：有的题目一望可知该怎么落笔，有的题目却需要琢磨半天；有的题目给考生发挥的空间极大，有的题目却已然局限住了思路……而且，这也并非完全是笔者个人的感觉。去年的一则报道说，某市高考作文题以“筷子”为对象写一篇上 200 字的说明文，以“自嘲”为题写一篇 600 字的作文，结果不少考生一出考场就“变脸”，有的甚至号啕大哭。那里的考生们“普遍反映作文偏难”，有的同学根本就没写完。

历年的高考作文试题，都是人们感兴趣的话题，之所以如此，恐怕是在“涂黑”为主的那些非此即彼的答案之外，这个试题最能考出考生的“水平”——他们的人生态度、思想智慧、文字表达能力等等。作文的主观性较强，一篇作文的成败对学生的语文成绩乃至总成绩都影响极大。但一道好的作文题目，应该能够使考生人人有话可说，而并非只是拘泥于命题者特定的写作范围和角度。也正是因为如此，好的作文题目并非可以信手拈来——当然我绝不是说各地的命题比较随意，但起码不是每个单独命题的地方都办得到的。现在，人们每年谈论高考作文题，大抵都是在谈论各地命题的得失，高考似乎“考”的是命题本身，有喧宾夺主之感。

既然是全国统一高考，在其他科目考题基本上整齐划一的情况下，作文命题没有必要独辟蹊径。若一定这样，至少失去了各地考生作文成绩的可比性。作文题目没有可比性，而作文分数所占的比重又有可比性，也就失去了借此作为检验各地教学成果的意义。其实，即便全国是同一个题目，只要留有发挥的余地，考生同样可以写出异彩纷呈的文字，而用不着借助不同的题目来达到这个目的。因而笔者的观点是，各地高考作文题目即便一模一样又有何妨？

（2006 年 6 月 8 日）

我们该对高考感慨什么

《环球时报》新近有一篇“中国高考令世界感慨”的文章，是由该报驻外记者发回的联合报道。说“全世界了解和不了解中国的人都认为这样的高考太过分了”，不过，他们“对中国高考的很多批评属于浅层的不理解”；即使“还有一些批评是带有分析的，但分析的材料显然离中国的现实太远”。

我们应该重视的许多事情，往往都先要由世界重视，然后再在国内引起反响。按照这条近似“猜想”的“规律”，世界感慨完了，该我们自己感慨了。我们感慨些什么呢？重复所谓“残酷”、“战争”之类的话是没有意思的。他们才发现高考“竞争”的激烈程度，颇有些大惊小怪，在我们却早就人人皆知；况且，“千军万马挤独木桥”，我们概括得远比他们更有诗意。那么，我们究竟该感慨些什么呢？至少，对人才的结构性培养当有一个促进性的提醒。

如今，我们侧重的是学历教育，谁的学历越高，不管日后做什么，做得了什么，那纸文凭首先是最重要的“护身符”。文凭基本上标志着“人才”与否。“中国高级技术工人严重短缺”，这个问题嚷嚷了已经不止一年两年了，劳动和社会保障部还发布过专门的调研报告。尽管这种现象早已出现，但技工教育培训的发展在今天仍然严重不足，媒体甚至常用“技工荒”这个词来形容我国技工短缺的现状。那么，我们是不是要检讨一下，这几年高等院校招生规模不断扩大，官办民办的大专、本科院校数量显著增加，重学历轻技能的现象日益严重，是否影响了技工学校的招生和发展呢？从高校毕业生相对过剩、需要定位为“普通劳动者”，而高级技工全面奇缺、需要重金招聘的现状看，答案应当是肯定的。因此，我们要感慨的话，不妨推进职业技术教育的发展，这不仅可以满足我国经济发展的现实需要，或许也能缓解高考的“残酷”一面。当然，前提是社会要转变“唯学历”的观念，我们的社会目前还没有把技术工人当作“人才”来对待，企业也不怎么重视他们，使得他们无形中变成了学历的牺牲品。

高考“从一个很特殊的角度，向世界展示着现代中国”。人家感慨，至多是想借此说中国的教育怎么那样。不要说我们早就感慨过了，如果还想继续感慨的话，也不能只是跟着凑凑热闹，得解决我们的实际问题。否则，这种感慨就没有丝毫意义！

（2006 年 6 月 12 日）

“阳光高考”尚未照到之处

前两天，湖南省在进行应届高中毕业生体育竞赛优胜者统一测试时出了丑闻。按照该省的规定，普通高中应届毕业生在高中阶段，如果在什么级别的体育比赛中获得了什么名次，可以在高考成绩中加分，最多加20分。丑闻就出在测试过程中的种种“搞笑”场面上。

中国青年报记者在现场看到，这些“曾”在体育比赛中得过名次、拥有优胜者资格证书的考生，仿佛不是来印证自己的体育特长，倒更像是来参加一场滑稽运动会。被记者记录下成绩的27名参测100米跑的女生中，无一达到《测试手册》载明的合格标准。测篮球的，抱着球连走几步，朝篮板就扔，球在空中的高度不足两米；“一分钟定点投篮”，总共只能投进1个。测武术的，先是在转身腾空踢腿时差点倒在地上，然后又忘了套路，一边抓头一边望着教练。测铅球的一名女生，因为成绩太差，干脆高声询问十几米外的妈妈：“我还投吗?”引来一阵笑声……

虽然场面“搞笑”，但因为发生场所并非滑稽运动会，而是颇有神圣意味的高考测试，就令人笑得沉重。中国的高考是“残酷”的，日前有报道说连外国人都感慨了。正因为残酷，那些有“本事”的家长也有了一显身手的机会。“考完学生考家长”，别以为只是家长的自我揶揄，对相当一部分人来说正是真实写照。在他们看来，孩子在考场上不如意并不要紧，他们可以凭借自己的能量在考场外“弥补”回来。中国青年报记者注意到，来到测试现场车辆的车牌号，“囊括了各地从公检法到路政以及其他政府机关的多种型号的小车”。对此，倒是一名学生家长说得坦诚，没有点关系和背景的人，怎么能有机会弄到优胜者资格证书呢？而明知自己达不了标，为什么还要来测试，则是一名考生说得坦诚：“不参测就没有加分机会。参测了，不达标还可以想想办法。”至于想什么办法，当然就是“考”家长了。

中国的腐败表现呈现全方位的态势，越来越多的严酷事实在无情地证明着这一点。因此，湖南发生这样的事情，委实无须吃惊。如果要吃惊，可能该惊于那些有“本事”的国人，怎么做事就到了如此肆无忌惮、无须遮掩的地步？这也告诉我们，各地的“阳光高考”虽然取得了可以津津乐道的成绩，但还不要过于乐观，实际上还有不少“阳光”尚未照到的地方。

（2006年6月15日）

6000 多人，是去听霍金演讲吗？

6 月 19 日上午，国际弦理论会议在北京人民大会堂万人报告厅召开。最后一场演讲，由 64 岁的英国物理学家斯蒂芬·霍金先生讲述《宇宙的起源》。主办方说，超过 6000 人到场聆听，创下了国际物理史学术讲演会的听众人数之最。度其语意，很有些沾沾自喜的意味。

对于霍金这位传奇人物，国人自认为已经非常熟悉了，尽管对他用毕生精力研究的内容不明所以。瞧，黑洞普通物理学定理不再适用的时空领域和宇宙起源大爆炸原理，这些汉字单个地看，谁都认识，但组合在一起又有几个人懂得？算上这一次，霍金已是第 3 次来中国，每一次都能引起极大轰动，但是，尽管霍金出版了名噪世界的科普名著《时间简史》，他的研究、他的演讲也注定应该是属于“孤寂”领域的。我疑心，国人仅仅是把霍金当成了身残志坚的典范。发生在 6 月 19 日演讲会上的情景，让我们有充分的理由这样认为。

专家说了，弦理论是当今世界上最难理解的物理理论之一。这似乎是一个暗示，此类演讲不可能吸引普通公众。我们看到，在到场的 6000 多人中，除了 600 余位中外科学家，最多的是高校学生和科研工作者，而普通市民来得也不少。即使这样，在这个创纪录的数字中，我们又看到了怎样的“成色”呢？就在坐着轮椅的霍金到达主席台中部讲演席时，一层的许多听众突然离开座位，从各个通道拥向主席台，“不到一分钟的时间，主席台下便聚集了三四百名听众，很多听众都拿出照相机近距离拍摄霍金”。但热闹仅此而已。接下来，为了让听众更好地了解深奥的学说，尽管霍金的团队为听众制作了画面丰富的幻灯片，但还是有很多听众中途离场，于是，“时间尚未过半，二层就出现了近三成空座”。还是在听众蜂拥拍照之时，主持演讲的中科院外籍院士丘成桐先生就“好像生气了”，不断用英语和普通话劝告听众乃至记者回归座位。丘先生认为今天的场面他第一次碰到，“热情归热情，但在听科学报告时也要注意礼貌”。丘先生的语气中，分明让我们听出了责备的意味。

国人凡事热衷于大场面，不论什么会，以为参加的人数越多则越标志着成功。在霍金的这次演讲中，人是来了不少，但他们其实舍的是霍金演讲这个“本”，逐的是霍金本人这个“末”。那么，所谓创下国际物理史学术讲演会的听众人数之最，也就应当看作是一种假象，毫不值得夸耀。

（2006 年 6 月 21 日）

给黄禹锡们一个机会

新华社首尔 6 月 28 日电，因学术造假而遭到起诉的前韩国首尔大学教授黄禹锡计划东山再起，于 7 月份重新开始他的克隆研究。“约有 30 位研究人员会加入进来，其中大多数人是黄禹锡以前的同事”。黄禹锡的支持者为其“重出江湖”提供了资金支持。黄的律师认为，黄禹锡已经承认了错误，因此不应剥夺他开展研究的权利，毕竟黄禹锡在克隆领域还掌握着领先技术。

韩国对“首席科学家”黄禹锡的处理曾给我们以示范；现在，黄禹锡“重出江湖”一旦成真并得到承认，无疑同样能够给我们以借鉴意义。

无论采用了何种手段，任何学术造假者的性质都一样，他们亵渎了科学准则、玷污了科学道德是无疑的。但是，他们中的一些人甚至许多人，毕竟还是掌握了一定技能的专门人才。我们谴责他们的科学道德，给他们相应的处理以示惩罚，但是却未必要让他们的学术生命一定就此终结。果真如此的话，无论对他们个人还是对社会，都将是莫大的浪费。英国《自然》杂志 3 月 9 日刊文证实，黄禹锡培育出的世界首条克隆狗“斯纳皮”的身份不存在疑问。这就是说，黄禹锡发表在美国《科学》杂志上有关人类胚胎干细胞的论文是造假的结果，但在动物克隆领域仍然具有真才实学。正是因此，黄禹锡“重出江湖”也将准备从动物克隆实验着手。

在科学领域，我们也揪出了造假者，尽管为数不多，与打假者的预期还相去甚远。但是，我们恐怕还并没有考虑到给黄禹锡们一个机会的问题。其实，我们更有理由如此。因为，在政治领域，那些由于重大责任事故而被“问责”了的官员，不少人不是都悄悄地或公开地重新戴回了官帽子吗？尽管引来质疑之声一片，却是质疑归质疑，“好官我自为之”。权且让他们慢慢去享受吧，那么，比较起来，有什么理由让一个同样有过过失的专业技术人员就此沦为“幽谷一叟”呢？

不久前，同济大学因为本校生命科学与技术学院院长杨杰学术造假，解除了与他的聘任合同，同时解除其同济大学教授职务的聘任。经查实，杨杰在同济大学工作期间，曾 3 次将他人成果列入自己的名下。杨杰固然用偷梁换柱的手段窃取了在《肺癌》杂志上的一篇论文，但他本人毕竟后来也在那里刊发了一篇。这就说明，杨杰并不是那种纯粹的南郭先生，合奏的时候尚可滥竽充数，到了独奏的时候唯有溜之大吉。我们也没必要就此将杨杰一棍子打死，如果有可能，还是应该给他一个机会。

给黄禹锡们一个机会吧，一个改正自己的机会、证明自己的机会。倘如此，其意义不仅在于挽救他们个人，对社会又何尝不是有益之举！

（2006 年 6 月 29 日）

制止徽州古建搬迁瑞典

中国的一座有 200 多年历史的古建筑将整体搬迁到瑞典！这个消息听了足以让人目瞪口呆。但确是事实，就发生在安徽的石台县。目前，整幢建筑的拆卸筹备工作正在紧张进行，完全是箭在弦上的态势。这种行为应当坚决制止！

从报道上看，搬迁的理由不外这样两个：一个是今年6月初，瑞典“哥德堡”号仿古商船商务经理简恩·瑞德克先生来到石台县考察，对古老的徽州文化、茶文化赞不绝口，“并因此萌发奇想”。另一个是，石台县有关部门称这幢徽派古建筑不属于当地文物保护单位——似乎有“反正没什么用处”的意味。一个想要，一个乐于给（想必不是白给吧），又能“提升石台县在海外的知名度”，可不是两全其美？早些年就有人出过同样的馊主意，说反正秦始皇陵的兵马俑那么多，卖掉一些可以如何如何。他们浑然不知，那是在挥霍、糟蹋祖宗的文化遗产，骨子里没有丝毫的敬畏和尊重。

瑞典商人——这样称呼该不错吧，可以有这样的“奇想”，还可以“奇想”得无以复加，但在我们，大可以聊博一笑而已，没有满足他的义务和必要。瑞典人如果想要“从中感受中国古徽州文化和中国茶文化”，那他们可以来到我们的徽州，徽州还有大量文物保护单位，保护级别属于“全国重点”，比要拆的更能代表徽州文化呢。我们并不是封闭的国家，改革开放差不多30年了，对外国友人早就张开了双臂，不要说想领略徽州文化，哪里都会欢迎他们。我们的人应该有一点脑子的是，换个角度想想：让瑞典把他们的古建搬到我们这里，有一丝一毫的可能性吗？

事情竟然是因仿古的“哥德堡”号而起，多少让人感到一个不和谐的音符在跳动。前两天，这艘仿古的“哥德堡”号已从印尼首都雅加达再度起航，驶往此行的目的地——广州，我们都在翘首以盼。当年“哥德堡”号的穿梭往来，见证并承载了中瑞两国的贸易往来；仿古的“哥德堡”号不远万里，为的就是续写中瑞友谊的新篇章。这个“搬迁”消息应当说来得非常不是时候。但是归根到底，瑞典商人不该有如此“非分”之想，我们的人也不该有如此荒唐的迎合之举。

现在，拆卸既然还没有动手，制止就还来得及。石台县对此拍板的人士就需要对反对声浪再细细思量一下：一个是自己究竟有没有拍板“远嫁”辖区内古建筑的权力，另一个要仔细想一想他日还得在九泉之下面对祖宗，你该怎么交代？在尚未造成事实之前曝光，是一件好事。但我想，即便他们打了包、装了箱，已经走在路上，我们也应当把它们截回来，把自己的文化截回来。石台县的人不去做，就由别的人去做。

（2006 年 6 月 30 日）

权当香港高校是条鲇鱼

在今年的高考录取中，一个引人注目的现象是香港高校来内地“掐尖”。以香港科技大学为例，前天起他们开始了在华南地区的招生。报道说今年全国有 6000 多名考生报考香港科大，杀入华南地区面试的有广东及周围几个省的 150 多名尖子生，其中不乏广东高考状元。

前段时间，中国科学院院士、中科大校长朱清时还在炮轰清华、北大“掐尖”，说他们“把尖子选完，剩下才轮到国内其他一流大学选择”。现在看来，香港高校有盖过他们的风头之势，今年北京文理最高分的两位考生不也在他们所在地区的面试当中吗？香港科技大学一位负责人公开表示：“只要是状元，我们就给全额奖学金，目的就是为了给学校做个定位，要与北大、清华分一杯羹。”话虽然这么说，但是如果我们的人单纯地认为他们所采取的就是“赤裸裸的金钱攻势”，就未必是一种理性的态度。

奖学金肯定是“诱惑”的一个因素。以香港中文大学来说，凡考上奖学金基础班的学生，学校将免其学费、住宿费，并提供生活补助，4 年下来总额达 50 万港币，“可基本保证每名奖学金获得者在香港读书的所有费用”。去年，一位离任前的教育部副部长说，他们两夫妇的收入也只够供养一个大学生。在这种情况下，看重这个问题并非百姓的什么过错。何况金钱毕竟仅仅是一个方面。有专业人士认为，香港高校之所以成为内地学生的“抢手货”，与他们以学生为核心的教育培养机制有着很大的关联。以香港大学来说，该校45%的师资来自国外，学生来自世界50多个国家，每年有不少于10%的学生以交换生的身份到世界各地的名校学习。另一方面，与其说是家长“认”这些牌子，还不如说是社会“认”，所谓“海归”不是一个可鉴的前车吗？不过，正如对清华、北大过度追捧，势必人为助长他们“掐尖”会埋没许多人才一样；如果对香港高校过度追逐，漠视内地高校浓厚的人文气息、悠久的学术传统，蜂拥而去，对人才也可能是极大的浪费。

前几年只要是“海归”，大抵就是人才的同义词。于是，喝过几瓶洋墨水，各方面的待遇就要比国内的同行优厚。后来我们知道，其实里面有不少南郭先生。同理，香港高校的办学水平也还有待时间的检验。现在，就让香港的高校来“掐”一“掐尖”吧，至少可以给内地高校一个猛醒。诚如论者所指出：香港高校这条“鲇鱼”进入内地教育市场这个鱼池，至少能防止内地名校的故步自封、自大自满。

（2006年7月10日）

用字库扩容解决“生僻”吧

从本月起，全国范围内全面停发第一代身份证。《北京青年报》引述公安部的消息称，姓名里有生僻字且无法换“二代证”的居民，有望延长其一代证的使用期限或办临时证。这部分人有多少呢？有人口专家估计超过100万。

因名字里使用了生僻字而被拒“二代证”之外，这恐怕是取名的时候没有想到过的。其实，此处的生僻，并不是根据汉字本身而是根据电脑字库的存储来“定义”的。像我们广东的康南海先生，为了显示学问而给女儿用四个“工”字两两叠加来取名，那样的字才叫生僻。现代人取名，这样的生僻字也不能说没有——有的人为了取名不是专门钻到《康熙字典》里去摸爬滚打吗？但这部分人毕竟还是少数，100 万人都用这类字，不大可能。举个具体的例子，北宋著名的“元祐党争”中的“祐”字生僻与否？我看一点也不生僻，为什么在现代和差不了两笔的“佑”通用，我弄不明白，且不管它；但不要说帝王年号，古代用这个字取名的也多的是。可是，一般的字库里就没有这个字。所以，因为所谓生僻字而暂时办不了“二代证”，归根到底还是咱们电脑的字库容量有问题。

在我们中国，管理上一旦出了什么问题，管理者往往不在自身寻找改进办法而一味要求被管理者这样那样。这一次没有例外，暂时办不了，大抵有欲办证者本人名字取得不对的意思，至少是不规范。前两年不是正有这样一则报道吗，说国家语委准备出台《人名规范用字表》，对部分国人喜欢用生僻字取名作进一步的规范。现在不知道出台了没有，但我始终不理解怎么规范，列出若干个可以使用的、若干个不准使用的吗？在我看来，出台了也不见得有用，取什么名字的自由，人们总还是该有的吧。记得很早以前有人认为汉字不符合时代潮流，得放弃，理由就是不能输入电脑，所以汉字得拉丁化。回过头来想一想，何其荒谬绝伦！昨天的消息说，公安部门与有关部门研制开发了新字库，扩大了国家标准字库的容量，含汉字达 3 万多个，增加了 4600 个构字合理、具有特殊历史文化意义的生僻字。这才是解决问题的根本态度，今后还不妨继续扩充。如果百姓取个名字先要看电脑“认不认”，那岂不是应了“活人不能被尿憋死”的俗谚？

准备取名的人们也要认识到，名字的蕴含深意与否，毫不取决于用字的冷僻与否。清朝的钱泳说过：“但看古人诗文，不过将眼面前数千字搬来搬去，便成绝大文章。”取名也是一样。如果以为取个难倒他人的生僻字就是自身“文化”的体现，纯粹是一种浅薄的误解。

（2006 年 7 月 14 日）

广电总局的禁令杂感

广电总局又下禁令了。据《新京报》报道，《广电总局关于进一步规范电视动画片播出管理的通知》规定，自今年9月1日起，全国各级电视台所有频道在每天17时—20时之间也就是儿童收视的黄金时段，均不得播出境外动画片和介绍境外动画片的资讯节目或展示境外动画片的栏目。合拍动画片在这一时段播出，需报广电总局批准。

所以说“又”下禁令了，因为我们已经见识了许多类似的禁令。最近就有一个宣称自8月1日开始执行的禁令：所有广播电视播出机构暂停播出介绍药品、医疗器械、丰胸、减肥、增高产品的电视购物节目。不过，那个斩钉截铁的日子过了一段时间了，“圣代花二点减肥法”、“正点闪点瘦”，以及功效如何神奇的“减肥降脂美”、“圣珊娜减肥霜”之类，并没有乖乖地淡出人们的视野。于是我们又被告知，各地电视台还有一个月的时间自查自纠，违反通知要求的播出机构将收到整改通知单，如果一个播出机构60天内收到3张整改通知单，将被依法暂停其广告发布权，并追究相关责任人的责任。

那么，我们就权且再等一个月拭目以待吧。倘若这个期限像去年要求官员从煤矿撤股一样，一再“后退”，全无原则可言，那我们就有理由质疑这个禁令的严肃性。不难看出，禁止境外动画片的播出与禁止五种电视购物广告的播出，在性质上不可同日而语。后面这种纯粹是害人的，禁播的出发点毕竟带有鲜明的净化色彩，试图把那些无论在视觉还是在功效上都属于垃圾的货色从荧屏上剔除出去，让电视观众得以赏心悦目，耳根清净。而在规定时间内必须播出国产动画片或国产动画栏目，则带有浓重的保护色彩，尽管我们局外人不知道国产动画片究竟怎么了，但此举明白无误地道破了个中奥妙：国产的竞争不过人家的。那么，这个禁令就可能需要商榷。

央视电影频道以前有个《流金岁月》栏目，经常放一些老电影。主持人总是不厌其烦地告诉我们，这部电影影响了一代或几代人。其实，那些电影未必是真正意义上的精品，前提在于被影响的那些人，在他们成长的年代——包括笔者在内，除了它们别无选择，熟得不能再熟而已；只有改革开放之后才知道，原来人家的电影并不尽是色情、暴力。禁止黄金时间播出较之干脆禁止，固然进了一步，但有五十步与百步比较之嫌。依赖禁令振兴国产动画片，可能吗？不仅不可能，而且还剥夺了新一代的欣赏权利，需要三思。

（2006 年 8 月 14 日）

《辞海》不要小气

按照 10 年修订一次的惯例，《辞海》从今年开始将展开 2009 版修订工作。据消息灵通的报道说，新版《辞海》将增加近万条新词，人物的如“巴金”，科技的如“神六”、“纳米”等。报道还明确告诉我们，如“超女”等新时代的词语则不会纳入。这是因为“《辞海》收词一是要考虑它的知识性，二是这个词语本身要稳定，要经过社会的沉淀”。

对“超女”予以拒绝且表明似乎充分的理由，看起来，这不是报道媒体刻意要哗众取宠，而是主持修订《辞海》者的明确态度。果真如此的话，笔者首先要说，《辞海》在这个问题上显得非常“小气”；其次要说，实际上这与《辞海》的编辑宗旨也不那么吻合。浏览《辞海》的历史，知道它最早的策划、启动始于 1915 年，时为中华书局主持人的陆费伯鸿先生，决心编纂集中国单字、语词兼百科于一体的综合性大辞典；《辞海》的书名，正取“海纳百川”之意。也就是说，这部以字带词，兼有字典、语文词典和百科词典功能的大型综合性辞书，其收词的立场应当是“中立”的，“不因爱而溢其美，不因憎而增其恶”。

“超女”自问世以来，非议颇多。不少人对这种快餐式的文化不仅表示反感，而且表示忧虑。也许“超女”经不起时间的检验，要不了多久就会退出历史舞台，但这终究只是一些人——主要是反感者——现时的猜测。况且，“超女”词条与围绕“超女”的种种行为本身，毕竟是两个不同的概念。你可以反感“超女”行为，但反感“超女”词语就不够理性了。现在，不管你愿意不愿意承认，“超女”已然是一个客观存在且影响颇为广泛的词语，将来的人们要研究这段“文化”，可能绕不开这个词语，于今定义明确，不至于他年不必要地费尽心机。屈原的“离骚”是什么意思？至少从汉朝的班固起人们就揣摩个不停，今天也无确解。例子举得也许并不恰当，但道理是同一个道理。研究人员已经断定，“离骚”的词义当时人人皆知，根本不成其为“问题”。

作为中国最权威的工具书，《辞海》究竟收不收“超女”词条，多少关联着修订者是不是戴着有色眼镜看词条。现在不妨收了，即使有一天“超女”真的偃旗息鼓了，删了不迟。退一步说，《辞海》每个版本，都也曾收录了不少日后证明“过时”的货色，否则，何来要在新版中删除“已经被淘汰的词条”的预告呢？海纳百川，有容乃大。秉承这一编纂宗旨的《辞海》，在词条问题上不要那么“小气”，不仅对“超女”，对任何词条都是如此。

（2006 年 10 月 19 日）

不要冀望“孔子讲堂”的功效

长春一家监狱对服刑人员的改造教育进行了一种新尝试，那就是设立“孔子讲堂”，用儒家思想来感化服刑人员。有记者前往采访时看到，30 名服刑人员正在课堂认真地听老师讲授《弟子规》，“事虽小，勿擅为。苟擅为，子道亏”等等。

只要能让服刑人员洗心革面，脱胎换骨，什么样的教育尝试都未尝不可，这一点是没有疑问的。但是，如果以为“传统国学的学习可以帮助服刑人员培养好的品德和行为习惯”，那就夸大了“孔子”的功效，可能会失之于幼稚，尽管“《论语》主张人道主义，教育人们应笃信好学、遵守善道的思想理念；《弟子规》讲的是孝和行，强调孝敬父母、尊重他人”。从这则短短的消息看，该监狱所谓的儒家思想，不过从《论语》、《弟子规》中摘录编辑了一些格言警句，给服刑人员讲讲道理。这两本读物不都是讲道理的吗？《论语》还高深一些，清代康熙年间李毓秀编的《弟子规》，讲的则纯粹是学童的生活规范，它以三字韵语的文字形式表达，浅显易懂，押韵顺口而已。

我们中国最不缺道理，最不缺格言警句，从来不缺，从前不缺，现在更不缺。别说《论语》之类的经典了，谁如果把二十四史和已经标点了的《历史史料笔记丛刊》梳理一遍，谁都能编纂出各个门类的格言警句大全。然而现在，每有教育活动出现，人们也还在积极地编写新的。清朝的陈其元早就说过：“惟天下总此义理，古人今人，说来说去，不过是此等话头。当世以为独得之奇者，大率俱前世人之唾余耳。”其实我们都知道，现在的编完也就编完了，热闹一阵即成匆匆过客；令人遗憾的是，居然丝毫不妨碍新一轮的乐此不疲。

别扯太远。国学经典的格言警句讲的终究只是道理，表达的是一种主观期望，如果它们仅仅停留在纸上，不能见之于行动的话，则格言警句永远只是格言警句，永远停留在说理的层次。道理其谁不懂？贪官作起反腐报告来，一样动听得很。违法犯罪的服刑人员，他们不知道“用人物，须明求，倘不问，即为偷”吗？我们中国人最缺的其实是践行。对服刑人员，更需要灌输的是法律意识。而这，恰恰是国学经典的软肋。

国学在这几年有被“神化”了的趋势，仿佛 21 世纪非其不可。因此，它一会儿跑进中小学课堂，一会儿在各地的私塾里热闹得很，现在又进了监狱。国学可能对一些人产生一定的功效吧，但是不要冀望太高。

（2006 年 11 月 30 日）

龙：西方易误解，我们就抛弃？

昨天读到了一则疑似恶搞的新闻。说"龙"的英文"Dragon"，在西方世界被认为是一种充满霸气和攻击性的庞然大物，"往往让对中国历史和文化了解甚少的外国人由此片面而武断地产生一些不符合实际的联想"，因此有专家——我们的专家提出应当"重新建构和向世界展示中国国家形象品牌"。从此建议"已正式被列入上海市哲学社会科学规划课题立项"来看，显见又不是恶搞。

所以疑似恶搞，在于龙作为华夏儿女的氏族图腾，在我们从来是没有疑义的。龙在历朝历代的遗迹中都有考古发现，数不胜数，大多为珍品。广州西汉南越王墓出土的龙纽"文帝行玺"，还是该原址博物馆的镇馆之宝。上世纪 80 年代，代表我国北方地区新石器时代文化特征和内涵的红山文化，更出土了一件去今五六千年的大型玉龙，足见龙图腾的源远流长。没办法，几千年来，我们对子虚乌有的龙就是这样产生认同心理的。这是一种虽然"人为"但却堪称"自然"形成的文化现象，不以任何人的好恶为转移。而其一旦产生，作为客观存在，更不理睬本氏族或他氏族的什么人喜欢还是不喜欢。

因为西方人容易误解，我们便忙不迭地连图腾都要更换，令人气结。如果是他们把意志强加给我们，属于典型的文化中心主义乃至文化霸权主义；如果是我们自己诚惶诚恐，该算得上是文化的极度自卑。西方的图腾，我们不是也有"容易误解"的吗？美国四年一度的"驴象之争"，其中代表民主党的驴起码就不受我们中国人的喜欢。古人说"马嘶如笑，驴鸣似哭"，声音难听得很；而且，古人敲定的跟驴构成的词语鲜有好听的，驴鸣犬吠、驴唇不对马嘴、驴打滚、驴性子、驴年马月，等等。在西班牙也是一样，堂吉诃德因为侍从桑丘骑驴曾颇为犯难，勉强让他跟着，却打算“有机会再为他换上比较体面的坐骑”。驴的地位如此“低贱”，也给我们许多“片面的不符合实际的联想”，但是我们至少从公开的消息知道，美国民主党并没有更换党徽的意思。

除了龙，究竟还有什么“形象品牌”能够得到华夏儿女的普遍认同？我们实在举不出来，就由专家们立项课题去研究吧。但有必要搞清楚的一个问题是，究竟是西方人对龙在指手画脚，还是我们自己在未卜先知、争取主动？不管怎么样，抛弃传统的、已然固有的图腾而重新建构所谓国家形象品牌，主意馊得不能再馊，行动蠢得不能再蠢。此举使人怀疑，我们的专家可能已经穷尽一切没什么可研究的了，或者，我们用于研究的资金可能已经多得没地方花了。

（2006 年 12 月 5 日）

“不尊重”源于“不自重”

央视英语主播芮成钢在自己博客里的文字，使我们知道北京故宫里有个“星巴克”咖啡馆；还知道芮主播通过采访了解到，“故宫里的星巴克”已经在西方上层社会传为笑柄，“许多西方知名人士认为这是对中国文化的不尊重”。文章贴出来后，芮主播的博客点击量目前已暴增 50 万，可见国人对此相当关注。

芮主播自己更认为星巴克开进故宫“是视觉污染，是在糟蹋中国文化”。一座不足 10 平方米的小店是否酿就了如此严重的文化后果，自然见仁见智。星巴克是 2000 年 9 月开业的，在那之后笔者也去参观过几次故宫，完全没留意到它在哪里。有网友更说是此星巴克在午门以外，不属于故宫展区，芮主播不了解情况，瞎骂。我注意到，芮主播对星巴克很不以为然，说在西方人的普遍观念中是“不登大雅之堂的饮食文化的代表符号”，言下有“不配”之意；那么，换一个登得上大雅之堂的洋品牌，是否就可以堂而皇之地入驻故宫呢？倘若从保护中国文化的角度着眼，问题的关键似乎更在这里。

即便我们认同芮主播的观点，他们的“不尊重”也可能源于我们的“不自重”。该检讨的更应该是我们自己。比如说，芮主播觉得故宫“很神圣”，故宫方面并不这么看，一位管理者不是这么说了吗，那间房子就因为“文物价值不高、位置不重要而辟为商店”的。因此，倘若故宫方面不是开门揖“克”，它不会硬冲进来，现在毕竟不是坚船利炮令我们割地赔款的屈辱时代了。星巴克新任CEO兼总裁在给芮主播的回信中也证实：“6年前，星巴克是被中方邀请进故宫开设分店的；他们是抱着尊重中国文化传统的心态开设这一家分店的”，而且，“星巴克已经尽了努力让这家店和周边人文环境相适应”。从那张故宫星巴克的照片上，我认为其言不虚。

对先人留下的文化遗产，我们在许多时候都表现出了“不自重”的态度。去年徽州的一座古建筑被瑞典人买下来了，要整体搬迁到他们的国家去。消息传出，一片声讨。后来知道，徽州那里也是一肚子委屈，那座宅院此前文物部门根本不理不睬，时间长了可能就自然坍塌了；人家买下来，要搬，舆论压力大了，才重视起来。而且，古建筑整体搬迁出国，在徽州早就有了成功的先例，这一个不太好彩罢了。仍以故宫而言，早些年有个国外的摄制组在那里拍关于末代皇帝的电影，对文物造成了不小的破坏，那是非常恶劣的“不尊重”。稍溯一下原因，正是我们的“不自重”，管理者根本没把他们在大殿上乱钉钉子乱拉电线当成多大的事。

我们“不自重”，别人就会“不尊重”，二者呈正相关，属于因果关系。这一点，不独文化事项如此。

（2007年1月17日）

方言可能得到复兴吗?

《中国青年报》昨天有一篇报道，谈论我国的方言正在消失的现状。文章认为，自从 1955 年 10 月我国内地开始推广普通话以来，内地人口中会说普通话的已经占到一半以上，在普通话主导“话语空间”的压力下，方言日渐式微。

明显感觉得到，报道在陈述现状的同时，透露出一种对方言依依难舍的眷恋情怀。这是可以理解的。方言的消失，毕竟意味着文化差异性和丰富性的缩减。但是，我们也应该明白，并不是所有的传统文化——时尚说叫做非物质文化遗产，都是依靠人的力量能够“保护”得了的。中科院专家历时两年完成的《中国姓氏统计》表明，原本的 24000 个姓氏现在只剩下了 4000 个，迄今已有 2 万个姓氏消亡了，就是另一个实例。刚刚出席了广东省政协全会的文艺界委员，对自己所属的领域纷纷要求扶持，传出一片要钱声，省委副书记蔡东士答得好，发展不要找后门要找出路。也就是说，一种文化遗产如果找不到出路的话，单纯的扶植无济于事，充其量只扶得了一时。

方言可能得到复兴吗？笔者认为不可能。方言是基本上地域“隔绝”的产物，在文化融合的时代，其在地域之间的沟通领域退出，几乎是历史的必然。文化融合的速度越快，方言“消失”的速度越快。方言的魅力固然是无法取代的，然而在方言越是勃兴的地方，基本上也越是意味着当地的文化融合还处于“初级阶段”。这么大的一个国家，如果没有一种“通用”语言，沟通就势必成为障碍。笔者二十几年前刚来广州的时候，对此感受颇深。那个时候广州的普通话非常罕闻，上街问个路，往往是“鸡同鸭讲”，互相不明所以。不难想见，一个满大街依然盛行方言的广州，不可能取得今天的成就。

方言有复兴的必要吗？笔者认为没有。在地球村——公共语言主宰交流的时代，方言的“阵地”逐渐萎缩，萎缩成为语言的“活化石”，是它的宿命，这一点不以任何人的意志为转移；那么所谓复兴，也非人力所能为之。况且，以为普通话扼杀了方言，是一种误解。推广普通话与保存方言，并不构成你死我活的排斥关系，许多普通话讲得很好的人，方言不是依然讲得很好吗？假以时日，在通行的人群之外，方言只能成为“调味品”，成为人们记忆或研究的对象。

方言代表了中华文化丰富多彩的一面，对其记录、整理，使后人免于费尽心机去琢磨、猜测，十分必要。有人认为，今天人们解释来解释去的“离骚”二字，就是当时人人皆知的方言。但这不等同于对方言的式微就悲天悯之，一定要让它像从前那样生机勃勃。有一天，当方言真的只是存在于词典中的时候，也是一种非常正常的现象。

（2007 年 2 月 6 日）

“文化遗产日”中的一点儿偏差

6 月 9 日是我国第二个“文化遗产日”。当天，央视花 4 个小时直播了三个考古发掘现场的工作状况，分别是陕西韩城梁带村遗址、成都金沙遗址博物馆以及我们广州的南越王宫遗址。制作这样一个节目对于观众认识文化遗产、增强文化遗产的影响力无疑是有帮助的。笔者看了差不多两个小时的直播吧，觉得其中的基调有点偏差——不知道后面如何，那就是节目过于强调了遗址里的“宝贝”属性。

几个现场的主持人喋喋不休地老是在告诉我们，这个是无价之宝，那个是稀世之珍，“宝贝”声不绝于耳。在金沙遗址那里，主持人不断惋惜去年直播时如果再坚持一会儿就能看到“金面具”的出土；接下来的媒体见面会，告诉我们的也主要是“金面具”待会儿将在大厅首次展出。仿佛“金面具”是这个遗址的全部。韩城那里的主持人也是对出土器物的价值动辄表现出夸张的惊讶表情。稍微追溯一下，在此前的直播预告中，不少媒体就已经把发掘过程自以为“形象”地比作了“挖宝过程”。恕我直言，这个比喻相当庸俗。

考古绝不等同于挖宝，已经是一个无须在此赘言的话题。一个遗址的地位，固然一定程度上要靠其中的“珍贵文物”来奠定、来提升，但并非“唯此为大”，重要的还在于它究竟透露了多少历史信息，能填补多少历史文化研究的空白，因为大至宫殿遗迹，小至砖头瓦当，无不沉积着深厚的历史和文化内涵。考古的作用从根本上说，是揭示出其中蕴含的丰富信息，帮助今天人们了解那个时代政治经济社会等等各个方面的状况。直播的时间短，要挑重要的说，而且观众对“宝贝”有好奇的心理，这我们能理解，但是如果基调或者客观导致的效果仍然将考古停留在“挖宝”的水平上，格外突出“宝贝”的一面，也许就于无意中淡化了揭示整个遗址的时代特点、独特性质及特殊的文化意义，那么我们就说这种做法是有偏差的。

严格说来，文化遗产都是祖先留下来的宝贝，但是显然，百姓眼里的宝贝是那东西值多少真金白银而不是文化价值。在这样的背景下，灌输“挖宝”的观念，会使人们更加浸染上强烈的功利之心。北京的四合院因为房地产而被大面积地拆毁，前两年一些古城因为新区建设而毁于一旦，我想，一个重要原因可能就在于拍板的人们认为那些看上去破烂的建筑不值钱，算不上文化遗产，留着碍事，既难看又占地方，不如拆了。

我们的确需要“文化遗产日”了，今天，保护文化遗产，无论是物质的还是非物质的，都是传承民族文化的文脉。否则如陈丹青先生所言：“在历史中，我们靠什么辨认自己？”不过在我看来，举办“文化遗产日”的目的，至少应该是纠正百姓对考古即挖宝的偏颇认识，而是以平静的心态体味厚重的“物是人非”的千年沧桑，进而明白自己对文明的传承也负有一份责任。

（2007 年 6 月 11 日）

长城作为奇迹无须投票证明

世界“新七大奇迹”评选结果已在葡萄牙首都里斯本揭晓，我国的万里长城以最多得票名列“新七大奇迹”之首。这可能是个好消息吧。不过，因为主办者的民间身份以及通过电话、短信、网络等投票的评选方式都曾备受争议，至于值不值得庆贺就是另外一回事了。

长城作为人类建筑的一项恢弘杰作，需要网民投票来提升或重新奠定其地位吗？恐怕无须。就国家层面来说，长城是全国重点文物保护单位；就国际层面来说，长城是世界物质文化遗产。这两顶桂冠足够了，足以显示出长城的历史文化价值，显示出长城在国家和国际心目中的分量。而“新七大奇迹”评选，多少有儿戏的感觉。比如说今年 5 月，长城的投票排名一度跌出了前七名，于是中国长城学会和八达岭管委会开始了拉票活动。人多力量大，上下齐努力，长城的排名就上去了，最后还拔得了头筹。另外据说，“新七大奇迹”评选活动旨在提高公众对世界文化遗产的关注度。即便如此，长城也没必要去凑这个热闹。太空上能不能肉眼看到长城，争论了几十年了，一会儿有人说能，亲眼看到了；一会儿有人说不能，你看错了，那根本不是。一会儿有人从理论上说如果角度怎样、光线如何就能，一会儿又有人同样从理论上论证为绝不可能……不管最后结果如何，关注度之高早就超越国界了。

有人可能要说，多个荣誉总不是坏事。未必。而且，值得注意的，不是再给长城堆砌多少桂冠，而是如何保护好使之绵延后世，别毁在这一代的手里。还是在前几年，中国长城学会秘书长董耀会就忧心忡忡地说，目前长城只有三分之一修复和保护完好，另有三分之一残破不全，还有三分之一早就不复存在。长城的保护已经到了刻不容缓的地步。这种状况在今天并没有得到实质性的好转。当北京市政府专项保护长城的法律正式执行之后，仍然不能避免长城被游人刻画得像大字报，有关方面一度不得不就此问题向社会各界求援，征集如何除去城墙上的刻字“伤痕”。而这一切，却正发生在修复和保存完好的那三分之一里！前几天，当我省开平碉楼成功申遗的时候，同时还传出我国六处世界遗产受到了“黄牌警告”的消息；接着又被证明是误传。但为什么人们对误传的东西一度信以为真并议论纷纷？不少地方在争得荣誉之后竭泽而渔的“开发”做法，在中国大地上委实司空见惯，而唯有来自世界的警告才能起到一定的震慑作用。在这样的背景下，人们怎不认为即便发出警告也是非常自然的？

某些国人似乎特别热衷于名目，甚至廉价的名目、华而不实的名目。各行各业有多少一钱不值的“排行榜”，问世之际即被诟病之时，但是还是有那么多人乐此不疲，趋之若鹜。在“新七大奇迹”评选过程中，值得回味的是埃及的态度。他们坚决反对将金字塔列为“新七大奇迹”候选地，认为金字塔早已是世界人民心中的奇迹，这已是达成共识的问题，没有必要再进行投票搞什么角逐，要金字塔去竞争一席之地是一种侮辱。我们看到，评选主办方并不敢因此放弃金字塔，而是将它作为荣誉候选地，于是，“新七大奇迹”戏剧性地实际上共有八个。埃及方面所表现出的是一种文化自信。的确，世界奇迹里缺了金字塔、长城不是要让人感到滑稽可笑吗？但我们的许多事情包括长城都需要“国际”去重新认可，表明一定程度上还欠缺埃及那种不可或缺的文化自信！

（2007 年 7 月 9 日）

“贞节牌坊”是村史的一个片断

西安市未央区北徐村正在为一座 150 年前的“贞节牌坊”展开论战，针尖对麦芒，论战的焦点在于是否能在村口把“贞节牌坊”重立起来。根据报道，牌坊的主人是“卢母李孺人”，她 17 岁嫁到卢家，十年后丈夫去世，“帷墉针凿抚三孤儿成人”，并“教以义方数十年如一日”；其间，尽管“贫无可乘”，却“母子均不以贫易其素”。这种行为汇报到道光皇帝那儿去之后，皇帝决定予以旌表。

牌坊是已经倒了的，被废弃了，完整的一块石碑也裂成了几截。今年春节过后，北徐村村口的小广场搞绿化，村支书卢武祥想把这块贞节碑重新立在小广场里。他的用意，是提高村子的知名度。这个出发点毫无问题。北徐村紧贴的大道是通往机场的，整日车辆穿梭，村支书认为牌坊立在村口，路上过往的人都能看到，这对村里也是一个宣传。而反对立的一派则认为，贞节是过去宣扬的东西，把贞节碑立在村口，有替封建遗毒宣传之嫌。那么，这个论争问题是否可以这样来归纳：主张立的一派，在这个讲“文化”的时代不可避免地受到了浸染，充分利用本土“文化”资源；而反对立的一派，则是以今日的尺度衡量古人的作为，欠缺与时俱进的思维。

在立与不立的问题上，笔者很不赞同未央区政府的外交辞令，什么“不便对此发表任何看法”。这又不是不得了的原则问题，有什么不便的？在村民需要上级拿主意的时候，本来应该积极站出来晓之以理，现在倒成了缩头乌龟。笔者的态度明确：站在立的一方；如果北徐村的经济条件和环境条件都还许可，不会劳民伤财的话，那就不妨把倒了的贞节碑和贞节牌坊重新立起来。在我看来，该不该立，看你用怎样的视角来审视它。你说贞节牌坊“散发着封建统治阶级吃人礼教阴魂和臭气”，偏激了；比如说北京故宫，还是剥削劳动人民血汗建起来的呢！散发着什么？拆了它？上世纪 50 年代，一位今天仍然非常活跃的著名人士就曾如此撰文，还说它在市中心占了那么大地方，市民要绕行，妨碍走路，一副彻底唯物主义的架势。今天我们翻出那段历史，不是荒谬无比吗？

因此，反对立的一派不要重蹈这位著名人士的覆辙，不要给一个旧时的牌坊赋予太多的新时代内涵，对待前人遗留下来的东西，自己首先得把自己脑袋里的“贞节牌坊”搬走、拆掉，才能比较客观。此外，北京的永定门可以复建，那还是彻头彻尾的假古董呢，北徐村来个原汁原味的贞节牌坊没什么不可以的，而且确实可以提高知名度。广州的“四进士”牌坊原本位于市区，前几年用原来的材料复建于中山大学校园，立刻成了校园一景。不过有一点，也需要主张立的一派能够明确，复建就复建了，不要以为李孺人的事迹放在今天仍然有着诸多积极的意义。它只是一件文物，是北徐村村史的一个片断，一个实物见证。仅此而已。本着这样的视角看待“贞节牌坊”，应该是正确的视角。

（2007 年 7 月 18 日）

为“海霞的笑”辩解几句

央视播音员海霞犯了众怒。前两天，央视在报道安徽王家坝灾区时，有个环节是连线现场的记者，海霞面带微笑略有些激动地问道：我看到大坝周围有很多围观的群众，都带着过年的心情，是这样吗？一时间，人们就此群起而攻之。“安徽霍山论坛”里有个帖子，说“安徽人民强烈要求：CCTV 海霞必须向安徽人民道歉”。

帖主能不能代表安徽人民当然是要存疑的。“我代表××人民”如何，是一些弄不清自己身份的国人已然用俗了的惯用语。听得最多的，还是我们的运动员到国外比赛时，动不动就是代表 13 亿中国人民怎样。终于在前几天，惹恼了一位人物，在 NBA 成为舆论焦点的我们广东宏远的小将易建联，“循例”把这句话顺嘴溜了出来，黄健翔先生旋即撰文，对阿联进行了好一顿教训。从情感上说，央视播音员报道大灾大难面带微笑，不独安徽人民，看了那个报道或听了这件事情的人都会很不舒服。但是，这里还是想为海霞辩解几句，并不完全是因为笔者比较喜欢海霞的播音风格。

在多数时候，海霞都是笑意盈盈的，令人赏心悦目，与《焦点访谈》里"川字眉"紧锁的那几位先生女士迥然不同——当然，《焦点访谈》涉及的内容每每令人想乐观也乐观不起来。但海霞也有许多严肃的时候，表情的拿捏在绝大多数情况下都是非常准确的。那么，她在不该笑的时候笑了，显然不是没缘由的。我想，她在这个时候的笑，未必是出自自己的感受，而是此类灾难新闻报道的"惯性"所致。唐山地震马上就要到31周年的祭日了，地震造成的灾难是惨重的，但是具体到唐山人民经历了怎样的身心创伤，尤其是家庭个体、生命个体在"7·28"那个不堪回首的日子及其后，生命中承受了怎样的不可承受之重，都是我们近几年来才"慢慢"知道的；在相当长的时间里，尤其在当时，我们知道的只是唐山人民在灾难面前如何表现出大无畏气概，记得当时在收音机里听到的声音，总是慷慨激昂的声音。因此，报道灾情时未必是海霞要笑，想笑，而是此类新闻的传统需要她笑，她要借此传达灾区人民等闲看待灾难的精神风貌，出发点在于鼓舞士气。此一番，可能是因为与现实的反差过大，熟谙内情的人们才坐不住了吧。

有一种说法是，海霞做了别人的替罪羊，话是王家坝现场记者先说出来的。其实，即便这个说法不准确，的确是从海霞嘴里先说出来的，身在演播室的海霞显然不会凭空得出灾民心情好似过年的结论，还是现场画面给她传递了导致其判断失误的信息。记得早几年，某个著名周刊的女记者采访发生在韩国的我国民航空难事故，也是因为刊登了一张该记者面带微笑与身后飞机残骸的合影而引起了读者的愤怒。人们的愤怒心情是可以理解的，但那位女记者显然出于无心，编辑也没有认为是个问题才会排版；现在，海霞的笑也酿成了她不能预想的后果。诸如此类的事情叠加在一起，说明如何对待灾难报道，在我们还有许多迫切需要研究的地方，需要改进的地方，至少不能以表面营造的一些现象，掩盖住灾区人民的真实感受。

（2007年7月20日）

征集方言服务用语为何会起争议

上海轨道交通 3 号线上海火车站站公开征集闽南话、广东话、温州话、武汉话和长沙话等 5 种方言的服务用语，结果却引来了争议。他们的本意是期望提供“方言服务”，不料被服务者“不识好歹”。此举也遭到了上海市语言文字管理部门的质疑，认为违背国家通用语言文字法，妨碍普通话推广。

在上海之前，别的地方我不知道，广州地铁已有方言报站，现在也是，普通话、粤语、英语，各播报一遍。当然，这跟上海的做法不太一样。上海是征集车站内售票、咨询时的常用语，以利于“给乘客提供方便，更重要的是让外来乘客感到温暖”；但不管怎样，广州的方言报站也称得上是“方言服务”的一种吧，印象之中，并没有谁说三道四，为什么上海这样做了就遭来非议？分析一下，是一件有意思的事情。我想，症结恐怕不在“不利于推广普通话，有失偏颇”之类，别给人家扣上跟“推普”唱对台戏的帽子，那帽子太大；上海的做法可能在一定程度上伤害了使用 5 种方言以外的人们的文化情感。

众所周知，汉语有八大方言：北方方言、吴方言、湘方言、赣方言、客家方言、闽北方言、闽南方言、粤方言。上海挑了其中的 5 个，在方言的征集上便涉嫌“厚此薄彼”。广州的地铁采用方言不假，但那是本地通行的粤方言，毕竟本地乘客居多，照顾一下普通话不太灵光的人，说得通；而全国到上海的人那么多，怎判别操那 5 种方言的乘客才是最需要服务、最需要“感到温暖”的人群呢？前两天看央视采访著名画家周令钊、陈若菊夫妇，知道第四套人民币的设计有很多讲究。比如说设计理念确定为图案将表现 56 个民族，但是这些民族不可能都上去，那么究竟该表现哪些呢？以当时人口超过 100 万的民族为标准；与此同时，人口的多寡，也决定其面值排位上的由高到低。这是一个完全合情合理的方案。上海地铁决定采用的这5种方言，依据是什么呢？需要他们给我们释疑，否则，就难免操5种方言以外的人们“想入非非”。

其实，所谓“方言服务”，实在是多此一举。改革开放以后，虽然户籍的藩篱仍在，但是地域间的人口大规模流动早已成为既定事实，每年的春运就是一个明证。而人口的大规模流动直接导致了交流的频繁，客观上起到了推广普通话的功效。想当初，笔者22年前初来广州的时候，大街上如果响起普通话，既感到亲切，也感到有些“刺耳”，好像是个另类声音。现在，即使我们深入到珠三角的农村，用普通话交流也不是奢望了。我始终认为，随着现代社会交流的日益广泛，任何一种方言的使用领域都会一缩再缩，最后缩回到它的发源地。方言的形成，不就是因为地域阻隔造成交流的贫乏吗？

这样来看，上海地铁方面的“吃力不讨好”就更加易于理解了，但他们这样做却并非偶然。时下许多影视节目，都是硬把普通话的转配成方言，或把此一方言的节目转配成另外一种方言。为方言而方言，弄得不伦不类，那才是有跟“推普”唱反调的意味。我甚至想，有朝一日，广州地铁乃至公共汽车上的方言报站也该取消。在人人都能明了普通话的时候，佐之以方言，纯属多此一举。

（2007年8月28日）

在中国撒野的成本不要太低

最近在我们国土上的两件国际赛事都传出了不和谐音。先是在中国乒乓球大奖赛上，德国乒乓球队教练普劳泽因为不满裁判判罚，公然在赛场上用中国的国骂侮辱中国女裁判王欣；然后就是前天晚上，中国女足在最后时刻绝杀丹麦女足的赛后，丹麦队主教练穆勒不仅拒绝和中国队主教练多曼斯基惯例性、礼貌性的握手，他们的一名助理教练还伸出“中指”挑衅中国队，与中国队的新闻官发生了冲突。

理论上看，设置体育比赛的目的本来是为了增进人们的相互了解和友谊的，尤其在民族之间、国家之间。但这只是理论上看，真正的体育比赛其实从来都充满硝烟。用于描述战争的词语描述体育，早已为一些有识之士所诟病，然而没办法，尤其是韩乔生们，解说起来总是离不开咬牙切齿，“横扫”、“生死大战”，乃至“羞辱”、“屠杀”、“宰割”之类，有意无意地不断从嘴里溜出来。有人说，在战争用语被普遍运用于体育报道的背后，隐藏着体育比赛意义的流失。话是这么说，通过竞技一定要争出高低的比赛项目，没有碰撞出火药味基本上是不可能的。

中国有句老话，叫做“冤家宜解不宜结”。但是见之于现实，先要看怎么个“结”法，然后才能取决于怎么个“解”法。如果对方毫无体育道德，恶语伤人或存心挑衅，“解”起来就不能显得轻飘飘，一两句场面上不得不为之的、很有可能言不由衷的道歉就不能了事，那样的话，人家就会觉得在中国撒野的成本很低，今后想来一通就来一通就在所难免。正是因此，我不大认同王欣的处理方式。那天在电视新闻中看到：普劳泽尽管表示道歉，尽管还顺手牵羊从桌子上摆放的花篮里掐出一朵算是“献”了花，但王欣没必要自始至终都是笑意盈盈，而且还有那么一点儿灿烂。大庭广众之下受到了那么严重的伤害，仅仅给他个礼节性的接受已经足够了！况且，普劳泽已经不是第一次在中国如此撒野。

透过新近这两次外国人的撒野，也有许多值得我们反思的问题。撒野都是因裁判问题而起，那么，当值裁判是否尽量做到了客观公正，值得检讨一下。诚然，裁判偏向主场球队基本上是一条不可抗拒的规律。记得十几年前的时候在韩国的一场羽毛球比赛，名不见经传的韩国队“力克”世界冠军中国队、印尼队问鼎团体冠军，哗然一片，司线员从中帮忙到了明目张胆的地步。在前晚的中丹之战中，我们的报道认为“即使对丹麦队的一些犯规判罚得稍微严一些，也是正常的判罚范围之内”，但这毕竟是我们的认为，专业人士应该把比赛录像调出来仔细研究一下。如果我们有问题，接下来和今后都应该引起注意；如果我们的腰板挺得直，就应该直面他们的撒野。

王欣在那天的新闻发布会上表示，大家应该吸取这次教训，彼此间必须相互尊重，希望这种事以后永远不要再发生。本人则有另外的表示：这只是她的一厢情愿。如果我们对外国人的撒野“示弱”，结果会正相反，这种事以后会经常发生。因此，本人现在期待着国际乒联对普劳泽的终身禁赛处罚早日到来，以了旧账；然后，期待着国际足联如何把丹麦人竖起的“中指”斩掉，以平新恨。

（2007 年 9 月 14 日）

统一汉字？真可笑

韩国一些人最近脑袋有点儿发烧。

之前，韩国梨花女子大学教授郑在书发表高见，说通常人们普遍认为中国神话对韩国神话造成了影响，其实不然，是韩国神话对中国神话的形成造成了一定的影响。郑在书甚至声称，《山海经》中提到的炎帝、蚩尤、夸父及风伯等东夷系的神，均在高句丽古墓壁画中出现，很多神话传说都是源自韩国。神志清醒的人，能说出这样的昏话吗？

现在，韩国《朝鲜日报》刊载文字及视频报道称，第八届“国际汉字研讨会”上周在北京中国传媒大学隆重召开。本次会议提到，5000 多个常用标准字将以“繁体字”为主进行统一，如果个别汉字有简体字，就继续保留。不知道这消息确实与否。如果确实，那么在我们国土上召开这样的学术会议，而且“欲达成协议”，表明一些国人也在鹦鹉学舌跟着说昏话了；如果不确实，则韩国一些媒体的脑袋可能已经烧糊涂了。

为什么要“统一汉字”？据说，目的在于“预防东亚国家因为使用中国台湾地区的繁体字、中国大陆的简体字、日本的略字等不同形状的汉字产生混乱”。因此，会议决定制作各国家地区汉字“比较研究词典”，逐渐统一各国使用的字形。真可笑！秦始皇统一汉字，以小篆为标准，是因为七国文字平行发展，百姓互不相识，妨碍了地区之间经济文化的交流，也影响了中央政令的畅通。自此之后，汉字只有字体的产生和流变，何曾有过“诸侯”并存需要统一的时代？从汉字中异化出的日本什么字，也能在所谓“统一”的考虑之中吗？

单就繁体字与简化字本身而言，也没有所谓“统一”的必要，二者完全可以并行不悖。应当说，繁体字、简化字在大陆同样具有“正统”地位，大量的古代典籍包括当世史学著作都是用繁体字印刷的。而且，虽然简化字是日常生活中的主导，但即使青少年，如今也可以辨认大量繁体字。想来，台湾的青少年辨认简化字也不会形同天书。事实上，汉字简化不是今天才有的新鲜事，在古人书法作品中早已成为一个习惯。毋庸讳言，今天的简化汉字还存在一定问题，有商榷的余地，比如破坏了形旁和声旁的完整结构，繁、简不是一一对应为阅读造成了一定障碍，等等。但是，即便如此，汉字的走向，是简是繁，要不要所谓“统一”，岂是“属于汉字文化圈的中国、日本、韩国三国和中国台湾地区的学者决定制作统一字形”就能决定，就能决定得了的?!

韩国一些人发烧，发高烧，由他们发去吧。但是在韩国一些人的文化进攻面前，需要反思的是我们的应对态度。稍微关注现实的人都知道，这几年在韩国一些人对我们的历史文化不断发起挑战，端午、中医的申遗等等。我们不仅每每被动接招，而且每每败下阵来，或者有败阵的趋势。我们不注重历史的普及吗？似乎不是。到书店里去瞧瞧，现在应该是历史普及类“著作”空前繁荣的时期，花花绿绿，历朝历代的犄角旮旯，都被人写遍了，而且不知被多少人写了多少遍。然而细细看去，繁荣的背后却是动辄宫廷倾轧、后宫粉黛之类，属于令人艳羡、诱人垂涎的那种。还有一些搞研究的，倒是真出成果了：孔子是丧家狗，司马相如是流氓，诸如此类。影视剧的戏说渐渐收场了，学者们的正说粉墨登场了，那架势居然换汤不换药。专家学者们呈现于公众面前的历史、灌输给公众的文化，都是些什么东西！

韩国一些人乱认祖宗，乱抢文化源头，看起来咄咄逼人，实质上表现出的是一种文化的极端自卑。然而，这种文化自卑支配出来的行动，硬是能频频占得先机，这就是咄咄怪事了。反观我们的一些人，被人家卖了居然还帮着数钱！都是有文化的人，不可能无知吧，那么，该不该汗颜呢？

（2007 年 11 月 6 日）

如果“咸亨酒店”变身五星级

绍兴的“咸亨酒店”将“拆扩建”成五星级标准的鲁迅文化主题酒店。初初看到这消息，吓了一跳，以为是要把现有的尽管是 1981 年“复活”的建筑推倒重来；定睛看人家的解释，才知道咸亨酒店现在的“堂吃”部分和孔乙己塑像还是会被永久保留，要建的五星级“咸亨新天地”只是作为项目名称。尽管如此，这个“拆扩建”也有非议的必要。

去过绍兴的人说，咸亨酒店的摆设布局悉如鲁迅笔下所述。其实，外地人慕名到绍兴、到咸亨酒店，正是为了喝喝绍兴的黄酒，亲身体验一下正宗的绍兴酒馆文化，神思遨游“孔乙己”的时代。众所周知，在鲁迅先生的笔下，来咸亨酒店的有两种人，一种是“短衣帮”，应该是穷人，“靠柜外站着，热热的喝了休息”；另一种是“穿长衫的”，应该是有点儿身份的人吧，“踱进店面隔壁的房子里，要酒要菜，慢慢地坐喝”。只有孔乙己是个另类，站着喝酒而身穿长衫。周作人在《鲁迅的故家》中回忆得更直截了当，咸亨酒店“与饭馆不同，是很平民的所在，并不预备阔客的降临”。而入住“五星级”的该是些什么人呢？人们担忧，以后咸亨酒店有了这个光环，会不会成为高档消费的场所。这是很有可能的，“五星级”毕竟有自己严格的行业收费标准。关键是，如果咸亨酒店变身五星级，则完全背离了其存在的本义。

前天是中山大学的校庆日，我注意到校方有一个郑重宣布，那就是其整套视觉形象识别系统正式启用，今后上至校徽、校训，下至办公用品、工作服饰，使用该系统都有苛刻规定；而任何单位和个人若要使用，须向校方申报，否则将被视为侵权。这一做法非常值得嘉许，因为品牌尤其是知名品牌一旦被盗用，不仅造成自身的无形资产流失，而且某些恶性商业行为还可能令之蒙羞。绍兴地方政府应当借鉴这一做法，珍惜凭借鲁迅先生才得以扬名的这些文化符号，保护它们的“纯洁性”，不被所谓扩建而无端“注水”，像不少地方抓住一粒芝麻就要打造成西瓜一样。那是黔驴技穷的做法，而绍兴不同，它拥有大量的、相当骄人的文化资本，这些文化资本如果利用得非驴非马，客观上是一种损害。拓展咸亨酒店的品牌影响力，显然并非只有从载体上颠覆人们的固有形象之一途。

“鲁镇的酒店的格局，是和别处不同的。”但在鲁迅先生眼里，这所谓不同，不过“都是当街一个曲尺形的大柜台，柜里面预备着热水，可以随时温酒”，仅此而已，无论如何，不会是一座五星级酒店。说一句车轱辘话，如果咸亨酒店变身五星级，那么它也就不再是咸亨酒店了。绍兴有没有五星级我不知道，但如果一定要建话，大可以叫别的什么名字。不过，有一天如果我去绍兴玩儿，肯定只是选择“堂吃”而已。五星级酒店到处都有，而咸亨酒店只有一个。

（2007 年 11 月 14 日）

年度汉字让人们刻骨铭心

前几天，日本汉字能力鉴定协会评选出了年度汉字——伪。应该是受他们以及美国韦氏公司评选年度热门词语的启发吧，现在，我们的网友也评选出了中国的年度汉字——涨。"伪"字在日本当选，在于在即将过去的2007年，日本一些知名公司或老店相继发生食品材料、食用日期造假等丑闻，让他们看到了自己社会越来越多的不真实。"涨"字在我们这里当选，绝对也是"实至名归"。

2007年，猪肉涨了，食用油涨了，液化石油气涨了，成品油涨了……物价水平一跃成为头号民生热点。我们广东稍好一点，CPI（消费者物价指数）同比上涨了6%，1到11月累计上涨了3.5%，比全国平均水平低1.1个百分点，涨幅在全国排在第4低位。但是，"涨"得少一点儿而已，关键的前提仍然是"涨"。一条调侃的短信说："你可以跑不赢刘翔，但一定要跑赢CPI。"其实，当CPI扶摇直上之时，跑得赢刘翔的人，也肯定跑不过它。跑得赢与否，取决于国家的方针政策，对任何个体而言只能被动接受。看报道说，"涨"字所以当选，不过区区4万多人次的投票里面占了2.7万多而已，如果按照13亿国人来比量，实在微不足道。但窥一斑而知全豹，倘若"动员"全体国人参加评选，"涨"字想来也能独占字魁。这个字，在2007年度，给大众的刺激实在太深了。CPI上升的百分比，表示生活成本上升的百分比，表示手中货币的贬值，表示触动了所有人的切身利益。

年度世态汉字只选一个，尽管是借鉴的，还是具有一定的"突破"意义。为什么呢？鲁迅先生曾经说过国人有"十景病"、"八景病"，"凡看一部县志，这一县往往有十景或八景"。不要怪他老先生流露出不屑，今天哪里评选新景，还是非"十"即"八"，而且命名一定要用四个字，于是，凡大桥就是"××飞虹"或者"卧波"，单调乏味得很。看开一点，国人评选还有"十大"情结，不说别的，不同系统每年评选出的"十大××人物"就多如牛毛，眼花缭乱。年度世态汉字以"一"的姿态出现，或许正可以为"十"、"八"情结"正名"。因为，2007年我们有更多的汉字可以当选。"虎"字的落选，就有令人扼腕的感觉。这个字虽然关联着社会诚信、政府公信，但在民生问题面前，只有退避三舍了。"虎"，不要责怪国人在这个评选上抛弃固有情结吧？

日本自1995年开始，每临岁暮评选他们的年度汉字；我们则可能自2007年开始，形成自己的一个新的评选项目。日本为什么要评选年度汉字，而不是他们的“日字”？不大明白，但想来不会是像韩国那样跟我们争这抢那，动辄把“汉”的东西改成“韩”，企图把汉字弄成他们的发明吧。不管怎么说，这个评选本身还是很有意思的，透过一个字，让人们刻骨铭心地记住一年，何其直接、干脆！

（2007年12月19日）

《新闻联播》不能满足于换“新面孔”

央视《新闻联播》连续四天亮相了播音新面孔。从12月6日起，海霞、李梓萌、康辉、郭志坚，相继被“以老带新”。其实，新人也都是熟面孔，在央视其他同样响当当的栏目里播音而已。并且，李梓萌和康辉在去年的《新闻联播》里已经露过面，但好像只有一个晚上，比成语所说的“昙花一现”还要短暂，因为昙花的周期还能从头天晚上开到第二天清晨呢。因此，此番四个“新面孔”能不能立稳，还有待时间的检验。

毛主席在他的名著《矛盾论》里说过，新陈代谢是宇宙间普遍的永远不可抵抗的规律。本来，《新闻联播》亮相新播音员正属于寻常不过的新陈代谢之一种，但却引起了坊间的极大兴趣。许多网友称赞新主播更亲切、随和，富有朝气，希望能让《新闻联播》更具亲和力。引起兴趣，说明人们在意《新闻联播》。然而，人们的兴趣却仅仅在于连续四天亮相了四个新面孔，“正好两对”，关注外在“形式”的变化超过了关注内在《新闻联播》传递的信息本身。我想，这也是有道理的，人们大概认为《新闻联播》播音队伍的超稳定结构有了松动的余地，而电视观众早已经像刘震云小说兼电影《手机》里说的审什么疲劳了吧。从这个意义上看，《新闻联播》这一可能实施的调整，应该说顺应了“民意”。罗京同志说，今后几天还会有新面孔出现，显然是在考察这些并不算“新”的新人谁能胜任了。

但《新闻联播》不能也不应该满足于主持人换换“新面孔”，节目的面孔也可以换换，就是在质量上下番工夫，怎么能更贴近观众。现在，权威性没的说，但它毕竟不是每天都在发布权威信息，这个时候，“可视性”、信息量恐怕还有一定距离。曾经有过一段时间——不记得何年何月了，《新闻联播》有过不小的改革动作，印象最深的是减少会议报道，控制条数和时间，并卓有成效。诚然，同样是央视的栏目，有各自不同的专业分工，但是这样一个最权威的新闻栏目所提供的信息不能总是给人以流水账般的感觉、说来说去不能总是给人以似曾相识的感觉。老实说，笔者每天主要是通过他们的《新闻 360 度》栏目来获取信息，或者提升对新闻的认识的。我知道自己“站着说话不腰疼”，人家那里能人多的是，不会想不到改进这一点，真实状况很可能属于“非不为也，实不能也”。前天在广州召开的亚运传媒论坛上，羊城晚报总编辑张宇航先生在发言中向主管部门建议“少发通稿”，激起了传媒人的热烈掌声。我想，这种状况在《新闻联播》也不会例外。那么，进一步的改革像小岗村那样自下而上基本上是不可能的，而是恰恰相反。

从 1978 年正式开播起，《新闻联播》就成了中国老百姓了解国内外大事的一个窗口。在重大新闻事件上，《新闻联播》的权威地位毋庸置疑，但是，进入网络时代后，《新闻联播》作为“中国政治、经济风向标”的窗口，仍然能够吸引外国人仔细品读是必然的，那么，国内的普通观众呢？能不能做到使他们养成非重大新闻也要看《新闻联播》的习惯？如果能够做到的话，《新闻联播》离观众就更近了。

（2007 年 12 月 11 日）

对新任院士的举报有必要彻查

新当选的中科院院士、著名杂交水稻育种专家谢华安先生，被举报其一篇论文和一部专著是抄袭和侵占他人劳动成果。举报者说，那篇论文的核心所在是 6 个表格的数据，“与参考文献中的 3 篇论文的数据惊人的一致”，但却没有注明来源。至于那部集体完成的专著，“出来前，没说只署他的名；出来后，也没人出来解释一下为什么只署他的名”。

谢华安先生是福建农科院研究员，而举报他的人也正来自福建农科院的两名退休研究员，逻辑上看可谓知根知底。尽管如此，我们也还是要谨慎从事，不能偏听一面之词。关心 2007 年院士增选的人们都知道，以前在终选阶段，“获得赞同票超过投票人数二分之一的候选人当选”，从今年起修改了相应条款，“获得赞同票不少于投票人数三分之二的候选人，按照本学部的增选名额，根据获得赞同票数依次入选”。因此，2007 年的中科院院士只产生了 29 名国内科学家，是 1991 年院士增选工作制度化以来人数最少的一次。

从这个“之最”的数字上，似乎也佐证了中国科学院副院长李静海院士所说的，这一次增选坚持了“严格掌握院士标准，切实保证增选质量”的原则。但是很遗憾，还是出现了举报者的不依不饶。实际上，举报材料在院士增选过程中中科院已经接到过，中科院院士工作局局长马扬说，他们也派人去调查过，调查结果在院士增选大会上公布过，讨论过，但没有妨碍谢先生的当选。举报者说：“难道我的举报材料没被如实介绍，投票院士们不知情？还是我的举报不实？或是那些问题微不足道？如果是后两者，中科院应该公开说明情况，起码得跟我解释一下。”这些疑问，不仅举报人想知道，作为公众的我们也很想知道。我们的目的只有一个：维护院士队伍的纯洁。我们当然相信院士增选所遵循的客观公正，但是缺失过程的结果，毕竟不能打消公众的猜疑。

中国科学院院士代表着中国科学技术方面的最高学术称号。唯其如此，院士增选工作早就超越了科技界本身，成为全社会都十分关注的一项重要工作。并且，在学术界抄袭、剽窃现象见怪不怪，甚至几成燎原之势的今天，院士队伍可能是仅存的最后一方净土。这方净土不是自然能够得到纯净的。如果举报者的动机，的确是“极少数几个人，因为不当要求被谢华安拒绝，闹意见，闹情绪，到处告状”，那就通过澄清真相，还给谢华安先生一个清白，还给院士队伍一个清白。反过来，如果像我们非常不愿看到的，谢华安先生的论文等确实存在举报所指出的问题，那么，尴尬就尴尬吧，还是给国人一个交代为好。韩国的黄禹锡还是他们的“最高科学家”、他们的民族英雄呢，在造假面前同样不能幸免！

众所周知，被指抄袭剽窃他人学术成果的院士，谢华安先生并非第一人，同样也不可能是最后一人。然而，先前的那些指责大多不置可否，最后不了了之。长此以往，院士的光环势必要褪色，院士的声名势必要受损，院士的权威性势必要大打折扣。因此，无论怎么看，对新任院士谢华安先生的举报都有必要进行一次彻查。对院士的当选可以有争议，但不可以是涉及学风道德的争议。

（2008 年 1 月 14 日）

人，不能“当一当畜生”

因为自认为遭到了四川师范大学教授钟华的恶意批评，北师大教授季广茂就来了个“以暴制暴”。他在自己的博客上作出强烈反应，居然宣称要“做回畜生”，并称批评者为“屁眼教授”，连续在自己的博客上发表近 10 篇文章予以攻击，几乎所有文章中都有辱骂的内容。

看标题就能明了一二，什么《昏话连篇·臭气熏天》，什么《患上脑便秘，难免满纸都是屁》，云云。

这该是继“打虎派”那位首领之后由学者嘴里吐出来的最公开的下流语言了吧。其“直率”程度，更像是出自街头寻衅的瘪三烂仔，倘若消息不是来自严肃媒体，根本令人难以置信。用清华大学肖鹰教授的话说，“表现出极度的语言恋污癖”。令我们有一丝忧虑的是，这是不是中国某些学者的真实一面？如果是，尽管可能只是属于极个别，但也足以玷污整个学者队伍的形象。这样的人也许可以教书，但绝对不能育人，也没有资格育人！真不知道，舆论该不该任由他及今后的什么人继续骂下去。继续骂下去的坏处，是中国某些学者流氓心态的暴露势必动摇国人对斯文的冀望；而继续骂下去的好处，就是我们能够知道中国某些学者的下流底线究竟在哪里！

人家的批评有那么恶意吗？不就是“通观全书也找不到作者对‘意识形态’的界定或解释”吗？不就是“实实在在的‘干货’和‘新货’不多”吗？难道像“艳照门”里的艳照一样，公开的只能到这个程度，其他的自己去看？朦胧中觉得，所谓恶意批评，只是事件爆发的导火索，里面牵扯的实际上是学术圈子里的恩怨情仇。不过我想，即便是遭到了恶意批评，人，也没有“当一当畜生”的必要。宋朝的赵从善当过畜生。那是韩侂胄权势熏天的时候，有一天韩某人一行兴致勃勃地路过一个山庄，指着竹篱茅舍感慨道：这里真是一副农家气象啊，可惜少了点儿狗叫鸡鸣。谁知过了不大一会儿，果然“有犬嗥于丛薄之下，亟遣视之，京尹赵侍郎也”。此举当时令韩侂胄开怀大笑，但令后世无比鄙夷。唐朝的宋之问没当过畜生，但被后人称为“人头畜鸣”，清朝大学者王士禛称之为“鸱枭之音，亦溷风雅”，仍然是鄙夷至极。因此，千万不要以为“偶尔做回畜生，也不失为人生的调剂”，这是很危险的。虽然经过央视赵大叔通过《动物世界》的普及，国人对畜生的认识有了质的改变，但畜生和人之间，仍然有着本质的分野。人，即使“感性占了上风”，即使偶尔，也不能不把自己当人！

一旦对下流语言的使用毫无顾忌，那就是对自己的行为已经完全丧失了廉耻之感。这几年，人们在不断呼唤中国的学术批评。毫无疑问，学术繁荣需要真正的学术批评，批评既是对学术成果的必要检验，也是促进学术繁荣的必要条件。而包括学术批评在内的任何批评都千呼万唤不出来，根源之一应该就是在任何领域时刻都有人在以“当畜生”的心态蓄势待发吧。

（2008 年 2 月 25 日）

凡文化振兴都要进小学课堂?

全国政协委员郁钧剑、宋祖英、黄宏、关牧村等联名递交了一份关于《小学增设繁体字教育的提案》，建议在小学开始设置繁体字教育，比如将繁体字设置成必修课，或在讲授简体字的同时也教繁体字。简化字推广几十年了，为什么又要重视繁体字？按提案的说法，是要将中国文化的根传承下去。

没看到提案的具体内容，只能从报道中领略些许片断，想来也该是提案的精华所在，可以作为议论的依据。比如这一句，“大家即便不使用，也要知晓，因为这毕竟是中国文化”，就可商榷。有网友认为，干脆从小学开始学甲骨文，那更是中华文化的根，还是汉字的根。这种说法当然有一点儿抬杠，但这种代表性观点流露出的是对该提案的否定意味。在我看来，“不使用”的那种所谓知晓，就是纯粹的死记硬背，如同鲁迅先生笔下的“仁远乎哉我欲仁斯仁至矣”之类，根本谈不上知晓，毫不必要。须知繁体字并不是外语，其与简化字之间并不存在一道难以逾越的鸿沟，对一个具备了一定知识根底的成人来说，繁体字是很容易识别的，甚至可以自然而然地识别，关键在于是否使用；不使用，其实也不必知晓。极端一点儿说，从前的社会文盲那么多，繁体字也一样传承了下来。

至于说设置繁体字教育是“传承中国文化的根”，听起来好像繁体字已经到了穷途末路一样，就更不敢恭维了。繁体字从来就没有退出历史舞台，只是在公众场合消失了而已。早些年不知什么决策人物发了狠，繁体字的店铺招牌、报头等等，一律要换成简体字的，把繁体字当成不规范字。本来繁体字用在这些地方，实在是得其所哉，正可起到“传承”的直接或间接作用。那种愚蠢的做法就不要提它了。即便如此，繁体字的生命力依然旺盛。不少出版社比如中华书局现在出版的古籍读物，绝大多数仍然是繁体字的，甚至当代学者的不少历史研究著作，也是以繁体字的面貌出版。以我的阅读经验推己及人，对古籍兴趣浓厚的人，不可能对简体字本的发生多大兴趣，因为简体字本的营造不出那种语境，看着“不像”。同样，历史之外的出版物，也没有必要弄成繁体字的。繁、简之间，是一种可以并行不悖的关系，而且正在继续这种良好关系。因此，“传承中国文化的根”，并非只有给小学生制造新的课业负担之一途。

综合一些事情不难发现一个怪现象，大抵文化领域需要振兴的东西，好像都不干成人们的事，或者说成人们自己黔驴技穷了，就全都扔给小学生，“从娃娃抓起”。新近不是还有京剧进小学课堂一事闹得沸沸扬扬吗？虽然有“样板戏”曲目过多的因素，但主要还是因为京剧属于国粹，该进的理由与繁体字异曲同工。其实京剧沦落到今天的地步，剔除成人们的不作为，还有时代发展的因素。唐诗宋词元曲，每个时代有每个时代独领风骚的文化特色，此时代再现彼时代的辉煌既不客观也不现实。中华文化的根那么多，粹又那么多，下一个轮到哪个进小学课堂就只是时间问题。如果这样下去的话，真无从辨别中国的孩子究竟是幸，还是不幸。说不幸吧，肩上承载着那么多的使命，“天将降大任于斯人也”，应当感到光荣而自豪；说幸吧，他们承载的使命又过于沉重，肩上书包的重量呼吁减了多少年了，非但没减下来，左一件右一件地反而又给添加了不少。

政协委员提什么案，是委员的权利，但议论提案的内容，评估提案的质量，则是我们的权利。我想，即便强调振兴繁体字或者其他，还是要着重研究年富力强的人们究竟该干些什么，至少拿出个笼统的方案，再不要简单地套用“从娃娃抓起”的做法，那么轻易地就把自己的责任推卸得干干净净。

（2008 年 3 月 14 日）

保护文革遗迹很有必要

由国家文物局主办的全国大遗址保护现场会传出消息，国家文物局将 20 世纪遗产作为目前正在进行的第三次全国文物普查工作的普查重点，旨在加强对 1901 年至 2000 年中国近百年文化遗产的保护，重点为近代工商业、红色革命抗日战争、社会转型、解放初期经济复苏、公社运动、大跃进运动、文化革命运动、改革开放等时期的代表性、典型性的建筑物、构筑物等。

这个消息的引人注目之处，在我看来是将保护的下限挪到了眼前，甚至包括那些基本属于负面意义的时代，比如文革时期的建筑遗留。这是一种正视历史的态度，虽然显得有些迟了，但既然行动起来了，就清楚不过地表明了这种态度。我所说的迟了，主要是自 20 世纪 90 年代以来，全国各地城市的大拆大建令不少有历史价值的建筑乏人惋惜地毁于一旦，如果能早一点儿，就能多抢救一点儿。普查的消息传出，那些珍惜文化遗产的人自然欢欣鼓舞，不过在一些决策人物已然形成的视文物如敝屣的惯性思维那里，却可能完全不这么看。在“经济”以及他们嘴里所讲的那种“文化”面前，真正的文物往往应该让道，也必须让道。干部政绩考核体系不变，有这样的思维也不足奇，奇的是某些业界专家也是这样论调。前一阵子就看到有先生在报上公开说文物保护单位不宜划得太多，如果这也保护那也保护，城市就没法发展。浑然不理会文化的价值。

按我的理解，第三次全国文物所要普查的重点，应该是对应那个时期营建的代表性建筑物，或者在那个时期承载过本地重大历史事件、承载过集体记忆的代表性建筑物。它们本身可能并不精美，但是望上去，或者了解一下，就能让人切身触摸到那个时代。因此，大跃进时的公共食堂、公社时多功能的礼堂、文革时大规模武斗的战场（有不少把建筑当作堡垒），如此等等，都应该作为普查的重点。在许多人看来这些东西可能实在没有什么，实际未必。王莽时期的桓谭说过："凡人贱近而贵远。"这个凡人，不是与神仙对应的凡夫俗子，而是凡是人，只要是人。贱近贵远，就是人们总觉得身边的、近前的人或东西没有什么，而那些远离自己的才了不起。曹聚仁先生有句话说得很精辟：诗人往往在历史上几乎等于神仙，要是住在我们楼上，便是一个疯子。在这里，把这话反过来用一下，就可以说明近前文物的价值了。

巴金先生曾经倡议成立文革博物馆，虽然时机到现在也还不成熟，但我们相信终究会有成熟的那一天。想当初，有的出版社对他这篇文字讳莫如深，出版的《随想录》里或者当它并不存在，或者只是存目而没有内容。而2005年版的就不同了，《"文革"博物馆》安然"登堂入室"。社会毕竟在进步。巴老说，文革博物馆应该"用具体的、实在的东西，用惊心动魄的真实情景"，说明那个时候的"中国土地上究竟发生了什么事情"。但是如果我们现在不加强文革史迹的保护，只怕到了那一天，要么连一点儿文革的遗踪都找不到了，要么完全被世人忘却了。

不久前，《羊城晚报》梳理了广州因为城市建设而永远消失了的建筑。很遗憾，它们要是有幸"活"到今天，很可能进入国家文物局的法眼，进而成为令广州骄傲的文化资本。当然，这也只是我的观点，在前面提到的那位专家以及一些大权在握的人那里，还可能庆幸好在行动得早，否则又添了些烫手的山芋。对文化的理解不同，注定对文化的态度不同，这往往也是文物保护所力不从心之处。

（2008年4月15日）

后　记

汇集在这里的文字，是我这些年来对"文化类"新闻的一点看法。入行新闻界快12年了，粗略数一数，所发表的评论文字该有150万字。把这21万字先辑出来，并没有经过深思熟虑，有点儿自然而然。现在想来，可能是自己在大学里受了整整七年"文化人类学"熏陶的"基因"在起作用；在客观方面，则是"文化"的热度始终没有凉下来，留下了太多值得议论的话题。

对待工作和生活，我比较欣赏两句古人的话。一句是唐朝柳公权说的："用笔在心，心正则笔正。"另一句是明朝胡居仁说的："自无邪思，不求静未尝不静也。"柳公权谈的是书法，但可以移来一用，用在写作上。如果把自己的文字用"种"来划分，则一种是工作性的，一种是志趣上的——如已先期成书《意外或偶然——报人读史札记》中的文字，再一种就是像本书中所汇集的，工作与志趣兼而有之。工作性的文字时过境迁，自然要随风而逝；其他的，虽如曹植所说"挥涕增河"，对现实不可能起多大作用，但自认为还有一点价值。敝帚自珍，人同此心吧。因此，要衷心感谢南方日报出版社的丘克军社长、周洪威副总编辑、周山丹责任编辑等，没有这些亦师亦友的专业人士倾力襄助，丑媳妇就仍然躲在深闺。

这里顺便还想说说笔名"潮白"的来由。识与不识的人都曾问过我，这两个字究竟是什么意思，还有的给出了自己的解释，比如"大潮下的独白"等等，问我对不对。实际上当初没有这么用心良苦，而是径直取自北京东郊的潮白河。那是北京与河北之间的界河，我的祖籍就在河东——河北省三河县，而自幼成长则在河西——北京市顺义县。潮白河相当于我的母亲河，仅此而已。从1978年初中毕业后就读技工学校算起，弹指30年过去了。这30年，正是国家发生天翻地覆变化的30年；个人更不必说了，由少年而青年再到中年，这是岁月的无情留痕，而由工厂小工到史学硕士再到高级编辑的人生履历，算是表示没有虚度光阴了。

在浩如烟海的出版物中，倘若本书不是问世之日即是遭到遗弃之时，便要足感欣慰了。当然，这也完全不是出版社作者的初衷。

田东江

2008年7月于广州